Hartwin Brandt
Wird auch silbern mein Haar

Hartwin Brandt

Wird auch silbern mein Haar

Eine Geschichte des Alters
in der Antike

Verlag C.H. Beck München

Mit 89 Abbildungen

Dieser Band ist Bestandteil von
Beck's Archäologischer Bibliothek,
herausgegeben von Professor Hans von Steuben.

Die Deutsche Bibliothek – CIP-Einheitsaufnahme

Ein Titeldatensatz für diese Publikation ist bei
Der Deutschen Bibliothek erhältlich

Originalausgabe

© Verlag C. H. Beck oHG, München 2002
Satz: Kösel, Kempten
Druck und Bindung: Ebner & Spiegel, Ulm
Gedruckt auf alterungsbeständigem, säurefreiem Papier
(hergestellt aus chlorfrei gebleichtem Zellstoff)
Printed in Germany
ISBN 3 406 49593 1

www.beck.de

Für Frank Kolb

Inhalt

V. Die römische Kaiserzeit

VI. Die Spätantike

Anhang

Vorwort

Aus einem geplanten Essay ist ein Buch geworden. Dafür ist nicht allein die Schreiblust des Verfassers verantwortlich, vielmehr hat auch die Ermutigung und Mithilfe seitens anderer seinen Anteil an dem Zustandekommen des vorliegenden Werkes, und dafür möchte ich Dank sagen.

Zuerst sei genannt Stefan von der Lahr vom Beck-Verlag, der mich vor Jahren in den ersten Überlegungen bestärkte und mir bis zum Abschluß des Buches stets mit kompetentem Rat zur Seite stand.

Durch seine Vermittlung fand das Buch Eingang in Hans von Steubens «Beck's Archäologische Bibliothek»; Herrn von Steuben danke ich herzlich für die Aufnahme des Buches in seine Reihe und für die kritische Lektüre des Manuskripts.

In besonderer Schuld stehe ich bei Konrad Hitzl, dem Kollegen und Freund aus Tübinger Tagen: Er hat mich ohne Rücksicht auf eigene zeitliche Bedrängnis bei der Ermittlung und Beschaffung von Abbildungsvorlagen unterstützt, ebenso wie Andreas Thomsen (ebenfalls Tübingen), auf dessen großzügige Hilfsbereitschaft ich wieder einmal zurückgreifen durfte.

Zahlreichen Institutionen und Museen verdanke ich die Erteilung von Abbildungserlaubnissen und die Bereitstellung von Bildvorlagen, in erster Linie den Photoabteilungen der Deutschen Archäologischen Institute in Rom und Athen sowie der Antikensammlung und dem Museum für Spätantike und Byzantinische Kunst der Staatlichen Museen zu Berlin – Preußischer Kulturbesitz, ferner den Staatlichen Antikensammlungen und Glyptothek in München, Frau Kollegin Marianne Bergmann (Göttingen), Herrn Kollegen Dietrich Willers (Bern) sowie den Staatlichen Kunstsammlungen Dresden.

Zum Ende meiner Tätigkeit in Chemnitz gilt mein Dank Frau Sylvia Weigel. Sie hat auch dieses Buchmanuskript mit bewährter Zuverlässigkeit und Sorgfalt in eine druckreife Form gebracht.

Schließlich habe ich der Fritz-Thyssen-Stiftung herzlich zu danken: Sie unterstützte mich großzügig durch die Finanzierung zweier studentischer Hilfskräfte – Frank Krause und Bianka Röhr –, die mir bei der Literaturbeschaffung und Materialsichtung zusammen mit Ralf Ketscher (ebenfalls Chemnitz) hilfreich zur Seite standen.

Gewidmet ist dieses Buch über die alten Menschen in der griechisch-römischen Antike einem noch gar nicht alten Mann, dem ich sehr viel zu verdanken habe.

Chemnitz/Bamberg, im Frühjahr 2002   Hartwin Brandt

Einleitung:
Zwischen Jugend und Tod, oder:
Wann ist ein Greis ein Greis?

Der Traum des Menschen, nicht zu altern, ist uralt. Was heutzutage trotz aller Verheißungen von Gentechnik und moderner Medizin und trotz aller Verlockungen der Kosmetikindustrie und Fitneß-Studios immer noch nicht zu erlangen ist und, allen wissenschaftlichen Fortschritten zum Trotz, gewiß stets unerreichbar bleiben wird, wurde laut antikem Mythos tatsächlich einst einem Menschen zuteil: Ganymed, aus dem Königsgeschlecht Troias stammend, wurde von Zeus an die olympische Göttertafel geholt, wo der bildschöne Jüngling als Mundschenk die wichtigsten Götterprivilegien genießen durfte, nämlich dem Alter und dem Tod entrückt zu sein. So überliefert es der (pseudo)-homerische Aphrodite-Hymnos, der uns zugleich den tragischen Widerpart des Ganymed nahebringt, Tithonos.[1] Auch dieser entstammte dem troischen Königshaus, und auch er betörte durch seine Schönheit ein Mitglied der Götterwelt – nicht Zeus, sondern Eos, die Göttin der Morgenröte. Sie entführte Tithonos, heiratete ihn, gebar ihm den Memnon, führte ihn in den göttlichen Bereich und erlangte gar für ihn die von Zeus erbetene Unsterblichkeit. Dieses Privileg sollte sich jedoch alsbald als Fluch herausstellen, denn Eos hatte vergessen, für den schönen Geliebten zugleich um die ewige Jugend zu bitten: «Der körperliche Verfall ohne Ende – Tithonos kann nicht sterben – im Raum des Gegensatzes, der göttlichen Alterslosigkeit, Gegenbild zu Ganymed – ist spekulatives, ins Extrem vorgetriebenes Paradigma. Ohne den geistigen Aspekt im Menschen anzudeuten, lehrt es, daß im Blick auf die Götter und in ihrer Nähe das Alter für den Menschen das größte ‹kakón› ist.»[2] Die Götter müssen sich diesem größten Übel (*kakón*) nicht aussetzen, sie verfügen über Mittel und Wege, es sich vom Halse zu halten: Laut dem Aphrodite-Hymnos schloß Eos nämlich den dürren und vertrockneten Gatten hinter bronzenen Türen weg, nach anderer Version[3] verwandelte sie ihn in eine

Zikade, die sich nun immerhin in regelmäßigen Abständen ihrer alten Haut entledigen konnte.

Ganymed und Tithonos bieten dem Menschen ernüchternde wie tröstliche Gewißheit – ewige Jugend ist für ihn nicht zu haben, doch vor dem Schrecken ewigen Alterns bewahrt ihn der Tod. Weder von der Jugend noch von dem Tod soll in diesem Buch primär die Rede sein, sondern vom Alter. Ist dies, so mag man fragen, überhaupt möglich, da doch der Verlust der Jugend das Alter belastet und am Horizont der Tod naht und zunehmend von den Gedanken der Alten Besitz ergreift? Soweit Jugend und Tod in antiken Reflexionen über das Alter – vor allem in Dichtung, Philosophie und religiösem Schrifttum – thematisiert wurden, werden sie auch im folgenden gelegentlich zur Sprache kommen, ansonsten werden sie freilich als eigene Themenkomplexe, denen separate Monographien zu gelten hätten, weitgehend ausgespart. Vielmehr wird mit diesem Buch der (im deutschsprachigen Raum erstmalige) Versuch unternommen, die reichen Gedanken und mannigfaltigen Ansichten des griechisch-römischen Altertums über das hohe Alter in strukturierter und kommentierter Auswahl vorzustellen, ferner die Rolle und Position der alten Menschen im politischen, sozialen und kulturellen Gefüge antiker Gesellschaften zu beleuchten sowie vor allem auch die Alten in der Bilderwelt des Altertums aufzuspüren. Nicht zuletzt soll dabei das Ziel verfolgt werden, der heutigen Leserschaft einmal mehr die antiken Wurzeln europäischer Zivilisation und die mannigfaltige Präsenz (aber auch Andersartigkeit) der Antike in der Moderne zu demonstrieren – schließlich verdanken nicht nur blühende Wissenschaftszweige wie die Geriatrie oder Gerontologie dem Altgriechischen ihren Namen, sondern zugleich eröffnet angesichts der zunehmenden Bedeutung alter Menschen in unserer Gesellschaft der Rückblick in die Antike überraschende Einsichten in den vielfach so unverkrampften, reflektierten, bisweilen geradezu modern anmutenden Umgang der Antike mit dem Alter und mit den Alten.[4]

Doch wer sind diese nun schon mehrmals genannten Alten? Das Bonmot, *man sei nur so alt, wie man sich fühle*, Alter sei folglich vom Stimmungsniveau und subjektiven Empfinden abhängig, dürften der endlos alternde Tithonos als puren Zynismus empfunden und der ewig junge Ganymed als Relikt menschlicher Kontingenz lässig abgetan haben, und uns bietet es keine befriedigende definitorische Handhabe. Heutzutage scheint ein Lebensalter von 60 Jahren eine bemerkenswerte Zäsur zu bilden – so, wenn etwa in einem modernen Standardwerk die demographische Revolution der bundesdeutschen Gesellschaft dadurch illustriert wird, daß «bis zum Jahr 2030 sogar jeder dritte Bürger über 60 Jahre alt sein wird.»[5] Trotz erheblich geringerer durchschnittlicher Lebenserwartung in der Antike markierte auch damals das Erreichen von 60 Lebensjahren eine wichtige Grenze:[6] In Sparta erlangte man mit der Beendigung des 60. Lebensjahres Immunität vom Militärdienst und zugleich die Möglichkeit, in den Ältestenrat (Gerusie) zu gelangen,[7] im klassischen Athen endete die Wehrpflicht ebenfalls mit 60 Jahren.[8] Gemäß der solonischen Periodisierung des menschlichen Lebens in der berühmten Lebensalterelegie beginnt die zehnte und letzte Lebensphase mit 63 Jahren,[9] und der römische Antiquar und Gelehrte M. Terentius Varro nimmt für den *senex*, den Greis, ein Mindestalter von 60 Jahren an.[10] Zwar finden sich zahlreiche weitere antike Lebensaltereinteilungen, aber im Sinne einer heuristischen, keineswegs dogmatisch zu formulierenden Annahme gehen wir im folgenden davon aus, daß in der Antike Männer und Frauen jenseits der 60 zu den Alten gerechnet wurden.

Schon ein Blick auf das Inhaltsverzeichnis dieses Buches zeigt, daß diese alten Menschen der griechisch-römischen Antike hier vor allem aus der Sicht der Literatur und Kunst, der Philosophen und gebildeten Mitglieder der sozialen und politischen Elite betrachtet und behandelt werden. Dies ergibt sich zwingend aus der Art des Quellenmaterials, welches aus dem Altertum auf uns gekommen ist. Denn die soziale Realität der ‹kleinen Leute› lag nicht im Blickfeld der Intellektuellen,[11] denen diese uns vorliegende Überlieferung weitgehend zu verdanken ist, und überhaupt können wir weit weniger die historische Wirklichkeit hohen Lebensalters als vielmehr Reflexionen, Haltungen und Bilder von Alten und über Alte studieren. Wir haben es folglich primär mit kontextgebundenen, häufig im Dienste künstlerischer und literarischer Intentionen entstandenen Quellen und Monumenten zu tun – darin liegt durchaus der Reiz, aber auch die Kontingenz der folgenden Ausführungen begründet.

I. Griechische Frühzeit

1. Homer:
Alter als natürliche Lebenszeit

Am Anfang war Homer. So problematisch dieser Satz in gewissem Sinne sein mag – über das historische Individuum Homer wissen wir ohnehin eigentlich nichts –,[12] so unbestreitbar richtig ist er in der Rückschau: Homer ist der erste uns durch überlieferte Werke bekannte Dichter des Abendlandes, und die (wohl im späten 8. Jahrhundert bzw. frühen 7. Jahrhundert v. Chr. schriftlich fixierten) Epen *Ilias* und *Odyssee* (die möglicherweise jedoch von zwei oder gar mehreren Dichtern stammen) haben nicht nur bereits die Griechen selbst als «fundierenden Text» (Jan Assmann),[13] als kanonische Grundlegung und Ausprägung griechischer Identität und Normalität begriffen, sondern auch die nachfolgenden Kulturen des Abendlandes. So steht auch in diesem Buch Homer am Anfang, und zwar in einem doppelten Sinne. Einmal bieten uns die homerischen Epen die im folgenden vorzustellenden frühesten Zeugnisse griechischer Altersauffassung, zugleich aber gilt Homer selbst bereits den alten Griechen als Greis, dessen Porträt am Anfang unserer Altersabbildungen steht *(Abb. 1)*.

Dieses Bildnis, die kaiserzeitliche Kopie eines um 460 v. Chr. entstandenen Originals, dokumentiert natürlich nicht die Altersvorstellungen des 8. Jahrhunderts v. Chr.,[14] sondern diejenigen seiner Entstehungszeit; gleichwohl paßt es, wie wir sehen werden, zumindest teilweise durchaus zu den in der homerischen Dichtung zu ermittelnden Altersbildern. Zu sehen[15] ist ein blinder Greis, dessen «Züge körperlichen Verfalls an Wangen, Schläfen und an den tief eingesunkenen Augen mit größter Zurückhaltung angedeutet sind. Homer ist trotz hohen Alters ein schöner, würdevoller Greis, ein ‹kalòs géron›»; die Kahlheit des Kopfes wird durch die raffinierte Frisur verdeckt.

Am ehesten wird man die in diesem Porträt vermittelte Vorstellung des zwar in seinem Verfall wahrgenommenen, jedoch in seinen Vorzügen gewürdigten Alters mit der positivsten Altersgestalt in den homerischen Epen assoziieren wollen, mit Nestor. Dieser Fürst von Pylos,

1 Homer, Marmor,
Kopie der frühen Kaiserzeit.
München, Staatliche Antiken-
sammlungen und Glyptothek

dessen Name in unseren heutigen Sprachgebrauch sprichwörtlichen Eingang gefunden hat (man bezeichnet etwa mit Respekt einen älteren Gelehrten als ‹Nestor› einer Forschungsrichtung), gehört zu dem vornehmsten Kreis der hochadligen *basileis*, der Fürsten bzw. ‹Kleinkönige›; der Führer des Gesamtaufgebotes der Griechen vor Troia, Agamemnon, schätzt und ehrt den Alten, bemerkt aber gleichwohl bedauernd (Il. 4,313–316): «Greis, ach folgten dir doch, wie der Mut im wackeren Herzen, ebenso willig die Knie, und wärest du frisch noch von Kräften! Aber dich plagt das verderbliche Alter. Oh wär' es doch möglich, daß ein andrer es trüge und du zu den Jüngeren zähltest!»

Hier artikuliert sich nicht etwa «der notorische Pessimismus des Ilias-Dichters»,[16] sondern das frühgriechisch-aristokratische Ideal des mannhaften Fürsten, der lieber den Heldentod stirbt als kampflos altert. Der dieser exklusiven Gruppe der Hochadligen zugehörige Nestor vertritt denselben Wertekanon, wenn er Agamemnon antwortet (Il. 4,318–319): «Atreus' Sohn, von Herzen verlangte ich selber, so rüstig heute zu sein wie einst, als ich Ereuthalion fällte!»

Selbstbewußt und einsichtig zugleich fährt er freilich fort (Il. 4,320–323): «Doch nicht alles zugleich gewähren die Götter den Menschen. War ich ein Jüngling vordem, so drückt mich heute das Alter. Aber auch so begleit' ich die Reisigen noch und ermahne andre mit Worten und Rat, dem Ehrenrechte des Alters.»

Mit Recht wies der ‹Nestor› der Tübinger Gräzistik, Wolfgang Schadewaldt, darauf hin, daß hier «der Blick ganz unsentimental auf Jugend und Alter» ruhe:[17] Das hohe Lebensalter läßt vieles nicht mehr zu, gewährt aber auch eigene Vorzüge und Gaben, vor allem Erfahrung, (Lebens-)Weisheit und Sprachgewandtheit. «Süßer als Honig floß ihm das klingende Wort von der Zunge» (Il. 1,249), weiß das Epos von Nestor zu sagen, dem ein behaglicher Lebensabend im Kreise «lanzentüchtiger Söhne» zuteil wird (Od. 4,210 f.).[18]

Der greise Priamos hingegen ist nicht nur als König von Troia Widerpart des für die griechische Seite ‹streitenden› Nestor, sondern er vermittelt auch ein anderes Altersbild. Er ist im wahrsten Sinne des Wortes passiv, also ein Erleidender.[19] Erst der drohende (Il. 22,38 ff.) und dann der eingetretene Tod seines Sohnes Hektor (Il. 22,412 ff.) rüttelt den alten König auf, der sich gegenüber dem Sieger Achill auf die dem Alter geschuldete Rücksicht beruft (Il. 24,486–506) und um die Herausgabe der Leiche seines toten Sohnes bittet. Diese Szene hat

2 Rotfiguriger Skyphos des Brygos-Malers:
Priamos bei Achill, um 490 v. Chr. Wien, Kunsthistorisches Museum

3 Rotfigurige Bauchamphora des Euthymides: Priamos und Hektor,
um 500 v. Chr. München, Staatliche Antikensammlungen und Glyptothek

der Brygos-Maler um 490 v. Chr. auf einem rotfigurigen *Skyphos*,
einem Henkelbecher, festgehalten *(Abb. 2)*. Priamos, als weißhaariger
und weißbärtiger, aber würdevoller Greis gezeichnet, nähert sich dem
in voller Lebenskraft blühenden, beim Mahl gelagerten Achill, unter
dessen Kline der Leichnam Hektors liegt.

Wenige Jahre früher ist ein anderes Altersbild des Priamos entstanden *(Abb. 3)*. Hektor rüstet sich zur Schlacht, während links der alte
Priamos, auf den Stock gestützt und den kahlen Schädel durch eine
spätarchaische Greisenfrisur notdürftig kaschierend,[20] wenig opti-
mistisch über den Ausgang des anstehenden Kampfes zu sinnieren
scheint. Gewiß illustriert die Szene die oben angesprochenen Verse
aus dem 22. Gesang der *Ilias* (vv. 37 ff.), als Priamos seinen Sohn von
der Auseinandersetzung mit Achill abzuhalten sucht: «Diesen rief er-
bärmlich der Greis und streckte die Arme: Hektor, wage mir nicht,
mein Sohn, den Mann zu erwarten, einsam, von allen getrennt, daß du
nicht dein Verderben beschleunigst, bald vom Peliden besiegt, denn er
ist dir weit überlegen.»

Während Nestor und Priamos tragende Rollen in der *Ilias* spielen und ihre Charakterzeichnung nicht zum geringsten dem poetischen Entwurf geschuldet ist, wird in einer dritten Altersfigur nach der plausiblen Einschätzung F. Preißhofens vielleicht «am ehesten die ‹reale› Situation der älteren Menschen und die Einschätzung der Alten aus der Zeit deutlich, in der die Ilias ihre eigentliche Gestalt bekam.»²¹ Die Rede ist von Phoinix, dem alten Erzieher Achills, dessen menschliche Bindung an seinen Schützling sogar die Unbill des Alters überwiegt, denn Phoinix bekennt gegenüber Achill (Il. 9,444–446): «Also könnt' ich von dir, mein teures Kind, mich unmöglich trennen, und gäbe mir auch ein ewiger Gott die Verheißung, mich, des Alters entkleidend, zum Jüngling wieder zu wandeln.» Hier klingen nicht nur reale soziale Abhängigkeiten in der fr(ü)haristokratischen Gesellschaft an, sondern menschliche Bindungen zwischen den Generationen.

Unverkennbar vermittelt die *Ilias* kein eindimensionales Altersbild, aber auch keine prozeßhafte Lebensvorstellung, die das Altern als Endpunkt einer stufenweise verlaufenden Entwicklung begriffe,²² sondern das Alter gilt als natürliche, von den Göttern gegebene Existenzform mit eigenen Grenzen, Möglichkeiten und Regeln, ohne daß die Blicke stets verklärt zurück oder gar angstvoll nach vorn gerichtet werden. Am treffendsten hat dies bereits Schadewaldt formuliert: Dem homerischen Menschen «ist vom Vergangenen nur das Gegenwärtige gegenwärtig, und der Sehnsucht nach dem, was er einst war und nicht mehr ist, gibt er sich nicht hin.»²³

Grundsätzlich gilt das bisher Gesagte sowohl für die *Ilias* wie für die (wohl etwas jüngere)²⁴ *Odyssee*, dennoch bereichert das letztgenannte Epos das bislang erkennbare Altersbild um weitere, darunter vielleicht als stärker realistisch zu klassifizierende Motive.²⁵ Das gilt primär für die Figur des Laertes, des alten Vaters des Odysseus, der – verwitwet, ohne den einzigen Sohn und nach Telemachs Abreise auch ohne den einzigen Enkel – ein trostloses Dasein fristet und dem unerkannt wiederkehrenden Odysseus ein bemitleidenswertes Bild bietet (Od. 24,232–234): «Als ihn der große Dulder, der hehre Odysseus erblickte, völlig zerrieben vom Alter, voll tiefer Trauer im Sinne, mußte er weinen und trat in den Schutz eines stattlichen Birnbaums.»

Später zählt Odysseus in seiner Reaktion auf diesen Augenblick denn auch das Alter zu den diversen Kalamitäten, denen Laertes offensichtlich ausgesetzt ist (Od. 24,250–251): «Alles trifft da zusammen: grausiges Alter und übler Schmutz und die schändliche Kleidung.»

Weniger schonungslos beschrieben, sondern als Sinnbild für Treue und Zuverlässigkeit möglicherweise sogar idealisiert[26] wird hingegen die Gestalt der alten Amme Eurykleia: «Die wirklich alte Eurykleia wird nirgends als eine verrunzelte, vom Alter gebeugte Frau vorgestellt.»[27] Dieser gebändigten Altersdarstellung Eurykleias, die ihren großen Auftritt im 19. Gesang der *Odyssee* in der Wiedererkennungsszene hat (Od. 19,467–504), entspricht auch die bildliche Wiedergabe dieser ergreifenden Episode auf einer Vase aus Chiusi *(Abb. 4)*.[28] Eurykleia kniet mit dem Wasserbecken vor Odysseus, um ihm die Füße zu waschen. Nur das weiße Haar deutet ihr hohes Alter an, Anzeichen von Gebrechlichkeit o. ä. zeigt die Gestalt Eurykleias hingegen nicht.

*4 Rotfiguriger Skyphos: Eurykleia und Odysseus, um 450 v. Chr.
Chiusi, Museo Archeologico Nazionale*

Haben wir bislang die aus der poetischen Perspektive vermittelten, verschiedenen Formen der Altersauffassung und -darstellung in den Blick genommen, so bleibt noch die vor allem aus (alt-)historischer Sicht besonders interessante Frage nach der realen Position der alten Menschen in der frühgriechischen Gesellschaft zu erörtern. Es geht folglich um das überaus komplizierte und vieldiskutierte Problem einer ‹lecture sociologique› Homers, denn für die noch weitgehend schriftlos überlieferte archaische Zeit bilden die homerischen Epen die einzigen, natürlich mit äußerster Zurückhaltung und Vorsicht als ‹Quellen› auszuwertenden schriftlichen Informationen. Der neueste und umfassendste Versuch dieser Art stammt aus der Feder von Christoph Ulf, dessen Überlegungen zur homerischen Gesellschaft die anschließenden, knappen Ausführungen folgen.[29] Zunächst weist Ulf zu Recht darauf hin, daß mit dem Begriff *gérontes* keineswegs nur Greise in den homerischen Dichtungen gemeint sind; bisweilen werden auch Helden ‹im besten Alter› – wie die Führer um Agamemnon oder die Altersgenossen des Odysseus – zu den Geronten gerechnet. Grundsätzlich gilt für alle homerischen Geronten,[30] daß sie aufgrund von Erfahrungswissen in der Lage sind, vernünftige Ratschläge zu erteilen und zu übernehmen; daher spielen sie eine Vorreiterrolle bei Diskussionen und der anschließenden Beschlußfassung und genießen diverse Privilegien (vorrangige Bedienung beim Mahl, das Anrecht auf ein besonders weiches Lager, auf ein Bad etc.).[31] Nur wenn die Epen explizite Hinweise auf ein hohes Lebensalter geben, können wir daher sicher sein, daß als Geronten bezeichnete Personen tatsächlich Greise sind, wie etwa im Falle Nestors. Konkretere Hinweise auf die Lebenswirklichkeit alter Menschen in der frühgriechischen Zeit – Lebenserwartung, Gesundheitszustand, materielle Situation etc. – lassen sich den homerischen Dichtungen nicht entnehmen, dies ist erst ansatzweise bei Hesiod der Fall.

2. Hesiod:
«Unseliges Alter»?

Sieht man sich bei dem Versuch, den homerischen Epen Hinweise auch auf reale Verhältnisse im frühen Griechenland zu entnehmen, beträchtlichen Schwierigkeiten gegenüber, so sind diese bei einer Annäherung an Hesiod erheblich geringer. Denn obwohl bereits Herodot, der ‹Vater der Geschichtsschreibung›, im 5. Jahrhundert v. Chr. Homer und Hesiod in einem Zuge nennt, beide als Zeitgenossen begreift und ihnen gemeinsam die ‹Erschaffung› der griechischen Götter zuweist (2,53), so überwiegt tatsächlich das Trennende zwischen beiden: Hesiod, der erste (vielleicht um 700 v. Chr. in der Blüte seines Lebens stehende) Dichter des Abendlandes, der von sich selbst erzählt, lebte und wirkte in der mittelgriechischen Landschaft Boiotien, wo er «in der Welt der kleinen Bauern» (Albin Lesky), in dem Dorf Askra, ganz andere Facetten des archaischen griechischen Lebens wahrnahm und dichterisch verwertete als der (oder die) Schöpfer der homerischen Epen.[32] In der späteren hellenistischen Zeit, als ein ungeschminkterer Realismus auch die künstlerische Altersdarstellung zu bestimmen begann (S. 102 ff.), hat man vielleicht nicht zufällig für diesen ‹Bauerndichter› ein Bildnis geschaffen, welches lange Zeit als ‹Pseudo-Seneca› in der Forschung geführt wurde, mit Paul Zanker aber vielleicht eher auf Hesiod zu beziehen ist *(Abb. 5a-b)*.[33]

Die römische, nach einem vielleicht um 200 v. Chr. entstandenen Original angefertigte Bronzebüste zeigt in geradezu atemberaubender Ungeschminktheit eine von Alter, Anstrengung und Entbehrung gezeichnete Physiognomie, deren Charakteristika zusammen mit dem ungepflegten Bart, den ungeordneten Haaren und der faltigen Haut in der Seitenansicht noch eindrucksvoller hervortreten *(Abb.5 a)*.

Hat dieser «askrische Greis»,[34] in dessen Epos *Werke und Tage* «kein verklärender Schimmer auf die Mühen und Plagen des Bauernlebens fällt»,[35] auch die alten Menschen seiner Umwelt mit ähnlich

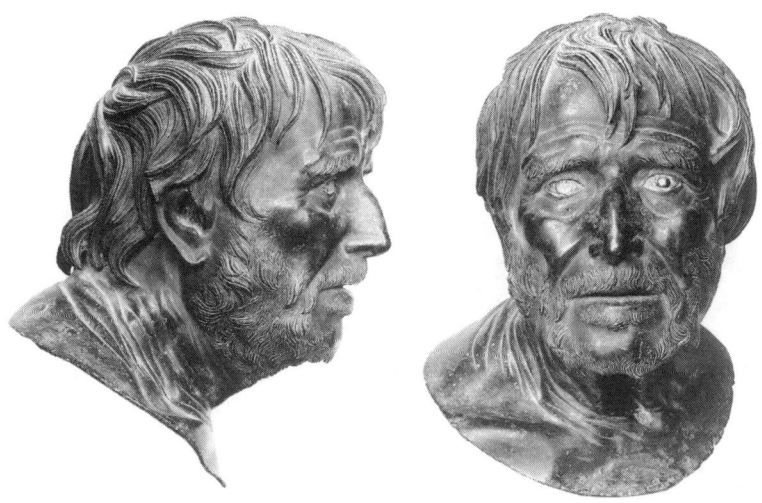

5 a–b Hesiod? Bronze, Kopie augusteischer Zeit.
Neapel, Museo Nazionale

unverstelltem Blick gezeichnet? Einige Stellen aus seinem genannten
Werk könnten dies andeuten:[36] So mißt Hesiod nur den Menschen des
längst vergangenen goldenen Zeitalters die Abwesenheit «von Mühen
und Leid» zu, «und ihnen nahte kein schlimmes Alter» (Erg. 113 f.).
Dazu würde aus dem anderen erhaltenen Epos Hesiods, der *Theogonie*,
der Gedanke passen, das Alter zusammen mit der Strafe (*némesis*),
Betrug und Zwietracht (*éris*) zur Nachkommenschaft der (personifizierten) Nacht zu zählen (Theog. 223–225, übersetzt – mit Änderun-
gen – nach T. von Scheffer): «Nemesis auch gebar sie, die Drangsal der
sterblichen Menschen, sie, die verderbliche Nacht, danach Betrug und
Liebesumarmung, ferner das unselige Alter und Eris, die harte und
starke.»

Das «unselige Alter» (*géras oulómenon*) erscheint als Personifikation erst später auf allerdings wenigen Vasenbildern des früheren
5. Jahrhunderts v. Chr., die den literarisch nicht belegten Mythos von
der Erschlagung des *Geras* durch Herakles tradieren *(Abb. 6)*.[37] Geras
begegnet hier als dürres, klappriges Männlein, mit Krückstock, Haken-
nase und spitzem Kinn. Einen ähnlichen Anblick bietet eine (hier nicht

6 Rotfigurige Pelike: Herakles und Geras; frühes 5. Jahrhundert v. Chr.
Paris, Louvre (Umzeichnung des Vasenbildes)

abgebildete) Londoner Halsamphora, wieder ist Geras durch den dürren Körper, ‹Ziegenkinn› und Greisenfrisur charakterisiert.

Kaum sympathischeren Eindruck als der häßliche Geras erweckt die
ebenfalls auf einer Vase abgebildete, greise Betreuerin des Herakles
namens Geropso, die als «hexenhafte Alte»[38] hinter dem Helden trot-
tet und ihm die Leier trägt *(Abb. 7)*: «Die gebeugte Alte in Chiton und
Mantel hat weiße Haare, eine extreme Physiognomie mit fliehender
Stirn, weit vorspringender Nase, zahnlosem Mund und tief eingegrabenen Falten.»[39]

Mögen diese (natürlich im Kontext ihrer Entstehungszeit zu begrei-
fenden) Altersfiguren hier als Illustrationen einer negativ konnotierten Altersauffassung eines Hesiod dienen, so decken sie diese doch
nur zum Teil ab, denn Preißhofen hat mit Recht auf die Ambivalenz
des hesiodeischen Altersbildes aufmerksam gemacht, insbesondere auf
die Gestalt des Meergreises Nereus in der *Theogonie* (233–236):[40]

7 *Rotfiguriger Skyphos des Pistoxenos-Malers: Geropso, um 470 v. Chr.*
Schwerin, Staatliche Museen

«Pontos aber erzeugte den wahren, untrüglichen Nereus, ältestes aller
Kinder, und darum hieß er der Alte, weil er unfehlbar ist und gütig
und des Gesetzes nie vergißt und hegt nur rechtliche, milde Gesin-
nung.»

Der gute Greis Nereus mit seinen vorteilhaften Eigenschaften steht
dem «unseligen Alter» gegenüber und erinnert mit seinen Alterstu-
genden – Einsicht, Güte, Gesetzeskenntnis – an den homerischen ‹Idealgreis› Nestor. Auf einigen Vasenbildern erscheint Nereus denn auch
als wohlgestalteter, ‹alter Mann aus dem Meer›, seine Haare sind weiß,
und auch die faltige Nackenhaut und das runzlige Haupt kennzeich-
nen ihn auf diesen Vasenbildern als Alten – als Gott *ist* er alt, wird er
nicht erst alt.

Auch für Hesiod gilt folglich wie für Homer, daß das hohe Lebensalter als Stufe, nicht als Phase in einem dynamischen (und körperlich
destruktiven) Prozeß begriffen wird. Es entspricht jedoch der stärke-

ren Ausrichtung Hesiods an der gesellschaftlichen Realität seiner Zeit, daß er überdies rechtliche, soziale und ökonomische Aspekte des hohen Lebensalters reflektiert. Warnend weist Hesiod, der seiner eigenen Gegenwart überaus pessimistisch gegenübersteht, darauf hin, daß in einer Welt ohne ethische Bindungen dem Alter von seiten der Jungen kein Respekt mehr zuteil werde (Erg. 185–188): «Bald versagen sie selbst den greisen Eltern die Ehrfurcht, schmähen sie noch und schwatzen mit ihnen häßliche Worte. Frevler! Sie wissen nichts von Götteraufsicht, sie geben nicht den greisen Eltern zurück die Pflege der Kindheit.»

Hochaktuell klingen für heutige Leser diese Sorgen vor einem Dissens zwischen Jung und Alt, vor einem Aufkündigen des innerfamiliären ‹Generationenvertrages›, zumal letzterer laut Hesiod unter dem Schutz des höchsten aller Götter steht (Erg. 330–334): «Wer sich ohne Bedenken an Waisenkindern versündigt, wer da den greisen Vater an trauriger Schwelle des Alters schmäht und wider ihn eifert mit ungebührlichen Worten, wahrlich, solchem zürnt Zeus selber, und schließlich belastet er den Übeltäter mit schwerer, schmählicher Buße.»

Hesiod differenziert folglich zwischen den rüstigen, vor allem geistig leistungsfähigen Alten, denen in der Regel der gebührende Respekt entgegengebracht wird, und den schwachen und kranken Alten, denen das Los der Marginalisierung droht. Diese stets prekäre Lage der alten Menschen klingt auch in einem hesiodeischen Fragment an (frgm. 312 M.-W.), welches offensichtlich an ein Sprichwort erinnert und «die Taten der Jungen, die Ratschläge der Mittleren, die Bitten der Alten» gegenüberstellt.[41] Den Alten bleibt häufig offenbar nichts als das Flehen (an die Götter oder an ihre Mitmenschen gerichtet), um auf ihre Ansprüche und Sorgen aufmerksam zu machen.

Der Epiker Hesiod gewährt uns mithin einen nahezu prosaischen Blick auf die Alterswirklichkeit in der archaischen Zeit – die Lyriker hingegen setzen wiederum völlig andere Akzente und vermitteln eine «neue Lebensstimmung: das Grauen vor der unaufhaltsam verrinnenden Zeit.»[42]

3. Die Lyriker:
«Oh allverderbendes Alter»!

Mit dem Oberbegriff der Lyrik umfassen wir eine Reihe kürzerer
Werke der Dichtkunst, die nur zum Teil gesungen wurden, obwohl Lyrik ursprünglich allein die zur Begleitung der *Lyra* gesungene oder
rezitierte Dichtung meint; während etwa das *Melos* stets als Lied auf-
zufassen ist, wurde das landläufig auch der Lyrik zugerechnete Epigramm (ursprünglich nur eine Aufschrift) nie gesungen, sondern zu
einem «Zweig der Buchliteratur».[43] Wenn wir im folgenden in einem
weiteren (heutigen) Sinne dennoch einfach von Lyrik sprechen, so ist
folglich stets an den ursprünglich innigen Zusammenhang von Wort-
und Tonkunst zu denken: Den nach unserem Sprachgebrauch ‹Dichter› genannten Alkaios etwa stellte sich die Antike folglich im eigentlichen Wortsinne als ‹Lyriker›, also als Sänger vor, wie in der hier abgebildeten Statue, die man nach den neuesten Überlegungen von Paul
Zanker gern mit dem berühmten Alkaios von Lesbos (um 600 v. Chr.)
in Verbindung bringen möchte *(Abb. 8)*.

Das nach einem hellenistischen Original (um 200 v. Chr.) angefertigte Standbild zeigt einen alten Sänger, der in der Linken gewiß die
(verlorene) *Lyra*, in der Rechten das (ebenfalls nicht mehr vorhan-
dene) *Plektron* (das Schlagblättchen) hielt. Der Bart, der prächtige
Thron und die Leidenschaft in Physiognomie und Gestus zeigen den
Lyriker (aus späterer Perspektive) «als eine verehrungswürdige Gestalt ferner Vorzeit»;[44] vor allem die Hautfalten an Brust und Bauch
weisen auf sein hohes Alter.

Als alter Mann ist auch Linos gezeichnet, Sohn des Apollon, der auf
dem folgenden Vasenbild aus klassischer Zeit mit der *Lyra* als Lehrer
des Iphikles, des Halbbruders des Herakles, erscheint *(Abb. 9)*. Ob Linos, eine mythische Figur, unter seinem hohen Lebensalter gelitten
hat, entzieht sich unserer Kenntnis, andere lyrische Aussagen, die auf
uns gekommen sind, lassen an Deutlichkeit hingegen nichts zu wün-
schen übrig.

8 Alter Sänger – Alkaios? (ergänzte) Kopie aus dem 1. Jahrhundert v. Chr.,
Marmor. Kopenhagen, Ny Carlsberg Glyptotek

9 Rotfiguriger Skyphos des Pistoxenos-Malers: Linos und Iphikles,
um 470 v. Chr. Schwerin, Staatliche Museen

In der Spruchsammlung des Theognis (erste Hälfte des 6. Jahrhunderts v. Chr.),[45] entstanden im aristokratischen Umfeld der Polis Me-
gara, lesen wir (– in der Übersetzung von Schadewaldt – vv. 527f.):
«Weh mir weh! O Jugend! O allverderbendes Alter! Dieses es schrei-
tet heran. Jene sie wendet sich ab.»

Subjektives Empfinden und das Gefühl für die «Dynamik der
Zeit»[46] sind neue Aspekte griechischer Altersauffassung, die prägnant
in den beiden Versen zum Ausdruck kommen, die als Überschrift für
dieses Kapitel dienen. Gleichwohl besitzen diese Verse zugleich eine
klare soziopolitische Konnotation: Theognis «ist ein politischer Kopf
und klarsichtiger Zeitdiagnostiker … Er dichtet Selbstbestätigungslie-
der für das konservative Adelssymposion.»[47] Aus dem Blickwinkel des
agonalen Adelsethos[48] mag das Nachlassen physischer Kräfte im Alter
daher als besonders beklagenswert erschienen sein, und vor allem gilt
dies für einen wesentlichen Bereich des adligen Kosmos, das Sympo-
sion. Beim Gelage, zu welchem auch sexuelle Kontakte zwischen dem
Symposiasten und Hetären gehörten,[49] wurden die Trinklieder auch

10 Bronzestatuetten:
Krieger und Greis, Mitte
6. Jahrhundert v. Chr. Olympia,
Archäologisches Museum

eines Theognis rezitiert, und gerade der Symposiondichtung galt aus
naheliegenden Gründen «das Greisenalter als grundsätzlich negativ zu
bewertende Lebensstufe.»[50] Auf den zahlreichen Vasenbildern, welche
diesen Teil der aristokratischen Lebenswelt illustrieren,[51] erscheinen
denn auch weder alte Männer noch alte Frauen, sondern Vertreter beider Geschlechter im blühenden Erwachsenenalter.[52]

Unmittelbar dazu paßt ein weiteres Distichon des Theognis, das, wie
die vorhergehenden Verse zeigen, ebenfalls der Welt des Symposions
angehört (vv. 1131–1132): «Aber ich beklage die liebliche Jugend, die
mich verläßt, ich beweine das beschwerliche Alter, das sich nähert.»

Es dürfte bereits aus diesen einleitenden Bemerkungen deutlich geworden sein, daß wir vor allem eines berücksichtigen müssen, wenn
wir Aussagen zum Alter in der archaischen griechischen Lyrik bewerten und verstehen wollen:[53] die Situationsgebundenheit der Dichtung.
Denn die Einschätzung des Greisenalters hängt unmittelbar ab von
der individuellen Beschaffenheit des lyrischen Ich, von seiner Stimmung, seinem Anliegen, seinem Adressaten etc. Angesichts des vielfach nur fragmentarischen Zustands der auf uns gekommenen Texte
wird eine adäquate Einschätzung der poetischen Situation freilich
nicht nur erschwert, sondern häufig auch unmöglich – dennoch sollte
man diesen Faktor stets in Rechnung stellen, wie auch das nächste Beispiel lehrt.

Ähnlich bedeutsam nämlich wie für Theognis ist für Tyrtaios, der in der zweiten Hälfte des 7. Jahrhunderts v. Chr. lebte,[54] der Hinweis auf die Standortgebundenheit und den intentionalen Charakter seiner Gedichte – Tyrtaios, wahrscheinlich Angehöriger des spartiatischen Adels, verfaßte Kampfparänesen, Aufrufe «zur Arete des Kriegers».[55] Er richtet sich also primär an die kampffähigen Mitbürger und thematisiert das Greisenalter nur in diesem Kontext, indem er dem tapferen und siegreichen Krieger Ehrungen im Alter in Aussicht stellt[56] und sie überdies an ihre Schutzfunktion für die Alten erinnert (frgm. 6/7 D 18 ff.): «Die Älteren aber, die schon keine flinken Knie mehr haben, nein! laßt sie nicht im Stich, indem ihr flieht – die greisen Leut'!»

In den Äußerungen des Tyrtaios spiegelt sich zweierlei: die innere Geschlossenheit der Polis Sparta, als deren schutzwürdige Mitglieder natürlich auch die Alten gelten, und die gesellschaftliche Achtung, welche letztere in Anspruch nehmen können. Geradezu versinnbildlicht erscheint diese korporative Solidarität zwischen Krieger und Greis möglicherweise in zwei Bronzestatuetten, die vielleicht beide vom Rand eines in Olympia gefundenen Bronzekessels aus Sparta stammen *(Abb. 10)*.

Zweifellos genossen die über 60-jährigen Spartiaten ein offenbar besonders hohes Maß an sozialem und politischem Ansehen. Am deutlichsten wird dies in der exponierten Rolle des aus dem alten Adelsrat der Könige hervorgegangenen Ältestenrates, der spartanischen Gerusie:[57] Neben bedeutenden politischen Beratungs- und Kontrollkompetenzen besaß die Gerusie vor allem Bedeutung als höchstes Gericht Spartas, mit der Zuständigkeit für alle schweren Delikte. Außer dem traditionellen Gewicht der aristokratischen Spartiaten mag sich hierin auch die große Autorität spiegeln, die man den altersweisen Bürgern zuerkannte, so daß Pindar (frgm. 199) darin geradezu ein Charakteristikum Spartas sehen konnte: «Wo der Ratschlag der Alten, junger Männer Lanzenkraft vortrefflich sind und Reigen, Kunst der Musen und Freude des Festes.»

Die letztgenannten Worte Pindars leiten über zu einer weiteren Seite Spartas, zu Sparta als einem archaischen Zentrum von Kunst und Kultur, mit den Worten Conrad F. Stibbes: zum «anderen Sparta».[58] In diese von derjenigen des Tyrtaios gänzlich verschiedene Gefühls- und Gedankenwelt, die freilich ebenfalls zum archaisch-aristokratischen, allzu häufig allein auf seine herausragende Rolle als Militärstaat reduzierten Sparta gehört, führt uns das bekannte ‹Eisvogel›-Gedicht Alkmans: «Nicht mehr länger, ihr Mädchen süßstimmig mit heiligen Liedern, tragen die Knie mich. Daß ich, ach! daß ich ein Albatros wäre, der übern Schaumkamm der Woge im Schwarm mit den Eisvögeln hinschwebt kraftvollen Mutes – meerfarben geflammter heiliger Vogel!»[59]

Alkman, der bedeutendste frühe Chorlieddichter Spartas und zugleich der erste mit umfänglichen Fragmenten überlieferte Lyriker Griechenlands, verfaßt eine Klage über das Alter aus der Sicht eines Alten,[60] voll sehnsüchtiger Rückschau auf den verlorenen Glanz der Jugend. Mit dem Motiv der «nicht mehr tragenden Knie» formuliert Alkman einen Gedanken, der immer wieder in der archaischen Lyrik begegnet und als Topos des frühgriechischen Altersbildes zu gelten hat, so etwa auch in der Dichtung Sapphos, deren Haltung zum Alter geprägt wird durch «das Zentrum ihrer Welt»: die Liebe, personifiziert in Aphrodite.[61] Die auf der Insel Lesbos beheimatete Dichterin (ca. 630–580 v. Chr.) schrieb und lebte – wahrscheinlich erst nach dem Tod ihres Mannes[62] – in einer von ihr geleiteten Mädchengemeinschaft, gewissermaßen in einer privaten Öffentlichkeit; wir haben es hier mit einer Art Kunstkreis zu tun, in welchem das Innere der Einzelnen ohne Hemmungen den anderen Mädchen preisgegeben werden konnte: «Sapphos Lieder waren die Komprimierung alles dessen, was die Gruppe fühlte, dachte und wußte. In ihnen formte die Gruppe sich. Durch sie erfuhr sie ihre Einzigartigkeit.»[63]

Hier nun dürfen wir am ehesten einen unverstellten Blick des *lyrischen Ich* auf das ungeliebte hohe Alter erwarten, und in einem stark verstümmelten Fragment (65 a D) scheint die von sich und ihrem Alter sprechende Sappho denn auch einen derartigen, authentischen Einblick in ihre Gefühlslage zu gewähren:

«Mir furchte bereits hier, da und dort tief meine Haut das Alter
… weiß wurde das Haar, hing einst in schwarzen Flechten.
… nicht tragen mich mehr die Knie
… und tanzen so leicht wie Rehe.
… aber was soll ich machen?»[64]

Anschließend thematisiert sie den Tithonos-Mythos, offenbar zur Illustration der Unmöglichkeit für den Menschen, dem Alter zu entgehen, und als Ausdruck dafür, daß sie diese göttlich begründete Abfolge von Jugend und Alter – wenn auch schweren Herzens – akzeptiert.[65]

Weit entfernt von dieser «stillen Einsicht und sanften Ergebung»[66] Sapphos sind die lauten Töne des Elegikers Mimnermos (zweite Hälfte 7. Jahrhundert v. Chr.), dessen Dichtung offenbar ständig um das Thema des hohen Lebensalters kreiste: «Von den 24 sicher echten Fragmenten mit insgesamt 80 Versen befassen sich 6 Stücke und fast 40 Verse mit dem Gegensatz ⟨Jugend⟩ – ⟨Alter⟩.»[67] Während Sappho sich «in ihrer innigen Schlichtheit»[68] mit resignativem Bedauern über den Verlust der Jugend begnügt, bietet Mimnermos schrille Klagen über das Alter als Übel (*kakón*) an sich, das «schwer und unansehnlich, . . ., verabscheut, achtungslos (ist) – es macht den Mann unkenntlich und schwächt ihm Augen und Verstand.»[69] Das Gegenbild bietet die «hochgeachtete Hebe» (Jugend),[70] die, in göttlicher Personifikation, im Mythos als Tochter des Zeus und der Hera sowie als Gemahlin des Herakles galt; sie steht für Liebe, Genuß der Jugend und Blüte des Lebens:

«Was wär' das Leben, was wär' Lust – ohn' goldne Aphrodite?
Tot möcht' ich sein, wenn mir nichts mehr an diesen Dingen läg':
verborgne Liebe, Gaben süß und Beieinanderliegen,
wie es der Jugend Blüten sind: verlockend-schöner Reiz
für Männer und Frauen. – Doch sobald mit Schmerzen anrückt
das Alter, das da häßlich macht den Mann und ungeehrt,
da drücken böse Sorgen stets ihm rings die Sinne nieder,
und auf die Sonnenstrahlen schaut er nicht mehr mit Genuß;
den Knaben ist er widerlich, verachtenswert den Frauen:
so quälend-hart hat Alterszeit einstmals gemacht der Gott!»[71]

Einzigartig ist Mimnermos in seiner radikalen Zuspitzung der Alternative zwischen durchweg abgelehntem Greisenalter und dem Tod, die noch in dem kurzen Fragment 6 Diehl wiederkehrt:

«Ach könnte ohne Krankheitsleid und peinigende Sorgen
den Sechzigjährigen dereinst ereil'n das Todeslos!»[72]

Nicht nur der Verlust von Lebenskraft und Jugendlichkeit, sondern auch die Bedrohung durch Krankheit und Schmerz, Leid und Elend läßt dem Dichter den frühen Tod in milderem Licht erscheinen als das längere Leben – angesichts heutiger Diskussionen um das ‹Recht auf Sterben› ein Gedanke von nicht zu übersehender Aktualität. Ganz anders hingegen zeichnet Anakreon (ca. 570 bis 485 v. Chr.) das Verhältnis von Alter und Tod: Gerade weil der nahende Tod unausweichlich scheint, ist das Alter von Furcht geprägt, bietet jedoch auch zugleich letzte Gelegenheiten zum Lebensgenuß:

> «Grau geworden sind allmählich
> meine Schläfen, weiß der Haarschopf,
> und die anmutsvolle Jugend
> ist vorbei. Vergreist die Zähne,
> und vom süßen Leben bleibt mir
> nicht viel Zeit mehr übrig fürder.
>
> Darum schüttelt mich ein Schluchzen
> vor dem Tartaros in Bangnis,
> denn entsetzlich ist des Hades
> tiefer Abgrund, qualvoll steigt man
> dort hinunter – steht ja fest doch:
> 's geht nur abwärts – aufwärts nie mehr!»[73]

Laut antiker Überlieferung soll übrigens Mimnermos wenig später eine Antwort auf seinen zuvor zitierten Todeswunsch erhalten haben, und zwar von dem berühmten athenischen Politiker und Dichter Solon:[74]

> «... doch wenn du jetzt noch wenigstens mir folgst, so tilge dieses
> (und nimm's nicht übel, daß ich's besser hab›, als du bedacht)
> und dichte um, mein feiner Sängerfreund! So mußt du singen:
> ‹Mit achtzig Jahren mich ereilen könnt' des Todes Los!›»

Als Solon (ca. 640–ca. 560 v. Chr.) diese Verse verfaßte, «hätte er nach Rechnung des Mimnermos» vielleicht «längst tot zu sein».[75] Ob der Altersoptimismus Solons mit Schadewaldt auf «das kräftigere Naturell des mutterländischen Adligen» (Solon), der sich «gegen die müde

Verdrossenheit des ionischen Poeten» (Mimnermos) aufgelehnt habe,[76] zurückzuführen ist, möge dahingestellt bleiben, jedenfalls läßt Solon auch an anderen Stellen erkennen, daß er den Eigenwert hohen Alters zu schätzen wußte. So heißt es im Fragment 22,7 Diehl, in dichterischer Übersetzung:

«Wird auch silbern mein Haar, lern' ich doch immer noch vieles.»

Das hohe Alter erscheint hier nicht als Garant für den Besitz von Weisheit, sondern als Möglichkeit permanenten Weiterlernens. Wie sehr man sich freilich vor der Generalisierung einzelner, häufig nur in Fragmenten auf uns gekommener Verse und Aussagen, deren literarischen Kontext wir nicht mehr kennen, hüten muß, zeigt andererseits das wohl zur Symposions-Lyrik zu zählende Fragment 14 Diehl, in welchem Solon großem Reichtum die Gesundheit gegenüberstellt und konstatiert:

«Das ist für Sterbliche der Wohlstand! Alles, was darüber
an Habe ist, nimmt keiner mit, wenn er zum Hades geht,
und zahlt er Geld, entgeht er doch dem Tod nicht, nicht den schweren
Krankheiten, und dem Alter nicht, wenn es sich böse naht.»

Auch bei Solon erscheint also durchaus einmal das *kakòn géras*, das Alter als Übel, und gerade dieses Beispiel aus der solonischen Lyrik unterstreicht einmal mehr, wie situationsgebunden die Äußerungen der archaischen Lyriker zum Greisenalter sind. Das gilt schließlich auch für die meistzitierten Verse Solons zum Greisenalter, die sogenannte Lebensalterelegie, zweifellos ein Altersgedicht.[77] Darin wird das menschliche Leben in zehn *Hebdomaden* (Stufen zu je sieben Jahren) gegliedert. Noch im neunten Lebensabschnitt (ab 56 Jahren) besitzt der Mann zwar mancherlei Fähigkeit –

«... zu weich und schwach ist aber
für große Leistung Redekraft und geistiges Geschick.
Doch wenn das zehnte man beschließt und gut am Zielpunkt ankommt,
dann ist es wohl kaum vor der Zeit, wenn man den Tod empfängt.»

Wir scheinen hier eine Alterseinschätzung wiederzufinden, die wir bereits in den homerischen Epen erkennen zu können glaubten: Das Greisenalter wird als natürliche Lebensstufe behandelt, mit eigenem Wert und Gewicht, aber auch unter Anerkennung naturgegebener Schwächen vor dem Hintergrund des nahenden Todes.

II. Die Griechen der klassischen Zeit

1. Die Realität:
Der alte Mensch in der klassischen Polis

In seiner «Geschichte des Alters» stellt Georges Minois das Kapitel über die Griechen unter das Motto «Trauriges Alter»,[78] und den Unterabschnitt zu alten Menschen in der griechischen Gesellschaft beginnt er mit dem Verdikt, die Alten hätten allenfalls eine geringe Rolle gespielt.[79] Dies scheint mir freilich ein wenig zu kurz gegriffen, vor allem aber müssen unsere Urteile je nach Zeit und Region, in denen die zugrundeliegenden Sachverhalte anzusiedeln sind, differenziert ausfallen, wie im folgenden deutlich werden dürfte.

Den sich anbahnenden Übergang von der Archaik zur Klassik markiert (in der historisch-analytischen Rückschau) schon der athenische Reformpolitiker und Dichter Solon, dessen berühmte *Eunomia-Elegie* geradezu als ‹Geburtsurkunde des Bürgerstaates› gewürdigt werden kann, da er darin den (athenischen) Bürgern selbst die Verantwortung für die politischen und sozialen Verhältnisse im Gemeinwesen auferlegt.[80] In gewisser Weise können Solons Gedanken und Maßnahmen auch im vorliegenden Zusammenhang als Angelpunkt zwischen Frühzeit und klassischer Zeit gelten, gehörte zu seinem Reformwerk doch auch das sogenannte ‹Unterhaltsgesetz›, welches im Prinzip jeden Athener dazu verpflichtete, für die Versorgung seiner Eltern im Alter aufzukommen.[81] Diese Bestimmung paßt durchaus zu dem Altersbild Solons, das wir im vorangegangenen Kapitel behandelt haben, und es entspricht auch dem generell seinem Reformwerk zu entnehmenden Bestreben, den Einzelnen in die bürgerliche Pflicht zu nehmen. Wenn Minois nun meint, die Entwicklung der Demokratie in Athen habe die Alten sozial und politisch marginalisiert,[82] so ist zu fragen, ob sich in der Zeit zwischen den solonischen Reformen im frühen 6. und den innerathenischen Entwicklungen im 5. und 4. Jahrhundert v. Chr. tatsächlich die Position der Alten im sozialen Gefüge grundlegend geändert hat oder ob Minois vielleicht allzu bereitwillig den Auffas-

sungen der demokratiefeindlichen politischen Philosophie des
4. Jahrhunderts v. Chr. gefolgt ist.[83]

Schon die immense Zahl der (später noch näher zu würdigenden)
Greisendarstellungen auf den attischen Grabreliefs des 5. und 4. Jahrhunderts v. Chr. spricht nicht unbedingt für eine weitgehende Ausgrenzung oder Stigmatisierung alter Menschen im klassischen Athen,
und das Studium der literarischen Quellen bestätigt diesen Eindruck
in der Tat. Allerdings werden in diesen Texten die durchschnittlichen,
einfachen Bevölkerungsteile, und damit auch deren älteste Vertreter,
kaum näher in den Blick genommen, da etwa Thukydides oder Xenophon sich vornehmlich für exponierte Individuen und Eliten interessierten und in den vielen Schilderungen militärischer Begebenheiten
die Alten naturgemäß keine herausragende Rolle spielten, da sie jenseits der 60 nicht mehr zum Polisaufgebot gehörten. Die wenigen einschlägigen Aussagen zeigen jedoch deutlich, daß die Alten keineswegs
als Randgruppe der Polisbevölkerung zu gelten haben.

Wie hoch der Altenanteil an der Gesamtbevölkerung etwa des klassischen Athen war, läßt sich indes kaum seriös einschätzen,[84] zumal
bereits über die Zahl der in Athen lebenden Menschen bestenfalls Hy-
pothesen anzustellen sind.[85] Im 5. Jahrhundert v. Chr. verfügte Athen
maximal über ca. 50000 wehrfähige Bürger, die bürgerliche Gesamtbevölkerung mag daher höchstens 150000 Personen betragen haben.
Die Zahl der hinzuzurechnenden ansässigen Fremden (Metöken) und
Sklaven entzieht sich ebenfalls weitgehend fundierten Vorstellungen;
laut Jochen Bleicken hat «die Gesamtzahl aller in Attika wohnenden
Menschen ... Mitte des 5. Jahrhunderts etwa eine viertel Million betragen.»

Richtig ist nun zweifellos die Auffassung, daß in der exzeptionell
großen, mit einem ebenfalls einzigartig modernen, demokratischen
System ausgestatteten *Polis* Athen die alten Männer, anders als in
Sparta, politisch nicht mehr so dominierend waren wie in der vorklas-
sischen Zeit. So läßt Xenophon den Perikles fragen: «Wann werden die
Athener ebenso wie die Lakedaimonier die Älteren achten, da sie doch
in der Mißachtung der Älteren bei ihren eigenen Vätern den Anfang
machen?»[86] Andererseits gilt es jedoch zu prüfen, ob derlei pointierte
Aussagen wirklich einen angemessenen Eindruck von den in Athen
damals herrschenden Verhältnissen vermitteln.

Während in dem gleich noch näher zu betrachtenden Sparta der Ältestenrat (*Gerusia*) maßgeblich auf die Belange der Polis einwirkte,
hatte im klassischen Athen der ‹Rat der Fünfhundert› längst den mit
den ehemaligen Archonten besetzten alten Adelsrat (*Areopag*) in den
Hintergrund gedrängt. Im Rechtsleben freilich scheinen die Athener
(auch) auf die Weisheit der Alten gesetzt zu haben; so wurde für die
diaitétai, die als Schiedsrichter Rechtsfälle im Streitwert von mehr als
10 Drachmen zu regeln hatten, die Vollendung des 60. Lebensjahres
gefordert.[87] Vor allem aber gilt es darauf hinzuweisen, daß es zum etablierten und unbestrittenen Comment im demokratischen Athen
gehörte, alten Mitbürgern Achtung, Reverenz und (Für-)Sorge zu er-
weisen:[88] Die per Los ermittelten Kandidaten für öffentliche Ämter
wurden laut der (pseudo-)aristotelischen *Athenaion Politeia* (*Staat
der Athener*) (55,3) vor Amtsantritt gefragt, ob sie ihre Eltern gut behandelten, und als höchste Magistrate fungierten die Archonten auch
als Richter, unter anderem in Prozessen «wegen Mißhandlung der Eltern» (AP 56,6). Der berühmte Redner Demosthenes (4. Jahrhundert
v. Chr.) zählt den Respekt gegenüber den Alten zu den vorzüglichsten
Charaktereigenschaften,[89] und bereits Thukydides, in dessen Werk
Spannungen zwischen Jüngeren und Älteren durchaus nicht verschwiegen werden, läßt Alkibiades sagen, daß Athen durch «gemein-
same Beratung der Jüngeren und der Alten» bedeutend geworden sei
und gegenwärtig «Jugend (*neótes*) und Alter (*géras*) ohne einander
nichts vermöchten.»[90] Ungeachtet derartiger Einschätzungen und weiterer Plädoyers für ein konstruktives und respektvolles Verhältnis
zwischen den Generationen scheinen die Alten in Athen vor allem
Objekt (und bisweilen auch Opfer) der ‹großen Politik› gewesen zu
sein: ‹Frauen, Kinder und Alte› sind diejenigen, die formelhaft als
Gesamtheit in den Quellen genannt werden als die Leidtragenden militärischer Katastrophen oder schutzlos in der Heimat Verbliebene.
Dennoch ginge es gewiß zu weit, mit Minois von einer prinzipiellen
Marginalisierung der Alten im klassischen Athen sprechen zu wollen.

Eine in der antiken Literatur immer wieder hervorgehobene Sonderstellung nahmen die Alten dagegen, wie gesagt, in Sparta ein. Über
den (legendären) Gesetzgeber Lykurg schreibt Xenophon: «Indem er
nämlich an die Grenze des Lebens die Wahl der *Gerusia* festsetzte,
stellte er sicher, daß auch im hohen Alter das Gute und Schöne nicht

vernachlässigt wird. Bewunderung verdient auch, daß er den guten unter den alten Männern Schutz gewährte; indem er nämlich den Mitgliedern der *Gerusia* die Leitung über Gerichtsverfahren auf Leben und Tod anvertraute, gelang es ihm, daß das Greisenalter höher geachtet wurde als die körperliche Kraft derer, die in der Blüte ihrer Jahre stehen.»[91] Zur spartanischen Gerusie gehörten, neben den beiden Königen, 28 Geronten, die – nach Vollendung des 60. Lebensjahres – von der Volksversammlung auf Lebenszeit gewählt wurden und vor allem über alle dem Demos vorzulegenden Anträge zu beraten und zu beschließen hatten. Ferner amtierte die Gerusie – wie übrigens auch der athenische Areopag – als Gericht in besonderen Fällen, und überdies übten die Geronten die *nomophylakía* aus, d.h. sie überwachten die Einhaltung wichtiger rechtlicher und sozialer Normen und Bräuche – in Zeiten, in denen die Existenz einer schriftlichen Rechtsordnung noch keinesfalls die Regel darstellte, eine Aufgabe und Funktion von besonderer Bedeutung.[92]

Besondere Beachtung verdient Xenophons Hinweis, daß die «Guten» (*agathoî*) unter den Alten auf diese Weise geehrt und zum Nutzen des Gemeinwesens an den Angelegenheiten der Polis Sparta beteiligt wurden. Die generelle soziale Differenzierung blieb folglich auch für die alten Menschen konstitutiv: Angehörige der (adligen) Führungsschicht behielten ihre angestammte Sonderstellung. Diese fand freilich nicht nur in der institutionellen Struktur und politischen Praxis in Sparta Ausdruck, sondern auch im gesellschaftlichen Alltag, in den innerspartanischen Kommunikationsformen sowie in symbolträchtigen Ehren und Bräuchen.[93] So bedeutete die Wahl in die *Gerusia* nicht allein die Garantie für lebenslanges Ansehen, sondern frischgebackene Geronten zogen bekränzt von Heiligtum zu Heiligtum, begleitet vom Gefolge junger Spartiatinnen und Spartiaten, die ihnen mit Gesängen huldigten, und sie erhielten überdies eine Sonderration bei der öffentlichen Speisung (*syssítion*).[94] In denselben Kontext gehört das von Platon einem athenischen Dialogpartner in den Mund gelegte Lob des Privilegs spartanischer Alter, politische Kritik üben zu dürfen: «So ist doch bei euch (sc. Spartanern) eines der schönsten Gesetze wohl dies, daß man keinem jungen Mann gestatten dürfe, dem nachzuforschen, was an den Gesetzen gut ist oder nicht, sondern daß mit einer Stimme und aus einem Munde alle einhellig erklären sollen, alles sei schön angeordnet, da es Götter angeordnet hätten, und wenn jemand eine andere Meinung äußert, so dürfe man es auf keinen Fall ertragen, ihn anzuhören; wenn aber ein Greis irgendetwas an euren Gesetzen bemerkt, so solle er solche Reden vor einem Beamten und vor einem Altersgenossen ohne Gegenwart eines jungen Mannes führen.»[95]

Weiterhin kam den alten Spartiaten besondere Bedeutung im Rahmen des spartanischen Erziehungs- und Ausbildungssystems, der *agogé,* zu. Bereits die Prüfung der Neugeborenen oblag in Sparta «den Ältesten der Phylen»,[96] also den angesehensten Mitgliedern der wichtigsten Unterabteilungen der Polis. Und auch an der weiteren Entwicklung der Jungen nahmen die Alten regen Anteil: Sie beobachteten die Wettkämpfe der Jungen,[97] verhängten bei Bedarf Strafen, und sie hatten das Recht, jederzeit und allerorten die jüngeren Leute, die ihnen begegneten, nach Grund und Ziel ihres Treibens zu befragen.[98] Da sie überdies – als Nutznießer der von Abhängigen Spartas, den Heloten, bestellten Landstücke – keinerlei ökonomischen Problemen selbst im höchsten Alter ausgesetzt waren, können die spartanischen Geronten geradezu als Ideal antiker Altersschicksale gelten.

Galt Vergleichbares auch für die (alten) Frauen in Sparta? Bereits Aristoteles hielt Sparta für den (beklagenswerten) Sonderfall einer *Gynaikokratie,* einer Frauenherrschaft, denn «bei den Spartanern ... wurde vieles durch die Frauen bestimmt. Was macht es nämlich für einen Unterschied, ob die Frauen regieren oder die Regenten sich von den Frauen beherrschen lassen? Dies ergibt durchaus dasselbe.»[99] Unbeschadet der Frage nach dem Aussagewert dieses Textabschnittes ist für unser spezifisches, die alten Frauen betreffendes Anliegen damit nur wenig gewonnen. Immerhin könnten die Mitwirkung spartiatischer Frauen an der *agogé,* das aristotelische Zeugnis über bisweilen beträchtliche Vermögen in den Händen von Frauen[100] sowie die aus dem spartanischen Artemis Orthia-Heiligtum stammenden, als Masken alter Frauen gedeuteten Weihgaben dafür sprechen, daß auch die alten Frauen in Sparta höheres Ansehen genossen und bessere Lebensbedingungen vorgefunden haben, als dies in den meisten anderen griechischen *Poleis* der Fall gewesen sein dürfte.[101]

Eines darf über all dem bisher Gesagten freilich nicht übersehen werden: Bislang ist von alten Männern und Frauen aus der herrschenden, aber zahlenmäßig kleinen spartiatischen Vollbürgerschicht die Rede gewesen; die Lebensbedingungen der Alten unter den Minderberechtigten,[102] den Periöken und vor allem natürlich den Heloten waren zweifellos deutlich weniger komfortabel, denn allein für die führende Gruppe der Vollbürger dürfte das bei Cicero überlieferte Bonmot Lysanders zutreffen, «Sparta sei für alte Menschen der ehrenvollste Wohnort. Denn nirgendwo sonst wird dem Alter so viel Respekt erwiesen, nirgendwo sonst ist das Alter angesehener.»[103]

Freilich fehlen nicht nur für Sparta genauere Informationen über die Lebensbedingungen der weniger prominenten gesellschaftlichen Gruppen, selbst für Athen gilt Ähnliches: Weder bei Xenophon noch bei Thukydides oder den Rednern des 4. Jahrhunderts v. Chr. gerät der ‹normale› Alltag des durchschnittlichen Alten näher ins Blickfeld.[104] So kennen wir weder die wesentlichen sozialen Probleme alter Menschen noch ihre häufigsten Krankheiten.[105] Auch die durchschnittliche Lebenserwartung der alten Menschen läßt sich für das klassische Griechenland kaum exakt quantifizieren. Schätzungen, die zum Teil auf der paläomedizinischen Auswertung von Skeletten aus attischen Gräbern beruhen, gehen von einer durchschnittlichen Lebenserwartung von ca. 35 (Frauen) bis ca. 45 Jahren (Männer) aus.[106] Damit ist freilich nicht allzuviel gewonnen, denn wer ein mittleres Alter erreicht und Krankheiten, Geburten, Kriege sowie Epidemien überstanden hatte, dürfte durchaus eine realistische Chance auf ein recht hohes Lebensalter besessen haben; Richardson etwa ermittelt aus literarischen griechischen Quellen (freilich aus der gesamten Antike) 128 Personen, die alle älter als 60 Jahre geworden sein und bisweilen gar die Grenze von 100 Lebensjahren überschritten haben sollen.[107] Auf griechischen Grabinschriften werden leider (im Gegensatz zu lateinischen Epitaphien) nur selten Altersangaben genannt, aber bisweilen treffen wir hier auf erstaunliche Daten, deren Glaubwürdigkeit sich natürlich in der Regel nicht überprüfen läßt;[108] so soll der Athener Euphranor aus Rhamnus (4. Jahrhundert v. Chr.) erst mit 105 Jahren gestorben sein, und der Athener Littias hat angeblich das biblische Alter von 100 Jahren erreicht.[109]

Die privaten Lebensumstände durchschnittlicher alter Menschen, die Art und Intensität ihrer Teilhabe am öffentlichen Leben, ihrer beruflichen Tätigkeiten und ihrer sozialen Kontakte entziehen sich we-

gen des Fehlens ausreichender und gesicherter Informationen genauso
einer exakten Beurteilung wie die gewiß vorhandenen Unterschiede
im Leben alter Männer und alter Frauen.[110]

Grundsätzlich, wenn auch mit in jüngerer Zeit zu Recht stärker be-
tonten Einschränkungen, gilt wohl für die klassische griechische Polisgesellschaft die Vorstellung, daß Frauen eher im privaten Lebensraum
wirkten, während im öffentlich-politischen Leben in erster Linie die
Männer agierten.[111] Allerdings verlor dieses Prinzip für alte Frauen an
Bedeutung, was Jan N. Bremmer mit der Tatsache erklären möchte,
daß alten Frauen keine sexuelle Anziehungskraft mehr zuerkannt
wurde und sie insofern auch kein ‹Risiko› für verheiratete Männer
darstellten.[112] Der attische Redner und Politiker Hypereides
(390/89–322 v. Chr.) verlieh dieser Ansicht durch das Diktum Ausdruck, daß sich eine außer Haus anzutreffende Frau in einem Lebensstadium befinden sollte, in welchem man sie nicht mehr fragte, welchen Mannes Gattin, sondern welchen Mannes Mutter sie sei.[113]
Zugespitzt ließe sich im Anschluß an Bremmer also formulieren, daß
sich alte Frauen gewissermaßen als Kompensation für die gesunkene
Aufmerksamkeit seitens potentiell interessierter Männer immerhin
ungezwungener außer Haus bewegen konnten, ohne ihrem Ruf zu
schaden.

Allerdings sind selbst diese allgemeinen Bemerkungen wiederum
mit Vorbehalten zu versehen, denn bisweilen werden auch (alte)
Frauen geradezu gezwungen gewesen sein, durch außerhäusliche Be-
rufstätigkeit zum Auskommen der Familie beizutragen. Wenn in der
Alten und Mittleren Komödie des öfteren alte Frauen als Händlerin-
nen und Verkäuferinnen begegnen, so könnte dies folglich durchaus
einen realen Hintergrund haben.[114]

Insbesondere in den unteren gesellschaftlichen Rängen bestand ein
derartiger Erwerbsdruck; dort dürften die Diskrepanzen in der sozialen Rollenverteilung allgemein, aber natürlich auch besonders zwischen alten Frauen und Männern entsprechend geringer ausgefallen
sein als etwa im aristokratischen Milieu. Die meisten Belege für die
Erwerbsarbeit einfacher alter Männer und Frauen beziehen sich auf
Tätigkeiten in der Landwirtschaft oder als Händler und Kaufleute.[115]
Im häuslichen Bereich hingegen werden kaum vergleichbare Berufs-
chancen bestanden haben; dort wirkten alte Männer und alte Frauen

11 Sog. Seher vom Ostgiebel des
Zeustempels, Marmor,
ca. 470/60 v. Chr. Olympia,
Archäologisches Museum

zwar nicht selten als Lehrer und Erzieher bzw. als Ammen; in der Regel waren dies jedoch nicht Freie, sondern sie gehörten dem Sklavenstand an.

Schließlich bleibt noch ein wichtiger Bereich der gesellschaftlichen
Öffentlichkeit in der klassischen Polis: das kultische Leben, Feste und
Spiele, und daran partizipierten auch die Alten, wie etwa die Darstellung auf einer attischen rotfigurigen Vase mit einer Prozession tan-
zender alter Männer nahelegt.[116] Für die Teilnahme alter Frauen existieren ebenfalls aussagefähige Zeugnisse, wie zum Beispiel ein
Menander-Fragment, welches alte Frauen als Anhängerinnen orienta-
lischer Kulte ausweist.[117]

Insgesamt gesehen, standen natürlich alte Frauen im klassischen
Griechenland, von wenigen Ausnahmen abgesehen, nicht im öffentlichen Rampenlicht, und bei alten Männern war dies – wieder mit dem
einschränkenden Hinweis etwa auf die Gerusie Spartas – regelmäßig
wohl auch nicht der Fall. Denn alte Männer spielten nur selten noch
eine exponiertere Rolle im politischen Leben, wie zum Beispiel der im
Alter von 66 Jahren als Stratege amtierende Perikles oder der über 80-
jährige Dichter Sophokles, der zu dem nach dem militärischen De-
saster, welches die Athener mit ihrer Flottenexpedition im Peloponne-

sischen Krieg vor Sizilien erlebt hatten, in Athen (413/412 v. Chr.) gebildeten Gremium der (erst 10, dann 30) «Vorberater» (*próbuloi*)
gehörte.[118] Lebenserfahrung und Altersweisheit wird man mit Blick
auf derartige Aufgaben gewiß geschätzt haben, genauso wie im kul-
tisch-religiösen Bereich, in welchem die Alten insbesondere als Priester und Seher prominent vertreten waren *(Abb. 11):*[119]

Das berühmte Porträt des alten Sehers am Zeustempel in Olympia,
«einer der ausdrucksstärksten Köpfe der frühen Klassik»,[120] gehört zu
der spannungsreichen Darstellung des Moments vor der mythischen
Wettfahrt zwischen Oinomaos, dem Herrn von Elis, und Pelops. Der
Greis, mit der Rechten sorgenschwer den Kopf stützend, sieht kraft
seiner prophetischen Gaben das traurige Los des Oinomaos voraus.
Wir haben hier einen der frühesten und eindrucksvollsten Versuche
der Griechen vor uns, im Porträt das Pathos des hohen Alters darzu-
stellen, welches dem mit divinatorischen Fähigkeiten begabten Seher
in besonderer Weise eignete.

Generell dürfte sich das positive Ideal des Lebens alter Menschen,
die im Kreise der Familie einen harmonischen Lebensabend verbringen können, seit der archaischen Zeit kaum geändert haben. Als die
Thebaner im Sommer 427 von den Spartanern Beistand gegen Athen
(?) erbaten, da verwiesen sie auf die verheerenden Folgen der bisherigen militärischen Auseinandersetzungen und auf ihre «einsamen
Greise, die letzten in ihren Häusern, die ... eueren Schutz erflehen»
(Thukydides 3,67,3). In der an Kriegen überreichen Geschichte des
klassischen Griechenland wird eine derartige Lebenssituation alter
Menschen beileibe keine Ausnahme, sondern eher einen beklagenswerten Regelfall gebildet haben.

2. Die Theorie:
Die Philosophen und die Alten

Die meisten der bislang erwähnten und erörterten Aspekte des Alters, der sozialen und politischen Rolle der Alten, der zunehmend im 5. und 4. Jahrhundert v. Chr. hervortretenden Konflikte zwischen Jüngeren und Älteren etc. sind natürlich auch Gegenstand philosophischer Reflexionen und Diskussionen bei den Griechen gewesen.[121] Von den Vorsokratikern sind zahlreiche Sentenzen überliefert, die wohl nur noch einen schwachen Eindruck von der Breite und Intensität des damaligen Nachdenkens über das hohe Lebensalter vermitteln. Charakteristisch für die in klassischer Zeit stärkere Zurückdrängung der Alten aus dem sozialen und politischen Geschehen der Polis ist etwa eine Aussage des Sophisten Thrasymachos aus Chalkedon (5. Jahrhundert v. Chr.): «Ich wünschte, ihr Männer von Athen, ich hätte jener alten Zeit angehört, als die jungen Männer sich mit Schweigen begnügen konnten, da die Verhältnisse nicht zum Reden nötigten und die Alten den Staat gut verwalteten.»[122] Hier artikulieren sich die Erfahrungen eines Mannes, der im Athen der entwickelten Demokratie und zur Blütezeit der Demagogen lebte, aber vielleicht auch allzusehr zur Verklärung der Vergangenheit neigte.

Vergleichsweise reiche Reste philosophischer Beschäftigung mit dem Alter besitzen wir von Demokrit (ca. 460 bis ca. 370 v. Chr.?),[123] der, aus dem thrakischen Abdera stammend, selbst ein selten hohes Lebensalter (mindestens 90 Jahre) erlangt haben soll.[124] Auch bei Demokrit findet sich die etwa aus der archaischen Lyrik geläufige, geradezu topische Gegenüberstellung von Jugend und Lebenskraft einerseits und Alter sowie physischen Schwächen andererseits (frgm. 296 D–K), aber, anders als etwa Mimnermos, beklagt Demokrit dies nicht, sondern er nimmt es als gegeben hin und stellt vielmehr die Geisteskraft als den eigentlichen Vorzug des Alters der vermeintlichen Qualität früherer Lebensstufen gegenüber: «Körperliche Kraft und schöne Gestalt sind Vorzüge der Jugend; die Blüte des Alters aber ist die Weisheit» (frgm. 294 D–K).[125] Auch der unvermeidbar dem Alten nahende Tod kann den abgeklärten Denker nicht schrecken; nur Unwissen führe zu irrationalem Verhalten: «Menschen, die den Tod zu fliehen suchen, laufen ihm in den Rachen» (frgm. 203 D–K). Dabei kann doch der Tod Erlösung von den körperlichen Qualen des Alters bieten, denn: «Nur Dummköpfe wollen aus Furcht vor dem Tod alt werden» (frgm. 206 D–K).

Von derartigen Gedanken ist der Weg nicht mehr weit zum bewußten Herbeiführen des Lebensendes. Gerade von griechischen Weisen weiß denn auch die Überlieferung zu berichten, daß sie in bemerkenswert hoher Zahl ihrem Leben selbst ein Ende gesetzt hätten.[126] In der Mehrzahl scheinen diese vermeintlichen Intellektuellenselbstmorde freilich Ergebnisse von Legendenbildungen gewesen zu sein; dies dürfte zum Beispiel für die (von Hölderlin in seinem Empedoklesdrama rezipierte) Nachricht gelten, der sizilische Philosoph Empedokles (ca. 490–430 v. Chr.) habe sich in den Ätna gestürzt.[127]

Demokrit freilich scheint den Weg hin zu einer Apologie des Freitodes weder gesucht noch vollzogen zu haben. Sein ethisches Ideal bildete offenbar die auf Mäßigung und Einsicht basierende Zufriedenheit und Wohlgestimmtheit (*euthymía*), und mit seinen hier knapp skizzierten Reflexionen zum Greisenalter erweist er sich philosophiegeschichtlich als Vorläufer Platons, der erst den eigentlichen Schritt zur philosophischen Hochschätzung des Greisenalters getan hat.[128] Platon, der ebenfalls selbst ein hohes Lebensalter erreichte (er lebte von ca. 427 bis ca. 347 v. Chr.), wird in seinem vielleicht noch zu Lebzeiten entstandenen Porträt, welches den auf uns gekommenen späteren Darstellungen zugrundeliegt, als nachdenklicher Intellektueller gezeichnet *(Abb. 12)*. Er wird hier als betagter Mann, aber nicht unbedingt als Greis dargestellt, «lediglich die von der Nase ausgehenden scharfen Falten und die hängenden Wangen sind deutliche Alterszüge».[129] Aus einem Vergleich mit attischen Grabreliefs hat Paul Zanker folgern können, daß Platon hier nicht nur als Philosoph, sondern gerade auch als guter, das heißt als sich normenkonform verhaltender und sich ernst gebender Bürger gezeichnet worden ist. Wenn nun, wie an diversen Grabreliefs zu sehen ist, sich attische Greise offenbar gezielt in ganz ähnlichem Stil präsentierten,[130] so dokumentiert dies einmal mehr die allgemeine Vorbildhaftigkeit berühmter Intellektueller

(Philosophen, Redner), daneben aber zugleich das Ideal einer Altersvorstellung, die engstens mit der von Platon selbst insbesondere den
Hochbetagten zugeschriebenen Besonnenheit und Weitsicht (*sophro-
sýne*) verbunden ist.

Die klassischen und meistzitierten diesbezüglichen Aussagen Platons entstammen dem eingangs der *Politeia* (*Der Staat*) dargebotenen
Gespräch zwischen Sokrates und dem greisen Kephalos:[131] Kephalos
grenzt sich von seinen Altersgenossen, welche das Verschwinden physischer Kräfte, Triebe und Empfindungen beklagen, ab, indem er sich
auf ein Bonmot des alten Sophokles beruft; dieser habe, nach seinen
Fähigkeiten zur physischen Liebe befragt, geantwortet: «Stille doch,
lieber Mensch! Wie gern bin ich davon losgekommen, als käme ich
von einem tollen und wilden Herrn los.» Kephalos begreift das Greisenalter folglich geradezu als erstrebenswertes Stadium der Affektlo-
sigkeit: «Denn auf alle Weise hat man vor dergleichen im Alter große
Ruhe und Freiheit.» In seinem übrigen staatsphilosophischen Werk[132]
ergänzt und untermauert Platon diese (freilich an Bedingungen ge-
knüpfte) Aufwertung der letzten Lebensetappe: Das Erreichen hohen
Alters sei kein Wert an sich – es komme vielmehr darauf an, gut zu leben; andererseits sei auch die Furcht vor dem Tode unangebracht, denn
mit dem Tod trete nur die begrüßenswerte Trennung von Leib und
Seele ein. Freilich heiße alt zu sein nicht automatisch, auch klug und
einsichtig zu sein – letzteres setzt laut Platon permanente geistige Anstrengung und Bereitschaft zum Lernen voraus. Bei Erfüllung derartiger Voraussetzungen jedoch, daran läßt Platon keinen Zweifel, erlangten Ältere ein geistiges Niveau, welches Jüngeren unzugänglich
bleibe. Daher postuliert Platon auch in seinen *Nomoi* (*Die Gesetze*)
für die Bekleidung bedeutender politischer Funktionen ein Mindestalter von 50 Jahren – wenn er zugleich ein nach den einzelnen Ämtern
differenziertes Höchstalter von 60, 70 bzw. 75 Jahren fixiert, so unterstreicht dies nur das Wissen des Philosophen um die potentiellen Vorzüge wie auch um die unausweichlichen Defizite des hohen Lebensalters.

Trotz neuerer Versuche, die negativen Aussagen zum Greisenalter
aus der Feder des Aristoteles (384–322 v. Chr.) zu relativieren,[133]
bleibt festzuhalten, daß dieser bedeutendste Platonschüler und wohl
vielseitigste und produktivste Philosoph der Antike vor allem mit sei-

12 Platon,
kaiserzeitliche Kopie,
Marmor. Rom,
Vatikanische Museen

nen Ausführungen in der *Rhetorik* (1389a–1390b) einen deutlichen Kontrapunkt zu den entsprechenden Ausführungen Platons setzt.[134] Für Aristoteles bildet in seiner Trias von Lebensaltern – Jugend, Mannesalter, Greisenalter – das mittlere Stadium das Ideal, während die beiden Extreme mit spezifischen Nachteilen behaftet sind. Anders als Platon, nach welchem gerade im Alter die geistigen Qualitäten gegenüber den nachrangigen, physischen Gegebenheiten in den Vordergrund rücken, sieht Aristoteles das Greisenalter wesentlich von leiblichen Faktoren bedingt, denn die Haupteigenschaft des hohen Alters sei Schwäche (*phthísis*): Greise sehen schlecht, ihnen fallen die Zähne aus, sie zittern,[135] und diesen physischen Defiziten entsprechen ihr Wesen und ihre Stimmungen (rhet. 1389b 13–1390a 24): Sie sind in der Regel schlecht gelaunt, argwöhnisch und mutlos, kleinherzig und knickerig, egoistisch und schamlos: «Sie leben mehr gemäß der Berechnung (*logismós*) als nach dem sittlichen Gefühl (*éthos*).»

Aristoteles hat mit seinen dezidierten Äußerungen zum hohen Lebensalter weitere Peripatetiker zur Beschäftigung mit diesem Thema angeregt und so, wie wir sehen werden, die hellenistische Altersdiskussion mit initiiert. Er hat jedoch durchaus auch, wie vereinzelte Äußerungen erkennen lassen, die soziopolitischen Aspekte der Generationenunterschiede mitbedacht. So vertritt auch Aristoteles die Auffassung, daß Greise von ihren dann erwachsenen und leistungsfähigen Kindern für einst gewährte Erziehung und Sorge durch nun zu leistende Betreuung und Fürsorge gewissermaßen entschädigt werden,[136] und er schließt sich damit einer Haltung an, die bereits, wie wir sahen, seit den Zeiten Solons anerkannte Norm und wohl auch gängige Praxis in Athen gewesen ist.

3. Das poetische Bild (I):
Die Tragiker

Vor einigen Jahren hat Christian Meier in seinem gedankenreichen Buch über *Die politische Kunst der griechischen Tragödie* in sehr instruktiver Manier die These vertreten, daß die athenische Bürgerschaft im 5. Jahrhundert v. Chr. geradezu der Tragödien bedurft habe – um ihrer ‹mentalen Infrastruktur› willen, zur (sozialen, politischen und geistigen) Regeneration, zur Ventilierung von Spannungen innerhalb des Gemeinwesens und zur Selbstvergewisserung über die eigenen Möglichkeiten und Grenzen. In der hochdynamischen athenischen Gesellschaft der klassischen Zeit, in der sich politische Macht, wirtschaftliche, wissenschaftliche, militärische und kulturelle Blüte «zu einem außerordentlichen ‹Könnens-Bewußtsein› summierte»,[137] dürften folglich Leistungsstärke und individuelle Qualitäten aller Art besonders hoch angesehen, nachlassende Fähigkeiten um so schmerzlicher empfunden, könnte also vielleicht der «conflict of generations»[138] möglicherweise in schärferer Weise ausgetragen und wahrgenommen worden sein als anderenorts oder zu anderen Zeiten. Zu fragen wäre also, ob in den zahlreichen erhaltenen Stücken der großen attischen Tragödiendichter des 5. Jahrhunderts v. Chr. – Aischylos, Sophokles und Euripides – das Thema des Greisenalters und das Verhältnis zwischen den Generationen eine prominentere Rolle gespielt hat und ob sich im Gefolge der scharfsinnigen Analyse Meiers entsprechende Interpretationsansätze ergeben können.

Von der ungeheuer großen Zahl der Tragödien, die jeweils an mehreren Tagen während des Dionysos-Festes in Athen aufgeführt wurden und zur Ermittlung eines Siegers im Dichteragon führten, ist nur ein Bruchteil auf uns gekommen. Aischylos und Euripides sollen jeweils nahezu hundert, Sophokles gar mehr als hundert Stücke verfaßt haben.[139] Alle drei großen Tragiker sollen nach (zum Teil gewiß fiktiver) antiker Überlieferung mit dem entscheidenden Datum der Per-

serkriege – der Seeschlacht bei Salamis (480 v. Chr.) – in besonderer
Beziehung stehen: «Aischylos kämpfte mit, Sophokles führte als
Ephebe in nackter Schönheit den Siegesreigen an, und Euripides
wurde just am Tage von Salamis geboren.»[140]

Der älteste dieser Trias – Aischylos (525/4–456/5 v. Chr.) – stand,
wie sein erhaltenes Werk dokumentiert, in besonderem Maße unter
dem Eindruck der zeitgeschichtlichen Ereignisse; seine Tragödien besitzen (mit Ausnahme des *Prometheus*) «relativ dichte Bezüge zur Politik»,[141] und dies gilt auch für die *Perser*, mit denen er im Jahre 472
v. Chr. im Tragödienwettkampf in Athen den Sieg davontrug.[142] Thema
des Dramas ist ebendieser grandiose Sieg der Athener bei Salamis, er
wird jedoch nicht aus der Sicht der triumphierenden Sieger, sondern
aus der Perspektive der Verlierer behandelt. Schauplatz des Geschehens ist die persische Hauptstadt Susa, und die *dramatis personae* sind
Perser: Atossa, die Gattin des Dareios und Mutter des Xerxes, ein per-
sischer Bote, der Geist des Dareios, Xerxes selbst sowie der Chor der
persischen hochadligen Greise. Diesen Alten hat Xerxes beim Abzug
nach Griechenland das Schicksal seines Reiches anvertraut (vv.
3–7):[143] «Wir sind's, reichen Horts, goldbergender Burg, des Thronsit-
zes Hüter, nach Alter und Rang vom Gebieter selbst, König Xerxes,
dem Herrn, des Dareios Sohn, erwählt, des Reiches zu walten.»

Die sorgenvoll auf Nachrichten aus Hellas wartenden Alten folgen
ihrer Gewohnheit und Bestimmung: Sie beraten, obwohl es angesichts
fehlender Informationen überhaupt nichts zu beraten gibt (vv.
140–149), folglich können sie Atossas Bericht über ihre bösen Träume
und Vorahnungen nichts Tröstliches entgegenhalten: Zwar schätzen
sie sich selbst als «treubereite Führer und Berater» (vv. 174 f.) ein,
doch ihr Rat, gegeben als «Seher und Deuter» (vv. 224 ff.), erweist sich
als trügerisch und nutzlos; Atossa solle Opfer darbringen und die Götter sowie den längst im Hades weilenden Dareios um Hilfe bitten (vv.
215–224): «Daß zum Guten alles führe, also deuten wir dein Wort» (v.
225). Der unmittelbar darauf erscheinende Bote, der die niederschmet-
ternde Nachricht von der persischen Niederlage überbringt, erweist
diese Ratschläge der Alten als anachronistische Mißgriffe, und dem
Chor der Greise bleiben anschließend nur noch Klagen und Jammern:
«Ach, lang war das Leben, so lang seine Zeit vergönnt hier uns Greisen, daß wir noch solch Leid hören, hoffnungsloses!» (vv. 262–265).[144]

Nicht die (nur vermeintlich weisen) Alten, sondern der Geist des Dareios benennt die eigentliche Ursache für die persische Katastrophe: nämlich die Hybris des Xerxes, der die von den Göttern gepriesenen Grenzen – als deren Sinnbild die Kluft zwischen Europa und Asien dient – zu überschreiten bzw. im wahrsten Sinne zu überbrücken sich angemaßt hatte (vv. 744–750): «Hat mein Sohn doch unbesonnen dies vollbracht in Jugendtrotz, daß den Hellespont, den heilgen, knechtgleich er durch Ketten zu bändgen hofft' im Strömen, ihn, den Bosporos, des Gottes Strom; daß des Meersunds Lauf er störte und, mit Fesseln erzgeschweißt ihn umwindend, die gewaltge Straße schuf gewaltgem Heer! Er – ein Mensch – die Götter alle glaubt' er voller Unverstand, selbst Poseidon zu beherrschen.»

Nach Meiers luzider Interpretation dürfte eine derartige Tragödie dem athenischen Publikum immer auch Anlaß zum ‹Repetieren› und ‹Memorieren› großer, nachhaltiger historischer Geschehnisse wie auch der immer aufs neue aus ihnen erhellenden Lehren gewesen sein. Das Geschehene war gerecht, da eine Störung der göttergesetzten Ordnung korrigiert werden mußte. Folglich hatten auch die Athener die ihnen gesetzten und ersichtlichen Grenzen zu respektieren und sich von Hybris fernzuhalten. Am Beispiel der persischen Greise aber wird der Dramatiker dann die Kontingenz und Irrtumsanfälligkeit menschlicher Deutungskraft demonstriert haben wollen – auch die Alten, die hier, der realen Geschichte des 5. Jahrhunderts v. Chr. entsprechend, fernab vom eigentlichen Geschehen stehend und als deren Opfer gezeichnet werden, waren nicht in der Lage, das Wirken der Götter zu prognostizieren oder gar zu beeinflussen.

Noch expliziter und direkter thematisiert Aischylos die Begrenztheit und Schwäche des Greisenalters im *Agamemnon*, dem ersten Stück der 458 v. Chr. aufgeführten Trilogie der *Orestie*.[145]

Den Chor bilden die alten Männer von Argos, denen auch in diesem Fall ihr hohes Alter und ihre physische Schwäche die Teilnahme am Ehrenzug nach Troia und damit am Erwerb von Kriegsruhm verwehrt haben (vv. 72–82):[146] «Doch wir, ohne Ruhm mit dem alternden Fleisch von dem Heerzug vordem zurückgestellt, wir blieben daheim, kindähnliche Kraft aufstützend dem Stab; denn jugendlich Mark, das sich regt in der Brust tiefinnen, es ist greisähnlich; die Kriegskraft, sie bleibt ihm verwehrt. Und wer überbejahrt ist, wenn Fülle des Laubs

schon trocknend verwelkt: dreifüßigen Gangs schleicht hin er, ein
Kind – nichts Bessres – an Kraft, ein am Tage umirrendes Traumbild.»
    Doch neben der Kriegsfähigkeit haben die argivischen Alten auch
ihre Auffassungsgabe und ihre seherischen Qualitäten, die vermeintlichen Vorzüge des Greisenalters, weitgehend eingebüßt. Denn bereits
zu Beginn der Handlung, als Feuersignale den Fall Troias nach Argos
meldeten, vermochten sie die Nachrichten nicht zu begreifen – es wird
bereits hier in der Exposition des Dramas deutlich, «wie sehr die Alten
hinter der Zeit zurück sind.»[147] Erst nachdem der später eintreffende
Herold expliziten Aufschluß über die Geschehnisse gegeben hat,
nimmt der Chorführer diese zur Kenntnis und interpretiert dies gar
noch als Beweis seiner Lernfähigkeit (vv. 583 f.): «Bezwungen durch
dein Wort, geb' ich den Zweifel auf; stets bleiben jung ja Greise,
wenn's zu lernen gibt.» Und in der großen Szene vor der Katastrophe,
als Kassandra «in einem großartigen Wechsel ekstatisch visionären
Gesanges und gefaßter, deutender Rede»[148] die Grauen der Atridenge-
schichte vergegenwärtigt (vv. 1072–1330), bildet der Chor der Alten
den Gegenpart zu der von Apollon mit der Prophetie begabten Kassandra: Er «weiß nicht Bescheid, was die Weissagung soll» (v. 1105),
«jetzt ja bleibt der Rätsel Wort mit sinnesdunklem Seherspruch ganz
dunkel» ihm (vv. 1112 f.), und als der Chorführer nach dem Todes-
schrei Agamemnons den Chor zusammenruft, um «sicheren Beschluß
zu fassen» (v. 1347), können die Alten nur ihre Ratlosigkeit konstatie-
ren und resignierend resümieren (v. 1369): «Vermuten ist und sicher
wissen zweierlei.»
    Die mit zahlreichen, unübersehbaren Anspielungen auf den aktu-
ellen, zeitgenössischen politischen Kontext aufwartende Orestie[149]
war natürlich weit mehr als ein ‹Zeitstück›, doch ist hier nicht der
Ort, über das komplexe Problem des Tragischen zu handeln. Immerhin berühren sich die politischen Dimensionen der Trilogie und die
tieferen Sinnstrukturen dieser Dichtung, «die einen ganzen Kosmos
durchmißt»,[150] in der Doppelgesichtigkeit allen Geschehens: «Alles
ist unsicher»,[151] gerade die Unsicherheit der lebenserfahrenen, weisen alten Männer bezeugt immer wieder die Existenz von Zwängen
und Kräften, die sich der Beurteilung oder gar Handhabung durch
den Menschen entziehen, und eben jene Ohnmacht, jenes Erleben
des Zufalls von Ordnung und Regeln dürfte «an durchaus lebendige

Vorstellungen sehr vieler Athener gerührt» haben.[152] Die Vergegenwärtigung der uralten Mythen, der Katastrophen, aber auch der am Ende der Trilogie erreichte Ausgleich, die Aufhebung der Gegensätze in einer höheren Sinnhaftigkeit hätte dann (auch) die Funktion besessen, den Blick des attischen Publikums für die Belange des Zusammenlebens in der Polis zu schärfen und zugleich den Glauben an die diesbezüglichen Möglichkeiten zu stärken: «Man vergewisserte sich der Fundamente, auf denen man lebte. Man blieb dem Schrecklichen ausgesetzt, um es gewärtigen zu können, um nicht von ihm überrascht zu sein, um sich darauf vorzubereiten, es zu ertragen.»[153]

Vertieft das Greisentum im aischyleischen Drama folglich nur einen bestimmten, wenn auch bedeutsamen Aspekt im tragischen Geschehen,[154] so rückt im sophokleischen *Ödipus auf Kolonos,* der «Tragödie des Alters schlechthin»,[155] ein Greis in den Mittelpunkt des Dramas. Sophokles (497/6–406/5 v. Chr.) *(Abb. 13)* schrieb dieses Stück, sein zweites Ödipusdrama nach dem *König Ödipus,* selbst im höchsten Alter – als über 90-jähriger –, und es wurde erst postum im Jahre 401 v. Chr. aufgeführt. So ist «diese Geschichte vom Sterben des alten Mannes» im doppelten Sinne eine wahre Alterstragödie: «Die Todesnähe des Dichters, die aus manchen Versen, besonders aus dem Liede vom Leid des Alters und dem Helfertod erklingt, gibt dem Werke einen ergreifenden Grundton weicher Schwermut.»[156]

Das eigentlich undramatische, nur durch (hier zu vernachlässigende) ‹Nebenhandlungen› dramatisch gesteigerte Geschehen handelt von der Ankunft des schutzsuchenden, greisen und blinden Ödipus in Athen, dem dort durch Theseus Aufnahme gewährt und schließlich der Weltabschied und Aufstieg in die Götterwelt zuteil wird.[157] Die Protagonisten sind durchweg alt: Ödipus, auf Unterstützung und Hilfe seiner Tochter Antigone angewiesen, formuliert am Ende seines wechselhaften Lebens zeitlose Wahrheiten (vv. 607–609): «Nur die Götter trifft niemals das Alter und allein niemals der Tod. Sonst aber alles untermischt allmächtige Zeit.»[158]

Seinen Gegenpart bildet Kreon, auch schon ein Greis, aber – anders als Ödipus – noch weltzugewandt, machtorientiert, der Gewalt zuneigend. Er kommt nach Attika, um sich des alten Ödipus zu bemächtigen (vv. 732 ff.): «Denn nicht erschein ich, Böses euch zu tun, dieweil ich selber alt bin und gewiß, der Stadt zu nahn, die, wenn in Hellas eine, stark an Kräften ist. Nur diesen Mann hier soll allein ich Greis, gesandt, durch Überredung führen zum Kadmeerfeld.» Und schließlich ist da noch der Chor attischer Greise. Er bewegt Ödipus zur Preisgabe seines Lebensberichts, kommentiert altersweise und lebenserfahren das Schicksal des Fremdlings und steht zugleich (auch) für die attische Humanität (vv. 724–727):

> «Ödipus: Oh teuerwerte Greise, jetzt erscheine mir durch eure Sorgfalt meines Heils gewisses Ziel!
> Chorführer: Vertrau', es wird dir. Bin auch ich vor Alter schwach, so altert dennoch nimmerdar des Landes Kraft.»

13 *Sophokles,*
Kopie augusteischer Zeit, Marmor.
Rom, Vatikanische Museen

Nahezu alle seit der Archaik in der griechischen Literatur faßbaren Altersmotive begegnen in dieser Alterstragödie des Sophokles: die physischen Schwächen und Qualen des Greises, sein Angewiesensein auf familiäre Unterstützung, das Lebensgefühl des an der Schwelle zum Tode Stehenden, die Einsicht in die Beschränktheit und Bedingtheit menschlicher Eitelkeit,[159] aber etwa auch der Schmerz über den Verlust von Jugend, Kraft und Kampfesruhm.[160] Doch natürlich bietet dieses Stück weit mehr als ein Panorama zeitgenössischer Altersauffassungen – es thematisiert die ambivalente Rolle des Alten, der zwar auf innerweltliche Hilfe angewiesen ist, gleichzeitig aber bereits die Welt überwindet und hinter sich läßt, heroisiert wird und mit prophetischer Zuverlässigkeit die Größe Athens weissagt. Mit den Worten van Nortwicks entfaltet Sophokles hier die «psychology of aging»,[161] er zeigt die Uneindeutigkeit des Alters, das zwar Verfallssymptome aufweist, dessen Unterstützung aber die Nachgeborenen bedürfen – denn ein göttliches Orakel hatte den um die Herrschaft in Theben konkurrierenden Ödipussöhnen Eteokles und Polyneikes sowie seinem Schwager Kreon geweissagt, nur derjenige werde siegreich bleiben, den der greise Ödipus unterstütze.[162]

Stärker noch als bei Sophokles wird das Greisenalter bei dem jüngsten der drei großen attischen Tragiker, bei Euripides (ca. 485–406 v. Chr.) *(Abb. 14)*, zum Bestandteil des Bühnengeschehens. In den euripideischen Dramen agieren Greise in greisenhafter Manier, sie erregen Mitleid durch ihre körperlichen Defizite, wirken komisch durch krampfhaftes Streben nach Jugendlichkeit oder beeindrucken durch ihre geistigen Fähigkeiten.[163]

Herausragende Bedeutung im Rahmen der zahlreichen, hier nicht detaillierter zu behandelnden euripideischen Altersaussagen besitzt die Altersklage des von den thebanischen Greisen gebildeten Chores in dem zwischen 421 und 415 v. Chr. entstandenen Stück *Herakles*:[165]

Die Greise, trotz «grauer Kehle» (v. 693) noch dem Dienst an den Musen zugeneigt, beklagen in einer an Mimnermos oder Theognis erinnernden Manier das gräßliche Alter (vv. 637–642):[166]

«Die Jugend ist ewig mir teuer. Das Alter jedoch, eine Bürde, noch schwerer als Felsen des Ätna, es lastet mir auf dem Haupt, es hat mir umdüstert das Augenlicht. Den Reichtum nicht des Persertyrannen, nicht Hände voll Gold erwürbe ich, Jugend, um dich, die du das Köst-

14 Euripides, römische Kopie, Marmor. Berlin, Staatliche Museen zu Berlin – Antiken- sammlung: «Euripides ist als ‹kalòs géron›, als weiser, vor- trefflicher Greis gezeichnet; eindeutige Greisenmerkmale sind das lange Haupthaar und die Stirnglatze.»[164]

lichste bist im Reichtum, das Köstlichste auch in der Armut. Das trau- rige, grausame Alter, ich hasse es. Soll es versinken in Meereswogen – o wäre es niemals in Häuser und Städte der Menschen gedrungen. Nein, möge es ständig mit Flügeln am Himmel kreisen!»

Gewissermaßen das weibliche Pendant zu diesem *Stasimon*, dem Standlied des Chores männlicher Greise, bildet der Chor der alten Mütter der sieben vor Theben gefallenen Helden in den *Hiketiden* (*Die Schutzflehenden*) (vv. 1115 ff.): «Ach, haltet mich, Mägde, mich schwächliche Greisin! Meine Kraft ist dahin, geraubt von dem Leid um die Söhne. Lang ist die Lebensbahn, die ich durchmessen, und bit- ter der Schmerz, der mich verzehrt.»

Von der sophokleischen ‹Psychologie des Alters› sind diese euripi- deischen Verse schon recht weit entfernt, vielmehr läßt sich von der Klarheit, ja Drastik dieser Altersklage bereits eine Brücke schlagen zur nahezu gleichzeitigen (Alten) Komödie des Aristophanes, der wir uns nun zuwenden wollen.

4. Das poetische Bild (II):
Die Alte Komödie

Die antike Überlieferung hat dem ‹Dreigestirn› der großen attischen Tragiker die Trias der drei bedeutenden politischen Dichter der Alten Komödie gegenübergestellt: Kratinos, Eupolis und Aristophanes.[167] Abgesehen von Fragmenten erlauben nur die elf überlieferten Komödien des Aristophanes (ca. 450–385/80 v. Chr.) einigermaßen fundierte Aufschlüsse über den Charakter dieser Literaturgattung; mit Victor Ehrenberg ist freilich anzunehmen, daß diese Stücke des Aristophanes uns hinreichende Einblicke in «die Alte Komödie als Ganzes» geben.[168]

Einschränkend ist zunächst wieder darauf hinzuweisen, daß wir nur über die attische Komödie Aussagen treffen können, die untrennbar mit der spezifischen historisch-politischen Situation der entwickelten Demokratie Athens und des Peloponnesischen Krieges (431–404 v. Chr.) verbunden war; überdies ist von den im 5. Jahrhundert v. Chr. ca. 500–600 an den Städtischen Dionysien und Lenäen aufgeführten athenischen Stücken auch nur ein geringer Bruchteil auf uns gekommen.[169]

Die erhaltenen, zwischen 427 und 388 v. Chr. entstandenen aristophanischen Stücke weisen die Alte Komödie als eminent politische Gattung aus – der Spott ergießt sich über namentlich genannnte politische Akteure und auch über das anwesende, aus athenischen Bürgern bestehende Publikum, vor allem aber werden einzelne Typen aufs Korn genommen: «Bürger und Sklave, Sophist und Bauer, Mann und Weib, Sterbliche und Götter, Reiche und Arme, Junge und Alte»[170] – sie alle werden, soweit es das verfügbare Maskenarsenal zuläßt, auf der Bühne karikiert. Charakteristisch ist dabei die Gleichzeitigkeit von realistischen und extrem unwirklichen Elementen – bei der Verwendung von Komödienszenen für die Rekonstruktion der historisch-sozialen Wirklichkeit in Athen ist daher stets höchste Vorsicht geboten.[171]

15 *Relief-Stele*
(340/39 v. Chr.) aus Athen,
vom Südhang des
Hymettos, mit Dionysos
(rechts) und einem Satyr.
Die Masken am Architrav
zeigen (von links) einen
alten Bürger, eine alte Frau,
einen Sklaven sowie einen
jungen Mann und ein jun-
ges Mädchen. Athen,
Epigraphisches Museum

Ein Hauptakzent in den Komödien liegt auf dem Chor, weniger auf den einzelnen (ohnehin maskierten) Schauspielern, und in den aristophanischen Chören begegnen uns immer wieder Alte: alte Kohlenbrenner in den *Acharnern,* alte Richter in den *Wespen,* alte Männer (*chóros gerónton*) sowie alte Frauen in der *Lysistrate.* *(Abb. 15)*

In zahlreichen Stücken thematisiert Aristophanes Generationenkonflikte und die soziale Position der Alten;[172] Reflexe ernsthafter Probleme und bisweilen gar zynische Überzeichnung von Altersskurrilitäten und -schwächen stehen dabei nebeneinander. Die alten Männer dieser Komödien, um mit ihnen zu beginnen,[173] entbehren weitgehend der ihnen sonst in Literatur und Realität so häufig attestierten Weisheit, Autorität und soziopolitischen Ehrenstellungen, im Gegenteil, sie leiden unter dem Zeitenwandel, wirken desorientiert, fühlen sich ausgegrenzt, mißverstanden und übers Ohr gehauen. In diesem Sinne äußern sich etwa die alten Männer aus dem Dorf Acharnai in den *Acharnern* (vv. 676–691): «Klage führen wir, die Alten aus der alten, guten Zeit: Schlecht hat uns der Staat vergolten, daß wir ihm zur See gedient; so verpflegt ihr uns im Alter für der Jugend saure Mühn, daß ihr allen Tort uns antut, an den Hals Prozesse werft uns, verspotten laßt von jungen, losen Rednern, uns, gebeugt von den Jahren, schwach und heiser, ausgeblasnen Flöten gleich, deren Hort und Retter einzig noch des Alters Krücke ist. Wankend, mit gebrochner Stimme stehn wir an dem Rednerstein, unsre Augen sehen nichts mehr als das Dunkel der Justiz; doch das junge, feine Herrchen, der studierte Staatsanwalt, trifft uns Schlag auf Schlag, umgarnt uns mit Perioden rund und nett, zieht heraus uns, stellt uns Fragen, legt uns Fallen, tupft und rupft an dem zitternden Tithonos, bis er ihn total verwirrt. Das Gesicht verzieht der Alte, und – ein Schuldner geht er hin, schleicht nach Hause, schluchzt und weint sich bei den Seinen aus und spricht: ‹Um das Geld gebracht zu meinem Sarg, ein Schuldner geh ich hin.›»[174]

Einst hielten die nun Alten in Marathon bei der ersten Abwehrschlacht gegen die Perser 490 v. Chr. für den Staat Kopf und Knochen hin, nun lohnt man es ihnen mit Respektlosigkeit in der von Sophisten und Demagogen, von jungen ‹Großrednern› dominierten, dekadenten Demokratie (ebd. vv. 692–705): «Ja, wie ist's Sünde nicht, einen Mann, alt und grau, zu verderben im Gericht, der doch einst viele Mühn auf sich lud und den Schweiß, männlich, heiß, triefend reich von der Stirn, abgewischt, und dereinst in Marathon um die Stadt sich bewährt? Damals in Marathon hetzten wir unsern Feind, nun jedoch hetzen uns böse Buben, und dabei werden wir dann besiegt ... Ist es recht, daß ein gekrümmter Alter, wie Thukydides, hier verloren ist, als stäk er in dem skythischen Wüstensand, durch Kephisodemos, jenes freche Rabulistenmaul? Zum Erbarmen war's, ich wischte mir die Augen, als ich sah, wie den edlen Greis der Skythe packt' und schüttelte...»

Artikulieren sich hier zweifelsohne reale Verwerfungen innerhalb der normalen, durchschnittlichen attischen Gesellschaft dieser Zeit, so verzerrt Aristophanes andererseits den Generationenkonflikt in den *Wolken*, in denen der alte Vater Strepsiades hofft, mit Hilfe der «Denkerei» des hier ganz unplatonisch als Sophist gezeichneten Sokrates sich seiner Gläubiger entledigen zu können, die ihm wegen der teuren Pferdeleidenschaft seines Sohnes Pheidippides im Nacken sitzen.[175] Wenn der Sohn schließlich mit Hilfe der neuen Lehre zu rechtfertigen sucht, daß er seinen Vater verprügelt (vv. 1321 ff.), so ist dies natürlich eine höchst amüsante Bühnenszene, bedeutet aber gewiß nicht, daß in den Augen des Dichters das grundlegende ethische Gebot für Kinder,

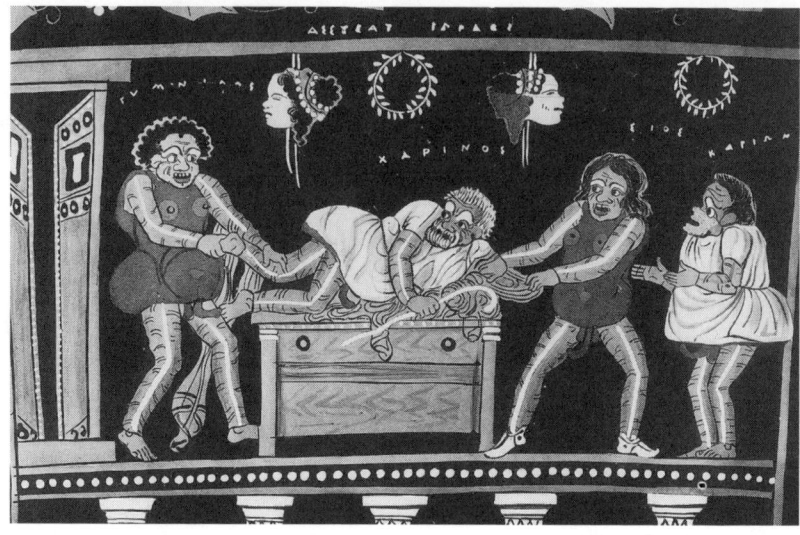

16 Unteritalischer Kelchkrater des Asteas mit Komödienszene,
ca. 350/40 v. Chr. Berlin, Staatliche Museen zu Berlin – Antikensammlung:
Der geizige Alte, der auf seiner Schatztruhe schläft, wird von zwei
Männern heruntergezerrt, der Sklave steht ängstlich daneben.

ihre alten Eltern zu ehren und für sie zu sorgen, obsolet geworden
wäre. Dem typischen Komödienmotiv des konflikthaften Verhältnisses
zwischen dem alten Vater und seinem Sohn lagen durchaus kontro-
vers diskutierte Entwicklungen in der attischen Gesellschaft des späten 5. Jahrhunderts v. Chr. zugrunde – diese hat Aristophanes aufge-
griffen, ohne dogmatische Festlegung thematisiert und ihr Potential
an Komik gezielt ausgeschöpft.[176] Dabei scheut er weder rustikale
Witze noch derben Sprachgebrauch: Der alte Liebhaber einer jungen
Frau wird verhöhnt,[177] und in den *Wespen* besorgt der Sohn seinem
alten Vater eine Konkubine (vv. 736 ff.): «Ja, gewiß, ich ernähr ihn und
gebe dem Greis, was das Alter erfreut, als: Gerstenschleim, ein behag-
liches Wams, einen wärmenden Pelz, eine Dirne, die nachts ihm den
Penis frottiert und das Hinterteil!» Der lüsterne Alte, der geizige Alte
(Abb. 16) und andere Typen gehören zum Figurenarsenal der aristophanischen Komödien, genauso wie die weiblichen Pendants, die komischen Alten.[178]

Die alten Frauen werden ebenfalls mit einem relativ einheitlichen Kanon äußerer Merkmale zur Belustigung des Publikums versehen; dazu gehören vor allem runzlige Gesichter, schielende Augen, Stumpfnase und Zahnmangel. Im *Plutos* treibt ein junger Mann seinen Schabernack mit einer derartig gezeichneten alten Frau und findet dabei lebhafte Unterstützung des mittellosen Atheners Chremylos (vv. 1050–1065):

> «Jüngling: Poseidon und ihr greisen Götter all,
> wieviele Runzeln hat die im Gesicht!
> Alte (kreischend): Ih, Ih! Die Fackel mir vom Leibe!
> Chremylos: Sie hat recht!
> Denn wenn das kleinste Fünkchen sie berührt,
> brennt sie wie dürres, wollumwundnes Reis.
> Jüngling: Schatz, machen wir ein Spielchen?
> Alte: Wo, du Schelm?
> Jüngling: Hier! Nimm die Nüsse da!
> Alte: Was spielen wir?
> Jüngling: Nun, wieviel hast du – Zähne?
> Chremylos: Ei, da rat ich mit! Drei oder viere hat sie noch!
> Jüngling: Du zahlst: sie hat nur einen Backenzahn!
> Alte: Bist du verrückt? – Abscheulich, mich vor allen den Männern so
> durch dein Gewäsch zu kränken!
> Jüngling: Gewäsch? Ja, laß dich waschen! Nötig wär's!
> Chremylos: Nicht doch! So ist sie präsentabel noch! Doch wäscht man
> ihr die ganz Schminke ab, dann sieht man erst die Riss' und Runzeln
> recht!»[179]

Dieser Frauenkategorie sind nicht nur identische äußere Attribute, sondern auch stereotype Verhaltensweisen zugeordnet: Die komischen Alten schwatzen und keifen, frönen dem übertriebenen Weingenuß, sind voller sexueller Begierden, führen sich kokett und anzüglich auf und gebärden sich wie junge Frauen. Eine derartige Szene entwirft Aristophanes etwa in den *Ekklesiazusen* (*Weibervolksversammlung*): Die Frauen hatten beschlossen, um auch den alten Frauen sexuelle Befriedigung zu garantieren, daß künftig jeder Mann vor dem Verkehr mit einer jungen Frau zunächst eine Alte entsprechend ‹bedient› haben mußte – mit den zu erwartenden Konsequenzen (vv. 877 ff.):

«Alte: Wo nur die Männer bleiben? – Zeit ist's längst! – Ich stehe da,
hübsch weiß und rot geschminkt, im Safrankleide, trillre vor mich hin
zum Zeitvertreib ein Liebeslied und tändle verführerisch, um im Vorbei-
gehn einen zu kapern. – Schwebt auf meine Lipp', ihr Musen, herab und
haucht ein jonisch Lied mir ein!
Mädchen: Ha, Alte, kamst du mir zuvor? – Da guckt sie raus! – Solang
ich weg war, dachte sie allein zu herbsten und mit Singen einen zu sich
zu locken. Wart, nun sing ich auch!»

Anschließend geht der Sängerwettstreit in eine handfeste Keiferei
über (vv. 924 ff.):

«Alte: Sing, was du willst, und laure wie die Katze, zu mir kommt jeder
früher als zu dir!
Mädchen: Ja, zum Begräbnis! Alte, das ist neu!
Alte: O nein!
Mädchen: Wer könnt 'ner Alten Neues sagen!
Alte: Mein Alter braucht dich nicht zu schmerzen!
Mädchen: Nicht? Dein Bleiweiß und dein Purpurrot wohl eher?
Alte: Was neckst du mich?
Mädchen: Was reckst du dich?
Alte: Ich singe für meinen Freund Epigenes ein Lied.
Mädchen: Wer ist dein Freund denn außer Altmann noch?
Alte: Das wirst du sehn! Da eilt er grad zu mir, dort ist er schon!
Mädchen: O dich, du Hexe, sucht er nicht!
Alte: O doch, bei Zeus!
Mädchen: Du dünne Spinne, wir werden sehn: ich trete jetzt zurück!
Alte: Auch ich: ich bin was Beßres noch als du!»

Den auf diese Weise Umworbenen ergreift angesichts dessen, was ihn
erwartet, gewiß begreifliche Furcht, welche das Publikum nicht wenig
amüsiert haben dürfte (v. 938–941):

«Dürft ich doch bei dem blühenden Mädchen schlafen, eh ein Affen-
gesicht zuerst, ein altes Weib in die dürren Arme mich nimmt! Solches
erträgt, bei Gott, nimmer ein freier Mann!»

Zweifellos handelt es sich bei der komischen Alten *(Abb. 17)* um einen
literarisch etablierten, geradezu kanonischen Bestandteil der Lust-

spieltradition,[180] so daß sich hier weder die Frage nach der Realitäts-
bindung noch das Problem des Frauenbildes von Aristophanes stellt.
Gleichwohl bleibt nach dem Diktum von Victor Ehrenberg – «das
Theater war die Polis» –[181] natürlich die Erwägung legitim, ob in den
anderen Frauenfiguren und Frauenszenen der Alten Komödie soziale
Verhältnisse oder Konflikte der athenischen Wirklichkeit gespiegelt
wurden. Von zentraler Bedeutung ist dabei das ungeschriebene soziale
Gebot, daß (bürgerliche und damit ‹respektable›) Frauen sich im Prinzip in der Öffentlichkeit eher im Hintergrund halten sollten[182] (mit
Ausnahmen im kultischen und funerären Bereich), das Theater stellte
somit eine ‹Scheinöffentlichkeit› her, deren artifizieller Charakter
noch dadurch verstärkt wurde, daß die Frauenrollen auf der Bühne
ebenfalls von männlichen Darstellern (mit weiblichen Masken) gespielt wurden. Inwieweit etwa wirtschaftliche Tätigkeiten, mit denen
die Komödie auch alte Frauen in Verbindung bringt, als wirtschafts-
historisch verwertbare Zeugnisse zu verstehen sind, bleibt daher zumindest in den Details unklar. Die alte Brothändlerin in den *Wespen* (vv.

1388 ff.) und die von Lysistrate angerufenen
«Rübenkohlgemüsebutterweiber» und «Zwie-
belkäsebäckerkneipenfrauen» (Lys. vv. 457 f.)
könnten arme athenische Bürgerinnen sein,[183]
aber im allgemeinen dürften derartige Tätigkeiten realiter eher von Frauen aus der Gruppe
von freien Fremden (Metöken) verrichtet worden sein.[184] Ob sich Hinweise auf die wirkliche
Lebenssituation und die soziale Konnotierung
alter Frauen und Männer im demokratischen
Athen eher als in der Alten Komödie vielleicht
in den bildlichen Denkmälern dieser Zeit ermitteln lassen, wollen wir im folgenden Abschnitt erörtern.

*17 Stehende Alte mit Doppelflöte, Ton,
Späteres 4. Jahrhundert v. Chr.
Berlin, Staatliche Museen zu Berlin – Antiken-
sammlung*

5. Die Bilderwelt:
Alte Menschen in der klassischen Kunst

Die «Grenzen zwischen Kunst und Lebenswelt»[185] zu bestimmen, stellt bei jeder Interpretation von Kunstwerken ein ebenso gravierendes wie drängendes Problem dar; insbesondere freilich gilt dies für die Behandlung von «realistischen Themen in der griechischen Kunst in der archaischen und klassischen Zeit»[186] und für die Erörterung der engeren Frage nach dem Realitätsbezug von Altersdarstellungen. Zwar ist jüngst noch einmal vor der unkritischen Vorstellung gewarnt worden, «Bilder seien Spiegel des Lebens»,[187] dennoch wird man mit Tonio Hölscher unter Zugrundelegung des mimetischen Kunstbegriffes grundsätzlich annehmen dürfen, «daß Kunstwerke und Lebenswelt vergleichbare Wertvorstellungen anschaulich machen»,[188] so daß aus ersteren, falls sie Altersdarstellungen beinhalten, zumindest zu entnehmen sein dürfte, wie bestimmte soziale Gruppen das Alter begriffen und verstanden wissen wollten – inwieweit dabei Stilisierungen oder gar Verfälschungen lebensweltlicher Gegebenheiten beabsichtigt und realisiert worden sind, ist eine stets notwendige, obwohl nur selten definitiv zu beantwortende Frage. Als Untersuchungsgegenstände stehen im vorliegenden Kapitel die klassische Vasenmalerei, die Plastik und Porträtkunst sowie die Grabreliefs des 5. und 4. Jahrhunderts v. Chr. zur Verfügung.[189]

In der Vasenmalerei der klassischen Zeit (zumindest der ersten Hälfte des 5. Jahrhunderts v. Chr.) läßt sich mit der zunehmenden Individualisierung der abgebildeten Personen eine gewisse Tendenz zu einer stärkeren Wirklichkeitsbindung beobachten.[190] Charakteristisch sind in dieser Hinsicht die beiden oben (S. 27, 31) abgebildeten Darstellungen von der greisen Geropso und dem alten Lehrer Linos, aber auch etwa die Darstellung eines trauernden Vaters auf einem attischen Vasenbild *(Abb. 18)*. In den spätklassischen Bereich gehört das folgende Vasenbild, auf welchem in einer Reihe von Figuren ein alter Pädagoge zu erkennen ist *(Abb. 19)*.

All diese Altenbilder erweitern jedoch kaum das Spektrum der literarisch vermittelten Eigenschaften, sondern es dominieren kanonische Motive wie Weißhaarigkeit, gebückte und gebrechliche Körperhaltung und dergleichen mehr. Immerhin dokumentieren zahlreiche bildliche Alltagsszenen mit alten Menschen[191] deren Teilnahme am sozialen Leben, was allerdings nur mit Einschränkungen auch für die alten Frauen gilt, deren bildliche Wiedergabe in jüngerer Zeit besonders intensiv erforscht worden ist.[192] Der eigentliche Lebens- und Wirkungsraum der Bürgerin der klassischen Zeit war das Privathaus, außerhalb der häuslichen Sphäre war das öffentliche Auftreten von Frauen (mit wenigen Ausnahmen, etwa im Priesterinnenamt) nach geltendem Comment eher negativ konnotiert. Hinzu kommt, daß «genauso wie für die mythischen Frauen auch für die athenische Bürgerin

18 Lekythos des Achilleus-
Malers, um 450 v. Chr.
Berlin, Staatliche Museen
zu Berlin – Antikensammlung

*19 Sog. Phrixos-Krater des Dareios-Malers aus Unteritalien,
um 340 v. Chr. Berlin, Staatliche Museen zu Berlin – Antikensammlung:
«Gekrümmt und auf einen Knotenstock gestützt, hat er (sc. der alte Lehrer)
die Rechte zur Rede erhoben. Deutlich sind die Falten in seinem Gesicht
angegeben, das von weißem Haar und Bart umgeben wird.»*[193]

bis etwa zur Mitte des 4. Jahrhunderts die alterslose Schönheit eine
conditio sine qua non in der repräsentativen Darstellung [ist]»,[194] Abbildungen alter Frauen auf Vasen folglich eher die Zugehörigkeit zu
niedrigeren sozialen Rängen (unterhalb des Bürgerstatus) oder negative Charakterzüge ausdrücken sollen.

Eine (erklärungsbedürftige) Ausnahme stellen allerdings die recht
zahlreichen Vasenbilder aus dem 5. Jahrhundert v. Chr. mit Aithra, der
Mutter des Theseus, dar. Laut mythischer Überlieferung wurde sie, als
Vergeltungsmaßnahme für Theseus' Entführung der Helena, nach
Troia verschleppt, von wo aus sie nach dem Ende des Troianischen
Kriegs durch ihre Enkel Damophon und Akamas nach Attika zurück-
geführt wird. Diese Szene ist beispielsweise zu sehen auf dem (hier
nicht abgebildeten) Volutenkrater des Niobiden-Malers im Museo Civico von Bologna:[195] Die weißhaarige alte Frau geht gebückt, auf einen
Stock gestützt und von einem ihrer Enkel an der Hand geführt. Möglicherweise soll die ungeschminkte Altersdarstellung der Heldenmut-
ter in diesem Fall auf das harte Schicksal der langen Knechtschaft in
der (troianischen) Fremde deuten, wo sie sogar als Dienerin und
Amme hatte Dienst tun müssen.

Ammen dominieren eindeutig auf klassischen Vasenbildern mit alten Frauen:[196] Die Amme, in der Regel eine Unfreie oder Freigelassene, erscheint meist bei der *Prothesis* (der Leichenaufbahrung), vor allem auf *Lutrophoren*, also auf «Gefäßen, die Unverheirateten und damit in der Regel Jungverstorbenen als Grabbeigabe dienten.»[197]

Während der zweite Haupttypus alter Frauen in der griechischen klassischen Kunst, die alte Hetäre, auf Vasen des 5. Jahrhunderts v. Chr. kaum vertreten ist, begegnet sie uns prominent – wohl nicht zuletzt wegen ihrer beliebten Rolle als ‹alte Vettel› in der Komödie – unter den Terrakottastatuetten des 4. Jahrhunderts v. Chr., und damit kommen wir bereits zur nächsten, eingangs genannten Kunstgattung, der Plastik und Porträtkunst.[198]

Zwar sind die bedeutenden klassischen Bildnisse – im Original meist Werke der Bronzekunst – fast sämtlich verloren und für uns nur noch in den Mamorkopien der römischen Zeit greifbar,[199] aber dennoch erlauben diese, zusammen mit den originalen Skulpturen an großen Bauwerken und den ebenfalls im Original erhaltenen Exemplaren bronzener Statuettenkunst, die Beurteilung und Klassifizierung der wesentlichen Stilentwicklungen im 5. Jahrhundert v. Chr. Bedeutsam ist zunächst der Tatbestand, daß es keine lineare Entwicklung vom idealen zum stärker realistischen Darstellungsmodus gibt, sondern ein (vielleicht auch noch regional nach ‹Kunstlandschaften› zu differenzierendes)[200] Nebeneinander beider Strömungen, wobei freilich in der Mitte des 5. Jahrhunderts v. Chr. (vor allem in Athen) eine deutlichere Zäsur und Tendenz zur Idealisierung zu beobachten ist.[201] So weist der etwa oben (S. 48) abgebildete greise Seher vom Ostgiebel des Zeustempels in Olympia deutliche Alterszüge auf, und auch an dem (im Original) fast gleichzeitig entstandenen Homerbildnis (S. 18) ist mit Paul Zanker dessen «Realismus» hervorzuheben[202] sowie die bemerkenswerte Beobachtung, «daß eine Gesellschaft, die Körperkraft und Jugend so verherrlicht hat wie die Griechen des 6. und 5. Jahrhunderts v. Chr., sich die höchste religiöse und geistige Autorität in der Gestalt eines uralten, hinfälligen Greises vorstellt.»[203] Ein – gegenüber dem in seiner stilistischen Bewertung stark umstrittenen Themistoklesbildnis[204] vielleicht deutlicheres – Beispiel für die bereits im Porträt des 5. Jahrhunderts v. Chr. erkennbaren Möglichkeiten der realistischen Altersdarstellung bietet ferner der Bronzekopf von Porticello (südli-

*20 Kopf von Porticello, Bronze,
zweite Hälfte 5. Jahrhundert v. Chr.
Reggio Calabria, Museo Nazionale*

ches Italien); dieser aus einem 1969 in einem antiken Schiffswrack gefundene Kopf dürfte nach Ausweis der Beifunde in die zweite Hälfte
des 5. Jahrhunderts v. Chr. gehören *(Abb. 20)*. Das Porträt trägt eindeutig individuelle Züge: hochgezogene Brauen, Stirnfalten, und einzelne Haarsträhnen können die altersbedingte Kahlheit des Schädels
nicht kaschieren.[205]

Ganz anders erscheint dagegen die wohl im Kreis um Perikles und
Phidias (um 440 v. Chr.) entstandene Bronzestatue des 85-jährig in
Athen (um 485 v. Chr.) gestorbenen Dichters Anakreon, deren römische Mamorkopie auf uns gekommen ist *(Abb. 21)*.[206] Der Dichter ist
als Symposiast dargestellt, aber in geradezu demonstrativer Selbst-
kontrolle: mit würdevollem Gesichtsausdruck, sorgfältig gepflegtem
Bart und dem wohlgeordneten Mäntelchen. Hier soll offensichtlich
kein Greis in seiner Individualität dargestellt werden, sondern ein gesellschaftliches Ideal: der vorbildliche Bürger aus der Blütezeit des pe-
rikleischen Athen.

Noch stärker können wir diese idealisierende, entindividualisierende Tendenz an den Intellektuellenbildnissen des 4. Jahrhunderts v. Chr. fassen:[207] Stellvertretend für andere sei hier die Bildnisherme des Aischylos vorgestellt (in einer augusteischen Kopie nach einem um 330 v. Chr. geschaffenen Vorbild) *(Abb. 22)*.[208] Der Dichter wird im Stile attischer Bürgerporträts gezeichnet, ohne Greisenmerkmale, ohne physiognomische Charakteristika einer bestimmten Individualität, sondern in normierter, kanonischer Form «als ein guter Bür-

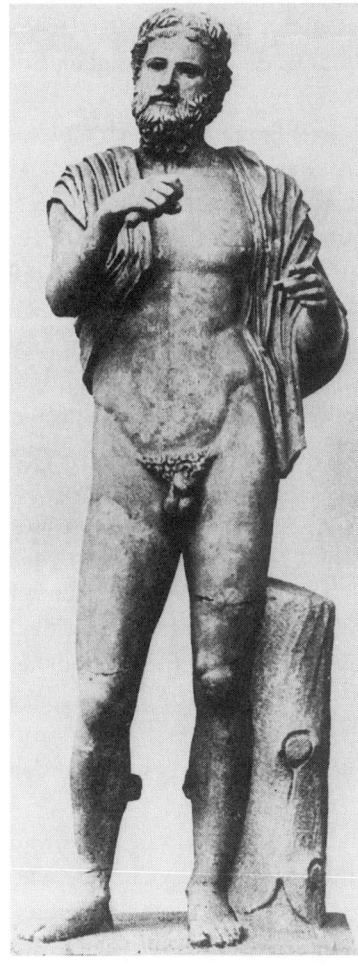

21 Anakreon, römische Kopie, Marmor. Kopenhagen, Ny Carlsberg Glyptotek

ger».[209] Als Kontrast dazu sei das Mitte des 5. Jahrhunderts v. Chr. (in Sizilien?) entstandene Altersporträt gegenübergestellt, welches Werner Gauer aufgrund freilich nicht unumstrittener Überlegungen ebenfalls als Aischylosbildnis deutet *(Abb. 23)*.[210] Der Kopf ist kahl, das Gesicht mit den eingefallenen Wangen hager, die Augenbrauen kontrahiert, der Gesichtsausdruck insgesamt streng und ernst. Dieses Bildnis des alten Dichters (?) mag nichts mit der historischen Gestalt des Tragikers und seinem Charakter zu tun haben, es vermittelt dem Betrachter aber eine spezifische Altersauffassung des Künstlers bzw. seines Auftraggebers – das Altersbildnis und die Altersauffassung gab es auch in der klassischen Porträtkunst nicht, sondern es herrschte, nicht anders als in Dichtung und Philosophie, die Gleichzeitigkeit ungleicher Auffassungen.

Bei der plastischen Darstellung von alten Frauen läßt sich anderes beobachten: Fast das gesamte verfügbare Material besteht aus (später noch näher zu behandelnden) Terrakottastatuetten, die wiederum fast ausschließlich Ammen und Hetären sowie der Komödie entlehnte Typen alter Frauen vorstellen – hohes Alter galt ansonsten bei einer Frau als eine zu kaschierende Eigenschaft, «aus diesem Grund stellt man eine Bürgerin oder Heroine nie mit Alterszügen dar, es sei denn, man möchte etwas Negatives über sie aussagen»;[211] alterslose Schönheit war das Ideal und folglich die kanonische Norm für die repräsentative, plastische Darstellung von Frauen.[212] Eine daher von den Gelehrten lebhaft diskutierte Ausnahme bildet nur der bekannte Kopf einer alten Frau aus dem späteren 5. Jahrhundert v. Chr. *(Abb. 24)*.[213] Dieser aufgrund von literarischen und epigraphischen Quellen oft der attischen Athena-Priesterin Lysimache zugeschriebene Kopf zeigt in dezidierter Manier die Merkmale hohen Alters, freilich – und gerade darin liegt die Singularität des Stückes – in positivem Tenor. Denkbar ist daher tatsächlich nur, daß hier eine Priesterin (für die hohes Alter geradezu ein Qualifikationsmerkmal war)[214] oder – vielleicht eher – eine mythologische Figur (die Theseus-Mutter Aithra?)[215] dargestellt werden sollte.

In hoher Zahl finden sich hingegen alte Frauen, wie gesagt, unter den Terrakottastatuetten zunächst des 4. Jahrhunderts v. Chr., die wiederum in enger Verbindung zu den Frauenfiguren der Mittleren Komödie stehen.[216] Vor allem im Typus der alten Amme werden hoch-

22 Aischylos,
augusteische Kopie, Marmor.
Neapel, Museo Nazionale

23 Sog. Aischylos,
Mitte 5. Jahrhundert v. Chr., Marmor.
Rom, Museo Capitolino

24 Sog. Lysimache,
Marmor, 5. Jahrhundert v. Chr.
Rom, Thermenmuseum

25 Amme mit Säugling (aus Athen?),
Ton, späteres 4. Jahrhundert v. Chr.
Berlin, Staatliche Museen
zu Berlin – Antikensammlung

betagte Frauen zum Gegenstand karikierender Gestaltung, wie etwa die folgende Statuette zeigt *(Abb. 25)*.

Die Ammen sitzen bisweilen auf einem niedrigen Hocker, das übermäßige Gesäß, die herabhängenden Brüste, die halslosen Köpfe, Kurzhaarfrisur, Stupsnase und abstehende Ohren verleihen ihnen nicht selten geradezu groteske Züge. Hier geht es erkennbar nicht um Realismus und individuelle Gestaltung, sondern vielmehr um die auf komische Wirkung abzielende Überzeichnung eines auch literarisch vertrauten Frauentypus. Ähnlich prominent und ebenfalls im Kontext der Mittleren Komödie zu verstehen sind Terrakottastatuetten des 4. Jahrhunderts v. Chr., welche vielleicht alte Hetären vorstellen, die zum Teil auch als trunk- und übermäßig putzsüchtig charakterisiert werden *(Abb. 26)*.[217]

Die zweite hier abgebildete Statuette zeigt eine nackte, durch ihren dicken, faltigen Bauch und die hängenden Brüste als alt gekennzeichnete, mit Ohrringen geschmückte Frau, die in der Linken einen Klappspiegel hält *(Abb. 27)*

Wie ein ironischer Kommentar zu derartigen Figuren klingen zeitgenössische Verhöhnungen alter Frauen, welche die natürlichen Einbußen an Schönheit durch kosmetischen Einsatz auszugleichen suchten: «Glätte dir ruhig die Backen mit all ihren Riefen und Runzeln, mach für die fehlenden Brau'n Striche mit Kohle am Aug, färb mit

26 Trunkene Alte, Ton,
4. Jahrhundert v. Chr. Dresden,
Staatliche Kunstsammlungen:
Die aus Boiotien stammende Terrakotta stellt eine wohl angetrun-
kene alte Frau dar, die ihre mit
einem Kranz geschmückte Kanne
innig an ihre Wange schmiegt; in
der Rechten hält sie eine Schale.

27 Stehende Alte (aus Athen),
Ton, zweite Hälfte 4. Jahrhundert
v. Chr. Athen, Nationalmuseum

dunkler Tinktur die verblichenen Haare und ringle dir mit der Brenn-
schere nur Löckchen um Löckchen am Ohr, alles vergebens! Man lacht
dich nur aus, und treibst du es weiter…»[218]

Sozialpsychologisch lassen sich plausible Erklärungen für die Beliebtheit derartiger Frauengestalten im 4. Jahrhundert finden:[219] Verspottet werden nicht etwa das weibliche Geschlecht generell und auch
keineswegs die Bürgerin; vielmehr konnte die ‹gute Gesellschaft› in
ihrem Lachen über sozial marginalisierte alte Frauen normabweichen-
des Auftreten karikieren und damit zur eigenen Selbstvergewisserung
über Normenkonformität beitragen. Die Belustigung fungierte als so-
ziales Ventil, zugleich freilich mögen in der verzerrenden Präsentation
alter Hetären auch kritische Vorbehalte gegenüber der tatsächlich
großen ‹Wertschätzung› artikuliert worden sein, welche manchen
Hetären im 5. Jahrhundert und vor allem auch im 4. Jahrhundert
v. Chr. von interessierter Seite entgegengebracht wurde. Denn angesehene und umworbene Hetären verdienten bisweilen geradezu astro-
nomische Summen, selbst angesehenste Bürger bemühten sich um die
Gunst so mancher Diva, und nicht selten dürften daraus innerfami-
liäre Spannungen erwachsen sein.

In ganz anderer Weise als diese Terrakotten scheint eine weitere
Denkmälergattung ebenfalls (zumindest auch) mit dem soziokulturellen Selbstverständnis der Zeitgenossen zu tun gehabt zu haben, nämlich die (vorwiegend) attischen Grabreliefs.[220] Diese Reliefs, deren
«beide leitende Motive: das religiöse und das öffentlich-soziale», diese
Denkmäler als Objekte der Totenverehrung wie auch der «bürgerlichen Selbstdarstellung» ausweisen,[221] bilden «einen wahren The-
saurus antiker Greisenbildnisse».[222] Sie sind in den letzten Jahren von
seiten der klassischen Archäologie intensiv untersucht worden, und
auf die dabei erzielten Resultate stützen sich die folgenden Ausführungen, die sich zunächst den Darstellungen von alten Männern
widmen.[223]

Die Altersattribute, die wir auf den Grabreliefs (vor allem der zweiten Hälfte des 4. Jahrhunderts v. Chr.) mit hochbetagten Männern antreffen, sind schnell aufgezählt: Stirnglatze, gebeugter Oberkörper
und der Stock als unvermeidliche Stütze sind die markantesten Bild-
signale für hohes Alter.[224] Bisweilen liefern Inschriften mit Altersangaben zusätzlichen Aufschluß über das Lebensalter der vorgestellten

28 Grabrelief, Marmor,
um 400 v. Chr. Athen,
Nationalmuseum: Der Alte
stützt sich auf seinen Stock
und reicht seiner sitzenden
Frau Lysistrate die Hand als
Zeichen der ehelichen Verbundenheit.

Personen, zum Beispiel im Falle des bereits erwähnten, um 400 v. Chr.
anzusetzenden Reliefs des Littias, der nach Auskunft des Epigramms
100-jährig gestorben war *(Abb. 28)*.

Im Laufe des 4. Jahrhunderts v. Chr. werden mehrfigurige Reliefs,
die Familienszenen, immer häufiger: «Es ist die bürgerliche Welt...,
die hier im repräsentativen Bild familiärer Verbundenheit vorgeführt
wird, mehrfach ausgestattet mit durchaus realistischen Merkmalen
der Trauer und des Alters.»[225] Stellvertretend dafür sei nur auf einen
(hier nicht abgebildeten) Grabnaiskos aus dem attischen Rhamnus
hingewiesen, mit dem wir schon ins späte 4. Jahrhundert v. Chr. gelangen: Sitzend dargestellt ist der alte Vater, im Hintergrund befindet sich
die Mutter, rechts der Sohn oder der jüngere Bruder.[226] Der mit krummem Rücken, längeren Haaren und erschlafftem Oberkörper gezeichnete Alte besitzt unverkennbar die Physiognomie eines Greises, mit
eingefallenen Wangen und hohlen Augen.[227]

29 *Grabrelief, aus dem Flußbett des Ilissos, Marmor, um 340 v. Chr. Athen,*
Nationalmuseum: Der junge, zum Heros stilisierte Mann repräsentiert den
Toten, der in deutlichem Kontrast zu dem alten, hinterbliebenen Vater steht,
welcher in gebeugter Haltung, den Stock mit der Linken umklammernd,
mit hagerem Gesicht und tragisch-traurigem Blick den Sohn mustert,
«als ob er ihn in einer Vision vor sich hätte.»[228]

Nicht immer läßt sich eindeutig klären, welche Figuren den Gestorbenen, welche Hinterbliebene bezeichnen, bei dem bekannten Ilissos-Relief fällt diese Entscheidung hingegen leicht *(Abb. 29)*.[229]

Besondere Hervorhebung verdient die ebenfalls dem vorgerückten 4. Jahrhundert v. Chr. entstammende Stele des 90-jährig gestorbenen Chairion:[230] Chairion, mit Frau und Tochter dargestellt und im Grabepigramm als «hochbetagt» (*geraiós*) ausgewiesen, ist vor allem durch die Stirnglatze als Greis gezeichnet. In seiner Rechten hält er eine Buchrolle, und vor ihm befindet sich ein Behälter für weitere Buchrollen. Laut Marion Meyer wird hier auf die literarisch vielfach dem hohen Alter attestierte Weisheit und Gelehrsamkeit des Chairion hingewiesen, es sei «dies das erste Mal, daß wir Alter in der Sepulkralkunst mit einem positiven Wert verbinden können.»[231]

Ähnliche ikonographische Alterscharakterisierungen begegnen auch bei den Frauen auf attischen Grabdenkmälern.[232] Allerdings gilt hier für das 5. Jahrhundert v. Chr. noch stärker der uns schon bekannte Grundsatz, daß Frauen «unabhängig von ihrem realen Alter in der Regel alterslos und ohne Gemütsregungen wiedergegeben» werden, möglicherweise würden hingegen eher im Dienste pejorativer Darstellungsabsichten Alterszüge gezielt abgebildet.[233] Als Illustration dieser Regel dient meist das Grabrelief der Ampharete vom Kerameikos in Athen *(Abb. 30)*. Das in das letzte Viertel des 5. Jahrhunderts v. Chr. gehörende Denkmal zeigt eine Frau mit einem kleinen Kind, die man angesichts des Fehlens entsprechender Altersattribute für die Mutter hielte, belehrte uns nicht das Epigramm auf dem Architrav des Grabmals darüber, daß hier die Großmutter mit ihrem Enkelchen abgebildet ist: «Das Kind meiner Tochter halte ich, das liebe, das ich auf meinen Knien hielt, als wir lebend die Strahlen der Sonne mit Augen erblickten; jetzt halte ich das tote als Tote.»[234]

Vor allem seit der Mitte des 4. Jahrhunderts v. Chr. beobachten wir dagegen eine unverkennbare Tendenz zu einer realistischeren, variantenreicheren Alterscharakteristik auch bei Frauen:[235] Signifikante «Altfrauenfrisuren» (zum Beispiel kurzgeschnittene, sorgfältig gearbeitete Locken), Doppelkinn, Gesichtsfalten, welke Haut und Krähenfüße an den Augenwinkeln gehören zu einer unübersehbar realistischeren Altersphysiognomie *(Abb. 31)*. Letzteres ist sicherlich nicht

*30 Grabrelief der
Ampharete, Marmor,
um 430/20 v. Chr. Athen,
Kerameikos-Museum*

darauf zurückzuführen, daß sich im 4. Jahrhundert v. Chr. etwa eine
negative Auffassung bezüglich alter Frauen durchgesetzt hätte, doch
insgesamt läßt sich nur schwer bestimmen, wie die Altersikonographie
(sowohl von Frauen als auch von Männern) der Grabreliefs soziolo-
gisch angemessen zu interpretieren ist.[236]
    Eindeutig entspricht eine erste Erkenntnis zu den Reliefs allen un-
seren bisherigen Beobachtungen zum Altersbild in Historiographie,
Tragödie, Komödie und Philosophie: Es gibt kein allgemein verbindli-
ches Altersbild, positive stehen neben negativen Charakteristiken.
Maßgebend sind jeweils die Optik und die Intention von Literaten,
Künstlern und Auftraggebern, und die im Detail erkennbare Aus-
tauschbarkeit und Kombinierbarkeit einzelner ‹realistischer› oder ‹ide-
alistischer› Gesichts- und Körpermerkmale «verstärkt die Zweifel, ob
ideale und realistische Alterszüge überhaupt einer unterschiedlichen

Bewertung unterlagen.»²³⁷ In einem Punkt lassen sich historische und archäologische Befunde vielleicht jedoch plausibel miteinander verbinden: Im 4. Jahrhundert v. Chr. häufen sich auf den Reliefs zugleich wirklichkeitstreuere Altersdarstellungen und die mehrfigurigen Familienszenen mit der gemeinsamen Darstellung von Toten, Trauernden und Hinterbliebenen. Dies könnte nach den Überlegungen von Johannes Bergemann mit der gezielten Absicht zusammenhängen, «die Eintracht des Oikos vor Augen zu führen»,²³⁸ und erinnert möglicherweise an die vor allem in Athen sogar gesetzlich verankerten Vorschriften zum Zusammenwirken der Generationen, insbesondere zur Unterhaltspflicht, welche Kinder gegenüber ihren alten Eltern zu erfüllen hatten.

31 Grabrelief, Marmor,
4.Jahrhundert v. Chr.
Athen, Nationalmuseum

III. Hellenismus

1. Die Alten in der neuen Welt des Hellenismus

Die Lebensbedingungen in der Zeit des Hellenismus, das heißt zwischen dem späten 4. und dem späten 1. Jahrhundert v. Chr., werden vor allem durch die wesentliche politische Neuerung der nachklassischen Zeit bestimmt: die hellenistische Monarchie. Zwar blieb die Polis, der Stadtstaat, der spezifische Lebensraum der Griechen, aber die Poleis wurden nun eingegliedert in königliche Herrschaftsordnungen, zum Teil gerieten sie in direkte Abhängigkeit von königlichen Funktionären und Amtsträgern. Das bedeutet zum Beispiel, daß in den vorherigen Jahrhunderten fundamentale und hochinteressante Fragen wie diejenigen der Wehrfähigkeit, der innerstädtischen Ämterausübung, der Teilhabe an kommunaler Politik und Rechtsprechung und ähnliches zum Teil obsolet wurden, zum Teil an Bedeutung verloren.[239] Auch mit Blick auf die hochbetagten Bürger fallen diese Entwicklungen natürlich ins Gewicht, spielte sich die ‹große Politik› doch nun meist nicht mehr in den Polisinstitutionen ab, und somit büßten insbesondere die städtischen Ämter und Organe, wie zum Beispiel die Gerusien, ihre Wirkungsmacht weitgehend ein. Zwar scheint nach dem vorwiegend epigraphischen Quellenmaterial die Gerusie in vielen Poleis der hellenistischen Zeit weiterhin existiert zu haben – wir wissen dies etwa von Sparta, Korinth, Elis, Knidos, Kyrene, Ephesos und weiteren kleinasiatischen Poleis –,[240] aber ihre Entscheidungskompetenz und die Tragweite ihrer Maßnahmen hielten natürlich keinen Vergleich mit den Möglichkeiten archaischer und klassischer Ältestenräte aus. Selbstverständlich bestimmten auch weiterhin alte Männer bisweilen in exponierter Position die Grundlinien der hellenistischen Politik, aber diese sind jeweils als Einzelfälle anzusehen. So gab es natürlich keine Altersgrenze, weder für die Protagonisten in den Diadochenkämpfen nach dem Tod Alexanders des Großen noch für die späteren hellenistischen Könige. Antipatros etwa, nach Alexanders Ende als Statthalter in Europa agierend und 320 v. Chr. zum Reichs-

verweser avanciert, starb 319 etwa 80-jährig, Antigonos Monophthal-
mos, einer der aktivsten und ambitioniertesten Diadochen, fiel in der
Schlacht bei Ipsos (301 v. Chr.) im Alter von 81 Jahren, und auch sein
Rivale Lysimachos ließ sein Leben als ca. 80-jähriger in einer der
großen Schlachten der frühhellenistischen Zeit (281 v. Chr. bei Kuru-
pedion); der Gewinner in dieser ‹Schlacht der Greise› war Seleukos I.,
der die 80 ebenfalls schon überschritten hatte. Der athenische Politiker
und Stratege Phokion wurde im Jahr 318 v. Chr., im Alter von weit
über 80 Jahren, von der athenischen Volksversammlung zum Tode
verurteilt, und der achäische Politiker und Feldherr Philopoimen, laut
Plutarch (Philop. 1,7) der «letzte der Hellenen», bekleidete noch als
70-jähriger das Strategenamt und fiel 183 v. Chr. in kriegerischen Auseinandersetzungen gegen Messene.[241] Diese Reihe ließe sich noch um
etliche Namen verlängern, doch an der Sachlage änderte dies nichts:
Nur das Leben und das Schicksal setzten den großen Politikern und
Militärs eine Altersgrenze. In den Poleis scheint ansonsten die traditionelle Zäsur von 60 Jahren weiterhin für eine Reihe von Magistra-
turen eine gewisse Rolle gespielt zu haben; so sollten etwa in Delphi
gemäß einer um 160 v. Chr. anzusetzenden Bestimmung die für die
Getreideversorgung zuständigen Funktionäre (sitónai) nicht älter als
60 Jahre alt sein.[242]

Etwas weniger markant als auf den Gebieten von Politik und Herrschaft dürften die Neuerungen dieser Epoche vielleicht im familiären
Bereich gewesen sein.[243] Die Klein- bzw. Kernfamilie blieb die dominierende Lebensform, und damit bestand auch weiterhin die (moralische, bisweilen sogar rechtlich fixierte) Pflicht der Kinder, gegebenenfalls für ihre alten Eltern zu sorgen.[244] Weitere generalisierende
Aussagen sind in diesem Kapitel freilich um so problematischer, als die
hellenistische Welt einen weitaus größeren geographischen Horizont
aufweist als die archaische und klassische griechische Welt, welch letzterer – neben Griechenland – im wesentlichen nur noch die unterita-
lisch-sizilischen sowie die westkleinasiatischen Landschaften zuzurechnen sind. Nun aber, seit den Eroberungen Alexanders und der
Herausbildung der Nachfolgereiche, breiteten sich griechische Kultur
und Lebensweise, griechische Normen und Werte bis weit in den Vor-
deren Orient, nach Nordafrika und nach Palästina aus. Da wir selbst
aus diesem riesigen Gebiet kaum aussagekräftige Quellen zum profa-

nen Alltag der alten Menschen besitzen – weniger noch als zur klassischen Zeit! –, bleiben alle pauschalen Einschätzungen natürlich unbefriedigend und ermangeln ausreichender Belege. So glaubt Georges Minois feststellen zu können, daß die hellenistische Zeit den leistungsfähigen und -willigen Menschen mehr Entfaltungsmöglichkeiten geboten hätte als die klassische Periode; wie alle offenen, kosmopolitischen Gesellschaften habe diese hellenistische Welt, ein Schmelztiegel verschiedener Zivilisationen, keine hemmenden Vorurteile mit Blick auf die ethnische Herkunft oder das Lebensalter gekannt: «Success was open to every forceful personality, young or old.»[245] Das klingt in dieser allgemeinen Form zwar plausibel, aber Wanderungsbewegungen, interkulturelle Beeinflussung, Dynamisierung der internationalen Wirtschaftsbeziehungen etc. – all diese und ähnliche Entwicklungen gründeten wohl weniger auf den Aktivitäten der Älteren als vielmehr auf dem Tun und Treiben der Jüngeren, Mobilen und Ungebundenen. Dennoch ist gewiß auch die Lebenssituation der Alten nachhaltig verändert worden; allein, wir können dies leider kaum genauer beschreiben und werden im folgenden vor allem (wieder einmal) literarische Werke heranziehen müssen, um ein wenig mehr über die Alten in hellenistischer Zeit bzw. über die Vorstellungen und Gedanken, die man sich über Alte machte, in Erfahrung zu bringen.

Der Hellenismus ist in kultureller und wissenschaftlicher Hinsicht eine produktive, farbige Epoche gewesen, mit vielen Neuerungen in gestaltender Kunst, Philosophie und Dichtung sowie in zahlreichen gelehrten Disziplinen, deren Zentrum das geradezu legendäre *Museion* von Alexandria gewesen ist.[246] Die Wurzeln dieser hellenistischen Kulturblüte liegen allerdings vielfach noch in der klassischen griechischen Zeit, und dies gilt zum Beispiel auch für die offenbar zahlreichen hellenistischen Schriften *Über das Greisenalter* (*perì géros*), die insbesondere im Kreise der Aristotelesschüler entstanden. Zwar sind diese Werke sämtlich verloren gegangen, dennoch kennen wir zumindest einige Autorennamen und in einem Fall – Ariston von Keos – sogar Grundzüge der Gedankenführung. Aus den Federn von Theophrast (372/70–288/86 v. Chr.), dem Nachfolger des Aristoteles in der Leitung des Peripatos, und von Demetrios von Phaleron (zweite Hälfte 4. Jahrhundert v. Chr.) stammten Abhandlungen über das Alter, und der ebenfalls zu den Peripatetikern zählende, gerade genannte

Ariston von Keos (3. Jahrhundert v. Chr.) hat ebenfalls eine derartige
Schrift verfaßt, deren wesentlicher Gehalt bei dem byzantinischen
Kompilator Stobaios (5. Jahrhundert n. Chr.?) bewahrt worden ist.[247]
Ariston läßt ein Streitgespräch zwischen Greisen und jungen Leuten
stattfinden über die Vor- bzw. Nachteile des Greisenalters, das bemerkenswerterweise von dem zwar ewig lebenden, aber auch ewig alternden Geliebten der Eos, Tithonos (vgl. S. 11 f.), als Schiedsrichter entschieden wird. In dieser Kontroverse tauchen nahezu sämtliche in den
vorigen Jahrhunderten bereits bedachten Gesichtspunkte wieder auf:
Aus der Sicht der Jugend leiden Greise unter dem zunehmenden Verlust ihrer Sinneswahrnehmungen, unter Todesfurcht, unter Krankheiten und unter mangelndem öffentlichen Ansehen wegen des Aus-
geschlossenseins von der ‹großen Politik›, von Ämtern und vom
Kriegsgeschehen. Die andere Seite argumentiert dagegen mit alters-
unabhängigen Werten: Wahre Tugend begegne sowohl bei Jungen wie
bei Alten, der Vorteil der Alters bestehe freilich darin, daß Geist und
Seele sich unabhängig von den einengenden körperlichen Begierden
und Lasten entfalten könnten. Der aristonische Tithonos scheint nach
allem, was sich aus der byzantinischen Überlieferung gewinnen läßt,
letztlich zugunsten der Greise geurteilt zu haben. Deutlich erkennbar
sind freilich nur seine Ausführungen über den Tod – dieser sei eigentlich dem Leben vorzuziehen, da er frei von irdischen Plagen, Lasten,
Lüsten und Bedürfnissen sei.

Insgesamt gesehen, haben sich die hellenistischen Peripatetiker und
vor allem Ariston von Keos, auf den sich Cicero in seiner später noch
ausführlich zu behandelnden, hochbedeutsamen Schrift über das Greisenalter explizit als Vorbild beruft, erkennbar von dem negativen Altersbild ihres Schulhauptes und Lehrers Aristoteles abgesetzt, dessen
Überlegungen gleichwohl die Grundlage gebildet haben für die hellenistische Spezialliteratur *perì géros* (*Über das Greisenalter*). Letzteres
gilt auch für die Medizin der hellenistischen Zeit, denn in seinen
naturwissenschaftlichen Schriften hat Aristoteles bereits gerontolo-
gische Vorstellungen formuliert, die für die nachfolgenden Jahrhunderte Gemeingut der Medizin werden sollten.[248]

Galen, der wirkungsmächtigste medizinische Fachautor und Arzt
der Antike (2. Jahrhundert n. Chr.), bezeichnet Aristoteles als Anhän-
ger des Hippokrates (ca. 460–ca. 370 v. Chr.), doch ist für uns damit

wenig gewonnen, denn: «Soviel über Hippokrates gesprochen und geschrieben wird, sowenig Sicheres wissen wir von ihm ... und von dem, was wirklich er selbst gedacht und vertreten hat.»[249] Das erst in hellenistischer Zeit (in Alexandria) endgültig redigierte *Corpus Hippocraticum*, die Sammlung der dem Hippokrates zugewiesenen Schriften, enthält denn auch viele gewiß nicht von Hippokrates stammende Partien, und relativ gesichert ist nur, daß Hippokrates keine gesonderte Abhandlung über das hohe Alter geschrieben und weder eine antike Gerontologie noch eine antike Geriatrie begründet hat. Auf diesen Feldern scheint Aristoteles selbst größere Wirkungen erzielt zu haben. Grundlegend für seine medizinischen Anschauungen ist die Annahme der vier ‹Urzustände›: «warm, kalt, trocken, feucht; davon ist das erste Gegensatzpaar aktiv, das zweite passiv.»[250] Alle natürlichen Lebensprozesse lassen sich nach Aristoteles mit diesen Kategorien prinzipiell beschreiben, das Altern zeichnet sich dabei durch zunehmende Austrocknung und Abkühlung des Körpers aus; dies erkenne man etwa an der spröden, faltigen, ausgetrockneten Haut. Die nacharistotelische, hellenistische Medizin ist dem von Aristoteles gewiesenen Weg zur konkreten, weniger spekulativen, stärker anwendungsorientierten Wissenschaft weitergegangen, und darin liegt aus heutiger medizinhistorischer Sicht die besondere Bedeutung der hellenistischen Medizin: Sie zeichnet sich aus durch «die Hinwendung zum Handeln, zum Eingreifen in den natürlichen Ablauf» – «der Eingriff aber ist unhippokratisch; ... nicht länger mehr sind die Naturen die wahren Ärzte der Krankheiten, sondern die Ärzte...»; folglich gelte aus heutiger Sicht: «Die Ärzte dieser Zeit sind die eigentlichen Väter unserer Praxis.»[251] Deren Schriften aber haben leider die Zeiten nur in seltenen Ausnahmefällen und dann auch wiederum nur in wenigen Fragmenten überdauert, gleichwohl scheinen seinerzeit tatsächlich geriatrische Detailanalysen vorgenommen worden zu sein, zum Beispiel von dem in Alexandria wirkenden Herophilos von Chalkedon, der im hohen Alter auftretende Lähmungen und Alterszittern als Nervenleiden erwies.[252] Aufs Ganze gesehen, wird man in dieser knapp skizzierten medizinhistorischen Entwicklung den Ausdruck einer generellen, für die hellenistische Zeit typischen Tendenz sehen dürfen, den Menschen im Detail, in seiner konkreten Ausprägung und Individualität stärker in den Blick zu nehmen. Dies bestätigt sich vor allem auch in der teilweise geradezu demonstrativ realistischen Kunst dieser Epoche.

Zwar werden die künstlerischen Entwicklungen erst später in einem gesonderten Kapitel näher behandelt werden (S. 102 ff.), doch eine genuin hellenistische Kunstgattung sei bereits hier knapp skizziert, weil sie unmittelbar mit der Blüte der hellenistischen Medizin in Verbindung steht. Die Rede ist von den «seligen Krüppeln», denen Luca Giuliani vor wenigen Jahren eine eigene Studie gewidmet hat. Es handelt sich dabei um Bronze- oder Tonstatuetten, die bisweilen mit derartig präzisen anatomischen Merkmalen versehen sind, daß sie sogar das Interesse der Medizingeschichte gefunden und in Einzelfällen Diagnosen der dargestellten körperlichen Defekte erlaubt haben. Dies gilt etwa für eine Berliner Bronzestatuette eines buckligen, alten Bettlers *(Abb. 32)*.[25] Der Bettler hockt mit dürren, eingezogenen Beinen auf einem Felsen, sein buckliger Rücken und der vorgewölbte Brustkorb sowie die rückgebildete Muskulatur weisen laut moderner orthopädischer Diagnose auf eine tuberkulöse Wirbelentzündung hin.

Einen ähnlichen Eindruck vermittelt die kleinasiatische Terrakottafigur eines alten Fischers *(Abb. 33)*. «Die deutlichen Altersmerkmale, das häßliche Gesicht mit der vorstehenden Nase und vor allem der verkrüppelte Oberkörper mit Buckel» verraten die Genauigkeit anatomischer Beobachtungen in dieser Zeit.[254] Ebenfalls aus Kleinasien (Priene) stammt schließlich die (hier nicht abgebildete) Terrakottastatuette eines alten kahlköpfigen Tänzers in grotesk verzerrter Haltung, der mit seinen dürren Beinen und der eigenartigen Mimik so abstoßend wie komisch gewirkt haben muß.[255] Wie immer man die Frage nach der Funktion dieser Statuetten beurteilen mag,[256] unverkennbar artikuliert sich in ihnen ein in seiner Detailfreudigkeit und stilistischen Pointierung bislang unbekanntes Interesse am Menschen.

Dieselbe Hinwendung zum konkreten Individuum zeigt sich auch in der hellenistischen Dichtung und Literatur; deren Werke dokumentieren ein – falls man angesichts der unzulänglichen Materialgrundlage davon sprechen kann – «hellenistisches Menschenbild», welches nach Carl Schneider vor allem in «den Formen der beobachtenden Psychologie»[257] wurzelte: «Man beobachtete den Menschen von seiner frühesten Kindheit bis zu seinem letzten Wort.»[258] Von den dafür ein-

32 Statuette eines hockenden
Krüppels (alexandrinisch?),
Bronze, 2. Jahrhundert v. Chr.
Berlin, Staatliche Museen
zu Berlin – Antikensammlung

33 Alter Fischer (aus Thyatira),
Ton, 2. Jahrhundert v. Chr.
Berlin, Staatliche Museen
zu Berlin – Antikensammlung

schlägigen literarischen Werken hat sich freilich auch kaum etwas erhalten; vor allem die *Charaktere* des bereits genannten Theophrast
können immerhin als aussagekräftiges Zeugnis dieser zeittypischen
Tendenz angeführt werden. In den *Charakteren* 27,2 verspottet der
Dichter einen etwa 60-jährigen Greis, der mit auswendig gelernten
Trinksprüchen beim Gelage Eindruck schinden möchte – «wenn er sie
dann beim Wein aufsagen will, läßt ihn sein Gedächtnis im Stich.»

Das hier karikierte (und zur Aktualisierung einladende) Bild des ju-
venilen Alten scheint nicht untypisch für die hellenistische Epoche gewesen zu sein, die Schneider unter das Motto «Leben um jeden Preis»
stellt, denn die Menschen «wollten nicht alt sein».[259] Mit dieser Haltung ließe sich vielleicht auch der glaubhaft überlieferte und be-
drückend anmutende Brauch auf der Insel Keos erklären, laut welchem alte Frauen und Männer den Gebrechen des Alters durch
freiwillige Selbsttötung zu entfliehen pflegten.[260] Denn von Menander
ist folgender Ausspruch über die ‹keische Eigenart› überliefert: «Gut
ist, Phanias, der Brauch der Keier: Wer nicht mehr schön leben kann,
verzichtet darauf, schlecht zu leben.»[261]

Doch nicht nur Lebensbejahung und Lebensgenuß vermitteln uns
die Überreste hellenistischen Geisteslebens, sondern auch ein gestei-
gertes Interesse an allen Formen des Lebens überhaupt. Daraus, und
vor allem in der besonderen Ausprägung der von Schneider hervorge-
hobenen «beobachtenden Psychologie», resultiert eine verstärkte, ja
neuartige Aufmerksamkeit auch gegenüber den unteren gesellschaftlichen Gruppen. Alte Fischer, Hirten und Bauern avancieren, wie wir
noch sehen werden (S. 105 ff.), zu Sujets der Künstler, sie begegnen
aber auch in der Poesie des Hellenismus, insbesondere in der Epigram-
matik.[262]

Natürlich traktiert die hellenistische Poesie auch wieder Grundthe-
men bereits der archaischen und klassischen Lyrik, zum Beispiel das
Spannungsverhältnis zwischen Alter, Liebeslust, körperlichem Verfall
und Schönheitsidealen, und es findet sich auch erneut die gesamte Pa-
lette von ungebrochenem Optimismus und Lebensgenuß bis hin zur
zynischen Beschreibung der gealterten Physis. So besingt im 1. Jahrhundert v. Chr. Philodemos aus Gadara (Jordanien) die 60-jährige
Charito, deren Attraktivität ihre lange Lebenszeit nichts hatte anha-
ben können:

«Sechzig Sommer bereits hat Charito eben vollendet,
noch aber flutet ihr schwarz über den Nacken das Haar.
Marmorn stehen ihr noch am Busen die Kegel der Brüste,
und keiner Binde bedarf's, die ihr die Hügel umschließt.
Glatt noch strafft sich die Haut, ambrosisch umschweben sie Düfte,
und myriadenfach spielt Grazie und Lockung um sie.
Kommt, ihr Verliebten, die ihr nicht flieht vor dem Knospen der Liebe,
kommt zu ihr her und vergeßt, wieviel Jahrzehnte sie sah.»[263]

Eine ganz andere Optik bestimmt hingegen Philodems Zeitgenossen Meleagros, der ebenfalls aus Gadara stammte. Ihn nimmt nicht etwa die alterslose Schönheit einer Charito gefangen, sondern er karikiert erbarmungslos und derb die physische Dekadenz der ‹alten Fregatte› Timarion, die jeder Liebeshungrige meiden sollte, denn die Liebe mit ihr sei gleichbedeutend mit einer Fahrt in die Unterwelt: «Hübsch war Timarion einst, eine schnittige Jacht; heute rudert Kypris umsonst sie, sie macht nicht diesen Kasten mehr flott. Krumm wie die Segelstange am Mast ist ihr Rücken geworden, grau ist ihr Haar, das lose hängt wie ein Bugstag. Flatternd hängen die Lappen der Brüste, zwei schlotternde Segel, und von dem Schlingern bekam Rillen und Risse ihr Bauch. Leck ist am Kiele das Schiff, im Frachtraum gluckern die Wasser, und von dem ewgen Gestampf zittert und bibbert ihr Knie. Wehe dem Armen, der lebend das Deck dieser alten Fregatte wagt zu besteigen, sie fährt stracks ihn zum Acheronsee.»[264]

Neben derartigen Topoi lyrischer Dichtung weist die hellenistische Poesie freilich auch Neues auf: Genreszenen, mit Fischern und Bauern und auch alten Frauen (zum Beispiel in der bukolischen Dichtung Theokrits),[265] finden nahezu gleichzeitig Eingang in die Dichterstuben und in die Werkstätten der Künstler. Zweifellos stehen beide Entwicklungen in einem unmittelbaren Zusammenhang, und so bietet es sich an, die entsprechenden Gedichte erst zusammen mit den Kunstwerken (S. 102 ff.) zu behandeln. Zunächst freilich bedarf es noch eines gesonderten Blickes auf die in dem zuletzt zitierten Epigramm des Meleagros bereits angeklungene Art des Umgangs mit dem hohen Lebensalter, auf die komische Überzeichnung von Altersmerkmalen.

2. Alter und Komik:
Die Neue Komödie

Das vorliegende Kapitel beschäftigt sich mit einer Literaturgattung, von der nur ein einziges Exemplar in annähernd vollständiger Form auf uns gekommen ist, nämlich die Komödie *Dyskolos* (*Der Menschenfeind*) des athenischen Dichters Menander (ca. 342/41 bis ca. 293/90 v. Chr.). Diese Überlieferungssituation steht in krassem Gegensatz zu der Bedeutung, welcher der zwischen dem späten 4. und dem späten 2. Jahrhundert v. Chr. blühenden Neuen Komödie in dem kulturellen Leben der hellenistischen Zeit zukam. So sind aus der Epoche des Hellenismus allein mehr als 50 Komödiendichter belegt, welche in Athen wirkten, aber nicht alle von dort stammten.[266] Poeten wie Menander, Philemon und Diphilos werden jeweils 100 oder noch mehr Komödien zugeschrieben,[267] die, wie wir aus inschriftlich erhaltenen Siegerlisten wissen, in der gesamten griechischsprachigen Welt dieser Zeit aufgeführt wurden.[268] Mit diesem, die klassischen Literaten weit übertreffenden Wirkungshorizont dürfte auch der gravierendste Unterschied zwischen der Neuen und der Alten Komödie zusammenhängen: Während letztere, wie wir vor allem den Stücken des Aristophanes entnehmen können, eminent politischen Charakter besaß und insbesondere Sujets der athenischen Politik und Gesellschaft thematisierte, dominieren in den hellenistischen Komödien die allgemein menschlichen Themen: Liebe, Intrigen, Verwechslungen, Geld, Gegensätze zwischen Jung und Alt, zwischen Brüdern und Vätern etc. bilden den Motivkatalog, der uns trotz der fragmentarischen Originalüberlieferung aufgrund zahlreicher Hinweise und Paraphrasen späterer Autoren sowie aufgrund der Nachbildungen Menanders in der römischen Komödie (vor allem durch Terenz) recht gut bekannt ist. Diese Ausrichtung an der Normalität des alltäglichen Lebens der Menschen dürfte maßgeblich für die große Beliebtheit vor allem der Stücke Menanders gewesen sein, was sich bereits in den antiken Elogien auf seine Werke zeigt, die als Spiegel des Lebens gepriesen wurden.[269] So rühmt Aristophanes von Byzanz (3. Jahrhundert v. Chr.) den Realismus der menandrischen Charakterzeichnung mit dem bekannten Ausruf: «Oh Menander und Leben, wer von euch hat den anderen nachgeahmt?»[270]

Ungeachtet dieser weitgehenden Abwendung vom Politischen und der Hinwendung zur Lebenswirklichkeit des durchschnittlichen Bürgers hat die Neue Komödie im wesentlichen doch das Typenarsenal der Alten und der Mittleren Komödie übernommen, und damit auch die komischen Alten. Deutlich erhellt dies aus dem Katalog der Theatermasken bei dem kaiserzeitlichen Lexikographen Pollux (4,143–154), der unter dem Stichwort «Greise» (gérontes) einige Alte mit signifikanten Charakteristika anführt. Typische Eigenschaften dieser alten Protagonisten der Neuen Komödie sind Eigensinn und Starrheit, ferner Umständlichkeit und Gutmütigkeit.[271] Auch die Frauenmasken der menandrischen Bühne entsprechen weitgehend den klassischen Vorbildern: «Runzeln, bleiches Gesicht, schielende Augen, eingedrückte Nase, wenig Zähne.»[272] Eine der vorzüglichsten Darstellungen einer derartigen komischen Alten findet sich auf einem Mosaik aus Pompeii, geschaffen von dem Künstler Dioskurides von Samos (Abb. 34). Dieses Bild, welches möglicherweise die Eingangsszene der menandrischen Komödie Synaristósai (Die gemeinsam frühstückenden Frauen) wiedergibt,[273] zeigt rechts eine alte Frau (die Kupplerin Philainis?) mit den kanonischen Eigenschaften einer komischen Alten: Sie ist häßlich, und ihre eingefallene Gestalt mit krummem Rücken paßt zu dem runzligen Gesicht mit dem aufgerissenen, häßlich verzogenen und weitgehend zahnlosen Mund.

Geradezu als Illustration dieser hellenistischen Bilder- und Bühnenwelt können die zahlreichen Terrakottastatuetten dieser Zeit dienen, welche vor allem Frauengestalten in der bekannten Manier zeigen. Den Stereotypen ihres Äußeren entspricht ein ebenfalls aus den klassischen Komödien bereits bekannter Katalog von Verhaltensweisen. Die alten Frauen zeichnen sich in der Regel durch Trunksucht aus – künstlerisch artikuliert in dem berühmten, später noch zu behandelnden Bildnis der Trunkenen Alten (S. 109 f.) –, ferner durch Schwatzhaftigkeit, Kupplerei und die Neigung zur Zauberei. So übertrifft eine menandrische Alte sogar das Bronzebecken in der berühmten Orakelstätte von Dodona (Epirus), denn während letzteres nach einer

34 Mosaik des Dioskurides (Pompeii), 2. Jahrhundert v. Chr.
Neapel, Museo Nazionale

Berührung nur den gesamten Tag über klinge, könne die Alte nicht
einmal nachts den Mund halten.[274]*(Abb. 35)*

Auch die Typen alter Männer in der Neuen Komödie gehen in der
Regel auf die uns bekannten literarischen Vorläufer zurück.[275] «Niemand kann erbärmlicher sein als ein verliebter Greis», heißt es in
einem Menanderfragment (442 Körte/Thierfelder) – neben dem auf
Freiersfüßen wandelnden, Spott und Mitleid erregenden Alten begegnet beispielsweise der gierige, armselige Greis (etwa in der Komödie
Aspis)[276] oder der mürrisch-verdrießliche Knemon, der Protagonist
des *Dyskolos* (*Der Menschenfeind*). An die aus der archaischen Lyrik
bekannten Klagen erinnert das Lamento über die mit dem Alter zunehmenden Beschwerden: «Lästig ist das vorgerückte Alter. Oh beschwerliches Alter, nichts an Gutem, aber viel Verdrießliches und
Schmerzliches hast du für die Lebenden; aber alle flehen und sorgen
sich, dich zu erlangen.»[277] In derlei Äußerungen findet sich der bereits
gewürdigte Realismus Menanders, «gewiß nicht in dem vordergründi-
gen Sinne der Lebensechtheit und Realitätsnähe; dagegen sprechen
schon die Romantik und die Unwahrscheinlichkeit, die tragende Gesellschaftsschicht und das stets gute Ende seiner Stücke...; aber ...

35 Stehende Alte (Boiotien), Ton, spätes 4./frühes 3. Jahrhundert v. Chr. Dresden, Staatliche Kunstsammlungen: Die hier abgebildete alte Frau stützt sich auf einen Weinkrug, in der Rechten hält sie einen Kranz, und ihre aufgeschwemmte Physiognomie mit dem verzerrten Lächeln weist auf ihre Trinkgewohnheiten.

vielleicht in dem tieferen Sinne einer modellhaften Darstellung menschlicher Verhaltensweisen, im Sinne einer inneren Wahrheit seiner Personen.»²⁷⁸

In den Komödien dieser Zeit konnte sich die arrivierte Gesellschaft einerseits wiederfinden, sie konnte sich mit bestimmten Helden identifizieren und deren Schicksal nachempfinden, zum anderen aber konnte sie sich im Zerrspiegel der komischen Überzeichnung über extreme Verhaltensweisen und Charaktere amüsieren, mit denen man in der Alltagswirklichkeit weniger gern in direkten Kontakt treten wollte. Diese Doppelfunktion und Ambivalenz kennzeichnet auch die Darstellung des Greisenalters in der Kunst des Hellenismus.

3. Neue Bilder:
Alte Menschen im neuen Realismus

Sucht man nach prägenden Formeln für die Kunst des Hellenismus, so wird man schnell der Tatsache gewahr werden, daß gerade die Unmöglichkeit, ein allumfassendes, allen Kunstwerken und Kunstgattungen adäquates Leitmotiv zu benennen, das wesentliche Charakteristikum dieser Epoche bildet. Man wird nämlich feststellen, daß die Buntheit des Lebens, die Mannigfaltigkeit der individuellen Rollen und Schicksale, der Charaktere und Physiognomien in einer bislang nicht gekannten Detailfreudigkeit und Wirklichkeitsnähe diese Kunst des Hellenismus auszeichnet.[279] Die Gleichzeitigkeit des Ungleichen mag daher vielleicht am ehesten als passendes Schlagwort für diese Phase stehen: Idealität findet sich neben schonungslosem Realismus, Ebenmaß und Schönheit steht auf der anderen Seite dezidierte Häßlichkeit gegenüber. Klare Entwicklungslinien lassen sich daher gerade für die verschiedenen Zweige der hellenistischen Kunst nur mit großen Vorbehalten ziehen, wobei insbesondere die Datierungsprobleme bei den einzelnen Kunstwerken erschwerend hinzutreten.[280] Der in Kapitel III.1 knapp skizzierten Blüte hellenistischer Wissenschaft und Gelehrsamkeit korrespondiert eine eklatante Zunahme von Intellektuellen-Bildnissen vor allem im 3. und 2. Jahrhundert v. Chr.,[281] und folgerichtig sind diverse Darstellungen alter Philosophen, Redner und Dichter aus hellenistischer Zeit auf uns gekommen. Ein besonders markantes Beispiel bietet eine im Original wohl kurz nach seinem Tode geschaffene Sitzstatue des stoischen Philosophen Chrysipp (ca. 281–208 v. Chr.) *(Abb. 36)*.[282] Chrysipp ist als Greis dargestellt, mit alterskrummem Rücken, eingefallener Brust und dürren Beinen: «Auch die Art, wie die Füße sich scharrend einen festen Stand gesucht haben, erscheint als eine genaue Beobachtung greisenhaften Verhaltens. Das Sich-Durchdrücken der Rippenknochen im oberen Teil der eingefallenen Brust mit den Anzeichen einer Altersgynäkomastie, die den weichen Brustmuskel in die faltige Bauchmuskulatur schiebt, ist ein realistischer Zug, den man so vorher nicht gesehen hat.»[283] Die Schwäche des Körpers kontrastiert jedoch der Schärfe und dem kraftvollen Ausdruck der Physiognomie. Chrysipp denkt und argumentiert, wie die vorgestreckte Rechte zeigt, die Vitalität seines Intellekts wird deutlich von seinem körperlichen Zustand abgehoben.

Einen ähnlichen Gegensatz zwischen deformiertem Körper und ungebrochener, in der Kopfgestaltung vermittelter Gedankenschärfe weist die in ihrer realistischen Zuspitzung noch radikalere Statuette des Diogenes aus der Villa Albani auf *(Abb. 37)*.[284] Der Philosoph Diogenes von Sinope (ca. 412–323 v. Chr.), der Gründer der kynischen Schule und Verächter bürgerlicher Ideale, Normen und Konventionen, erscheint hier geradezu als die bildliche Verkörperung seiner Lehre. In nackter Schamlosigkeit zeigt Diogenes alle Merkmale eines alten, unschönen, ungepflegten Körpers, auf dem jedoch «der eindrucksvolle Philosophenkopf mit kahlem Schädel, würdigem langen Bart und Denkermiene» sitzt.[285] Erkennbar soll hier nicht ein alter Mann verspottet, sondern ein bedeutender Philosoph mit seinem Anliegen ernst genommen werden.

Den Darstellungen von Chrysipp und Diogenes ließen sich weitere hellenistische Intellektuellen-Bildnisse mit vergleichbar realistischen Altersmerkmalen an die Seite stellen – etwa der oben (S. 25) abgebildete, vielleicht auf Hesiod zu beziehende Bronzekopf oder der berühmte Typus des ‹blinden Homer› –,[286] doch sei ausdrücklich darauf hingewiesen, daß – vor allem im Späthellenismus – alte Philosophen durchaus auch in würdigem, bürgerlichem, bisweilen geradezu klassizistischem Stil dargestellt wurden.[287]

Zeigen schon die hier knapp skizzierten Wesenszüge hellenistischer Gelehrtenporträts, daß in dieser Zeit Häßlichkeit und Verfallsmerkmale zu anerkannten ästhetischen Kategorien avancieren konnten, so gilt dies erst recht für eine weitere, genuin hellenistische Gattung, die sogenannte Genrekunst.[288] Denn viele, meist unterlebensgroße Figuren aus dieser Zeit[289] zeigen männliche und weibliche Hirten, Bauern sowie Fischer in geradezu veristischer Manier, und in diese Kategorie gehört auch die schonungslose Darbietung von Altersattributen.

Ein besonders prominentes (da in diversen antiken Repliken vertretenes) und zugleich instruktives Beispiel bietet die (im Original) wohl

36 Chrysipp, Rekonstruktion (Gips)
nach einer kopflosen Statue im
Louvre und einer Büste im British
Museum. Göttingen, Universität

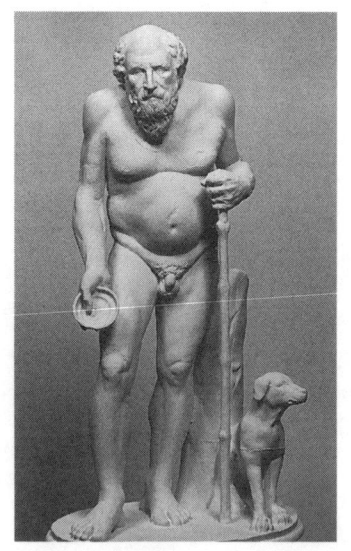

37 Diogenes, Gipsabguß (der kaiserzeitlichen Kopie nach einem hellenistischen
Original aus dem 3./frühen 2. Jahrhundert
v. Chr.). München, Museum für Abgüsse
klassischer Bildwerke

im späteren 3. Jahrhundert v. Chr. geschaffene Statue eines alten Fischers *(Abb. 38)*.[290]
Wir sehen vor uns einen ausgezehrten Greis, der sich offenbar nur
mühsam auf seinen schwachen Beinen hält. Der bis auf ein um die
Hüfte geschlungenes Tuch nackte Körper zeigt welke, faltige Haut, den
unschönen Kopf mit hoher Stirnglatze und schütterem Haar ‹zieren›
ein zottiger Bart, wulstige Unterlippen, stark vortretende Adern und
ein starrer Blick. In der Linken hält er einen mit Fischen gefüllten
Korb, in der Rechten, die bei keiner der zahlreichen Repliken komplett
erhalten geblieben ist, könnte er einst eine Angelrute getragen haben,
aber gegen diese bislang dominierende Auffassung sind jüngst beden-
kenswerte Einwände erhoben und – freilich ebenfalls nicht definitiv zu
beweisende – Alternativvorschläge vorgebracht worden.[291]
    Aus späterer Zeit (2./1. Jahrhundert v. Chr.?)[292] stammt die folgende
Statue einer alten Frau *(Abb. 39)*. Die gebückte Greisin schleppt sich,
einst wohl auf einen Stock gestützt, mühsam vorwärts; in der Linken
trägt sie ein Bündel Hühner und einen (Gemüse-?)Korb. Neben der
Körperhaltung und der faltigen Haut am Hals weist vor allem die
Physiognomie (Runzeln, Tränensäcke, tiefliegende Augen, vor Anstrengung geöffneter Mund) auf das hohe Alter der Landfrau hin, die
Rita Amedick nun als Anhängerin des Dionysoskultes deutet, die auf
dem Weg zu einem Heiligtum ist, wo sie Opferhandlungen vorzuneh-
men beabsichtigt.[293]
    Angesichts derartiger Genreskulpturen, von denen zahlreiche wei-
tere Exemplare existieren,[294] stellt sich sofort die Frage nach ihrer ur-
sprünglichen Funktion, ihren Aufstellungsorten sowie nach der Identität und den Intentionen ihrer Auftraggeber. Unverkennbar zeichnet
sich diese hellenistische Genreplastik durch zwei Eigenheiten aus:
Dargestellt werden stets alte Menschen, und sie erscheinen durchweg
in betonter Häßlichkeit. Hans-Peter Laubscher folgert: «Mit visuellen
Mitteln sollten hier Angehörige der Unterschicht als sozial und mora-
lisch minderwertig gekennzeichnet werden.»[295] Erkennbar gehörten
diese Figuren in den Augen der zweifellos vermögenden, den oberen
Gesellschaftsschichten zuzuordnenden Auftraggeber zu einem ländlichen Ambiente, welches – den Aufstellungsorten der Kopien in der römischen Zeit zufolge – offenbar Idylle und ländliches *otium* (kulti-
vierte Muße) versinnbildlichen sollte. Denn die Fischer-, Hirten- und

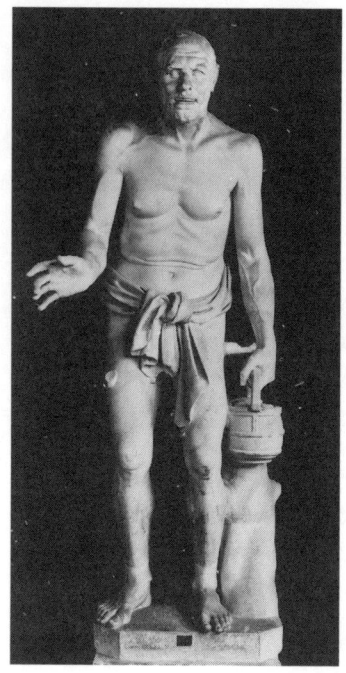

38 Alter Fischer, römische Kopie, Marmor.
Rom, Vatikanische Museen

39 Alte Frau,
Marmor, 2./1. Jahrhundert v. Chr. (?).
New York, Metropolitan Museum of Art

Bauernstatuen schmückten kaiserzeitliche Brunnenanlagen, Parks und Gärten,[296] und bislang hat man stets geglaubt, auch für die hellenistische Zeit entsprechende Standorte voraussetzen zu dürfen. Nach dieser Deutung gehörten diese Genredarstellungen wahrscheinlich in einen bukolischen Kontext, und so ließen sich dann auch die Idyllen Theokrits (erste Hälfte 3. Jahrhundert v. Chr.) bisweilen geradezu als Kommentar zu diesen Bildwerken lesen. So beschreibt Theokrit im ersten *Eidyllion* die Außenseite eines reliefartig geschmückten Bechers eines Ziegenhirten: «Außer der Gruppe ist dargestellt noch ein Fischer, betagt schon, weiter ein rauher Felsen; mit äußerster Anstrengung zieht der Alte sein mächtiges Netz hinauf, um den Fang sich zu sichern. Emsig betreibt er, aus Leibeskräften, so scheint es, sein Handwerk; derart treten ihm, trotz des Alters, am Nacken die Muskeln schwellend hervor.»[297]

Gegen diese vor allem von Laubscher vertretene These, bereits in hellenistischer Zeit hätten sich die Genreskulpturen in einem bukolischen Kontext befunden, wendet sich allerdings jüngst Christian Kunze.[298] Er hält es für wahrscheinlich, daß selbst großplastische Werke wie die Statue des alten Fischers als Weihgaben in einem Heiligtum aufgestellt gewesen sein könnten: «Die Statue des alten Fischers läßt sich wohl nur als anonyme Figur verstehen, die dank ihrer Tätigkeit – dem Darbringen von ländlichen Gaben – als gottgefällige Gestalt zum Thema der Votivplastik werden konnte.»[299] Gleichwohl muß auch Kunze einräumen, wie merkwürdig es wäre, «daß ein sicher wohlhabender Auftraggeber derart armselige Gestalten wie einen alten Fischer oder Bauern als Gabenbringer in ein Heiligtum stiftete»,[300] und so muß die Frage nach Zweck und Aufstellungsort dieser Bildnisse wohl einstweilen als weiterhin ungelöst gelten.

Auf jeden Fall aber wohnte der Praxis, Angehörige ländlicher Unterschichten in künstlerischer Form zu repräsentieren oder in Gedichten zu besingen, keinerlei sozialemanzipatorisches Engagement inne, im Gegenteil: Man versicherte sich auf diese Weise der bestehenden Sozialordnung und wies den einfachen Leuten durch entsprechende ästhetische Kennzeichnung eine feste Position im unteren Teil des Sozialgefüges zu.

Durch diese Integration in die Gesellschaftspyramide unterscheiden sich die einfachen Landleute der Genrekunst allerdings deutlich von

40 Trunkene Alte; römische Kopie, Marmor.
München, Staatliche Antikensammlungen und Glyptothek

den marginalisierten und stigmatisierten Personen, die auch Gegenstand der hellenistischen Kunstproduktion wurden, insbesondere in Form von Kleinbronzen und Terrakotten. Anders als die eben behandelten Fischer, Bauern und Hirten sollten diese Figuren gewiß zum Lachen reizen,[301] man verspottete die Ausgegrenzten, unter denen sich, wie wir sehen werden, vor allem alte Frauen befinden. Bevor wir uns dieser hellenistischen Kleinkunst zuwenden, muß aber noch einer berühmten hellenistischen Plastik unsere Aufmerksamkeit gelten, die gewissermaßen zwischen Genreskulptur (der sie vielleicht gerade noch zuzurechnen ist)[302] und Karikatur ein Verbindungsglied bildet: der Trunkenen Alten *(Abb. 40)*.[303] Eine alte, ausgezehrte Frau hockt mit gekreuzten Füßen am Boden; mit beiden Händen hält sie einen großen Weinkrug in ihrem Schoß – vielleicht ist er bereits leer, denn die Alte ist offenbar betrunken; sie lallt, den Kopf in den Nacken gebeugt, die Betrachter an und offenbart so ihr schlechtes Gebiß. Sie trägt ein Kopftuch, Ringe an den Fingern, die durchbohrten Ohren weisen auf einst vorhandenen Ohrschmuck, und ihre recht wohl geordneten Gewänder fallen ihr von den Schultern, deren Knochen am dürren Leib hervortreten.

Um dieses Standbild, das im hellenistischen Original dem späten 3. oder frühen 2. Jahrhundert v. Chr. angehört, existiert eine langanhaltende Diskussion. Während Paul Zanker in der Frau eine einst gut entlohnte, jetzt als Teilnehmerin an einem Fest gestaltete Hetäre sieht und literarische Parallelen aus der Komödie zitiert, glaubt Henning Wrede in der Alten eine im Kult des Dionysos tätige Matrone zu erkennen.[304] Rita Amedick wiederum plädiert jüngst, wie bereits ähnlich Hans von Steuben,[305] dafür, die Trunkene Alte stärker in den Kontext der Genrekunst oder der karikierenden Darstellungen alter Frauen in der hellenistischen Kleinkunst zu rücken,[306] während Christian Kunze neuerdings darauf insistiert, daß «für die Trunkene Alte wohl nur eine Funktion als Weihgeschenk in einem Heiligtum in Frage» komme.[307] Er sieht in der Figur ein «irdisches Äquivalent zu den Satyrn und Silenen» und versteht die Plastik als Weihgabe zu Ehren des Gottes Dionysos.[308]

Ungeachtet der letztendlich nicht eindeutig zu klärenden Bestimmung der Plastik kann doch kein ernstlicher Zweifel daran bestehen, daß «die schonungslose Schilderung des häßlichen, verkommenen

41 Amme mit Kind (aus Myrina),
Ton, spätes 2. Jahrhundert v. Chr. Berlin,
Staatliche Museen zu Berlin –
Antikensammlung

Alters» (Hans von Steuben) den Betrachter zu spöttischer Distanz
auffordert; Trunksucht, Nymphomanie, intrigante Klatschsucht und
Kupplerei gehören zu den Topoi, mit denen alte Frauen, wie wir
sahen, schon in der griechischen Komödie notorisch belegt werden, und
somit wirken sie lächerlich und trotz aller kosmetischen Anstrengungen abstoßend. In dieser Hinsicht schließen die Terrakottafiguren
und Kleinbronzen der hellenistischen Zeit direkt an ihre Vorläufer
im 4. Jahrhundert v. Chr. an. Daß die Trunkene Alte tatsächlich auch
in diese Entwicklungslinien zu stellen ist, deuten zum einen ihre
zahlreichen Nachahmungen in dieser Kleinkunst an,[309] zum anderen
die jüngst von Rita Amedick zusammengestellten Terrakotten von
Greisinnen, die sie zu der Feststellung führen, daß das Motiv der
trunksüchtigen alten Frau eindeutig aus der Gattung der Karikatu-
ren und Grotesken stamme. Sowohl Kleinasien als auch das pto-
lemäische Ägypten kämen, so Amedick, als Entstehungsorte dieses
Typus in Frage.[310]

Neben diesen eindeutig der Belustigung dienenden Figuren alter Frauen[311] ist in den frühhellenistischen Terrakotten aus dem letzten Viertel des 4. Jahrhunderts v. Chr. ein weiterer Typus der alten Frau vertreten, der seine literarischen Parallelen in der Neuen Komödie findet: die Gestalt der gutmütigen alten Amme.[312] Sie begegnet – jeweils mit einem kleinen Kind an der Hand, in den Armen oder im Schoß – stehend oder als sitzender Typus *(Abb. 41)*.

Der Aufwertung der Amme in der Neuen Komödie korrespondieren die ikonographischen Veränderungen der Ammenbildnisse. Die Ammen werden nun nicht mehr stets als dezidiert häßlich dargestellt, die Altersattribute erscheinen weniger negativ konnotiert, ganz im Gegenteil zu den schon genannten hellenistischen Terrakotten und Figurengefäßen, welche die geradezu sprichwörtliche Trunksucht alter Frauen abbilden und insofern thematisch an die Trunkene Alte anzuschließen sind.[313] Stellvertretend für diese karikierenden Altersdarstellungen sei hier nur ein Stück angeführt, ein kleines Bronzegefäß, welches die Gestalt einer erschlafft am Boden hockenden Frau besitzt, die in der Rechten ein Trinkgefäß hält *(Abb. 42)*.[314] Während an dem satirischen Charakter derartiger Figürchen nicht zu zweifeln ist, bleibt

42 *Bronzegefäß (Hockende Alte), hellenistisch. Paris, Louvre*

43 *Alte Frau, Ton, hellenistisch. München, Staatliche Antikensammlungen und Glyptothek*

44 Poseidonios,
augusteische Kopie, Marmor.
Neapel, Museo Nazionale

die genauere (Zweck-)Bestimmung der folgenden Tonstatuette unklar
(Abb. 43). Dargestellt ist eine «ältere Frau in Chiton und über den
Schultern zusammengeschobenem Mantel, der Kopf ohne Hals nach
vorn gestreckt, runzliges Gesicht, kurze Haare.»[315]

Die Herkunft der meisten der hier behandelten Darstellungen alter
Frauen aus dem Kanon der Komödienfiguren und der Genrekunst
dürfte unbestreitbar sein; folglich sagen sie kaum etwas aus über die
reale Position und soziale Qualifikation alter Menschen in der hellenistischen Zeit. Dies wäre, analog zur Klassik, eher von anderen Gattungen zu erwarten gewesen, vielleicht am ehesten noch von den Grabreliefs. Doch leider fallen diese – wie auch die figürlichen Vasen[316] –
für den vorliegenden Zeitraum weitgehend aus. Denn auf den erhaltenen hellenistischen Grabreliefs wird «auf das Alter in der Darstellung
nicht näher eingegangen, auch nicht bei Männern, denn die Bartlosigkeit ist ebensogut Mode und muß ganz und gar nicht Jugend bedeuten. Selbst 80- und 90-jährige treten in gleichen Typen auf wie die anderen.»[317] Dieser Befund ist aufschlußreich, weist er doch darauf hin,
daß in den auf die Öffentlichkeit zielenden (Selbst-)Darstellungen von

Familien und Individuen Altersmerkmale offenbar bewußt vermieden wurden – andere Attribute, zum Beispiel bürgerliche Gewandung oder Hinweise auf Bildungsstand und Vermögen (Buchrolle, Leier, Füllhorn), stehen im Vordergrund.[318] Nicht einem Grabrelief, sondern einem attischen Weihrelief wohl des 3. Jahrhunderts v. Chr. verdanken wir immerhin eine recht instruktive hellenistische Alterdarstellung, die hier leider nicht im Bild dargeboten werden kann:[319] Das Relief zeigt eine junge Frau (in *Chiton* – Untergewand – und Mantel) und einen Greis (mit dem griechischen Obergewand, dem *Himation*). Der schwache Alte lehnt sich an einen Baumstamm, seine Haarbinde sowie die geschlossenen Augen könnten ihn als blinden Seher oder Dichter ausweisen, die sich oft durch hohes Alter und demzufolge durch Lebenserfahrung und Weisheit auszeichneten (S. 49). Entsprechend zurückhaltend, fast milde, wird der Greis auf dem Relief gezeichnet, welches stilistisch noch der Spätklassik zuzurechnen ist.

Einmal mehr hat sich gezeigt – insbesondere auch im Kontrast zwischen dem zuletzt behandelten Relief sowie den grotesken Frauenstatuen und -statuetten –, wie vielgestaltig die Altersbilder im Hellenismus ausfallen. Die veristische, schonungslose Wiedergabe beobachteter Details von Physiognomien und Körpern steht neben der beschönigenden Stilisierung oder gar Kaschierung auf hellenistischen Grabreliefs, der bewußten Überzeichnung und Verzerrung physischer oder charakterlicher Eigenschaften alter Menschen auf der einen Seite kontrastiert andererseits die geradezu idealisierende Darstellung etwa des späthellenistischen Gelehrten Poseidonios (ca. 135 bis ca. 50 v. Chr.) *(Abb. 44)*.[320]

Ausschlaggebend für die Art der Altersdarstellung sind also die unterschiedlichen Intentionen von Auftraggebern bzw. Produzenten, die verschiedenen Zweckbestimmungen und gattungsspezifischen Eigentümlichkeiten der Kunstwerke sowie der Erwartungshorizont von Käufern und Rezipienten. Den in hellenistischer Zeit verfeinerten «Formen der beobachtenden Psychologie»[321] entsprachen differenzierte Altersvorstellungen und Alterszeichnungen; ob dies bei den Römern, die bekanntlich in (spät-)hellenistischer bzw. (spät-)republikanischer Zeit in hohem Maße griechische Einflüsse aufnahmen, Spuren hinterlassen und zu vergleichbaren Phänomenen geführt hat, soll im folgenden, vierten Teil dieses Buches untersucht werden.

IV. Die römische Republik

1. *Res publica* und die Dominanz der Alten

Spricht man heutzutage von einer ‹Herrschaft der alten Männer›, so haftet dieser Äußerung in der Regel etwas Negatives an. Meist beziehen sich derartige Aussagen auf undemokratische, autokratische Regimes von Funktionärseliten, die keinen Wechsel der politischen Positionen und Ämter kennen und häufig bis an ihr Lebensende an ihren Sesseln kleben, auch wenn sie bisweilen längst nicht mehr in vollem Umfange belastbar und leistungsfähig sind (falls sie es je gewesen sein sollten). Die ehemalige Sowjetunion, das ‹volkskommunistische› Nordkorea, die Militärdiktatur in Birma oder die Monokratie des einstigen Machthabers von Zaire, Mobutu, stehen stellvertretend für viele andere ‹Altmänner›-Regimes. Derartige Konnotationen wären mit Blick auf das republikanische Rom gänzlich unangemessen. Zwar war dort der (etymologisch vom lateinischen *senex*) abgeleitete Senat (also die ‹Versammlung der Alten›) das wichtigste politische Organ, gleichwohl bildete er keineswegs tatsächlich ein Gremium der Alten wie etwa die spartanische Gerusie, die ein Mindestalter von 60 Jahren voraussetzte.[322] Denn nur in der früheren Zeit der römischen Republik (ca. 6. bis 4. Jahrhundert v. Chr.) bestand der Senat primär aus den alten Häuptern der führenden Familien und Geschlechter, später gelangten die meisten ehemaligen politischen Amtsträger automatisch nach Ablauf ihrer Amtszeit in den Senat (häufig schon als Mittdreißiger). Gleichwohl befanden sich stets hochbetagte und damit zugleich hochangesehene Römer im Senat, und da überdies in der gesellschaftlichen Wertschätzung den Alten stets ein herausragender Rang (und folglich auch entsprechender Einfluß) zukam, kann zwar vielleicht nicht von einer Herrschaft, so doch aber von einer Dominanz der Alten zumindest in der früheren römischen Republik gesprochen werden.

Diesen Zusammenhang zwischen politischem Gewicht und Sozialprestige stellt schon Cicero her in seiner – später noch näher vorzustellenden (Kapitel IV.2) – grundlegenden Schrift *Über das Alter*, und er bezieht sich dabei auf Qualitäten, welche bereits die Griechen mit hohem Lebensalter assoziierten: «Planung, Überlegung und Entscheidung ... Wenn diese Fähigkeiten sich nicht bei den Alten fänden, dann hätten unsere Vorfahren nicht das höchste Gremium als den Rat der Alten bezeichnet.»[323]

Ciceros Begründung für die Etymologie des Senats spiegelt zwar seine Hochachtung vor den *maiores,* den Vorfahren, und der Weisheit des Alters wider, aber natürlich sagt sie herzlich wenig aus über die tatsächliche Entstehungsgeschichte des Senats. Entsprechendes gilt auch für den im 2. Jahrhundert n. Chr. wirkenden Redner und Historiker Florus, unter dessen Namen eine Kurzfassung des livianischen Geschichtswerkes überliefert ist. Florus schreibt die Einrichtung des Senats bereits dem mythischen Stadt- und Staatsgründer Romulus zu: «Dieser überaus weise König richtete den Staat auf folgende Weise ein: Die jungen Leute, eingeteilt in Tribus, sollten mit Pferden und Waffen Wachsamkeit üben gegenüber unerwartetem Kriegsgeschehen; die Lenkung des Staates sollte in den Händen der Alten liegen, die wegen ihrer Autorität ‹Väter›, wegen ihres Alters ‹Senat› genannt wurden.»[324] Diese anachronistischen Nachrichten zeugen nur von den weitverbreiteten Ansichten über die Genese des Senats, die sich freilich wegen des Fehlens aussagekräftiger und glaubwürdiger Quellen weitgehend unserer Kenntnis entzieht – alle Rekonstruktionsversuche zur frührömischen Geschichte müssen aus den späteren, häufig erst kaiserzeitlichen Werken hypothetische Erklärungen zu erzielen suchen oder arbeiten mit Analogien aus der Ethnologie oder Soziologie.[325] Immerhin wird man davon ausgehen dürfen, daß die früheste römische Gesellschaft familien-, vermögens-, erb- und personalrechtlich als gerontokratisch anzusehen ist.[326] In der anschließenden Phase der Ausbildung einer gentilizischen, das heißt auf Geschlechterbindungen beruhenden Struktur des Staates dürften dann die wesentlichen Modalitäten der im frühen römischen Recht noch faßbaren, geradezu als autokratisch zu bezeichnenden Stellung des *pater familias* entstanden sein, der als unangefochtenes Oberhaupt der *familia* volle Verfügungsgewalt über sämtliche Angehörigen und die materiellen Ressourcen der Hausgemeinschaft besaß.[327] Deutlich erhellt dies aus den berühmten Zwölftafelgesetzen, der Aufzeichnung des damals gültigen Rechts aus der Mitte des 5. Jahrhunderts v. Chr. In Tafel IV 2 heißt es etwa: «Wenn ein Vater seinen Sohn dreimal zum Verkauf gegeben hat, soll der Sohn von der väterlichen Gewalt frei sein.» In der Lizenz, seinen Sohn zweimal ohne rechtliche Konsequenzen verkaufen zu dürfen, artikuliert sich deutlich die «monarchische Gewalt des männlichen Familienoberhaupts.»[328] Aus diesen Familien- bzw. Geschlechterhäuptern, die gewiß meist «in einem bereits etwas vorgerückten Alter waren und die Masse der Bürger an Erfahrung und Weisheit übertrafen»,[329] dürfte sich der frühe römische Senat konstituiert und auch fürderhin rekrutiert haben.

Auch für die frührepublikanische Epoche (5./4. Jahrhundert v. Chr.), welche auf die Königszeit (8.–6. Jahrhundert v. Chr.) folgte, sind wir weitgehend auf spätere Quellen, vor allem die sogenannte Annalistik, angewiesen, deren wichtigste Vertreter Livius (59 v. Chr. bis 17 n. Chr.) und Dionysios von Halikarnassos (spätes 1. Jahrhundert v. Chr.) bereits in die frühe römische Kaiserzeit gehören.[330] Insbesondere das livianische Geschichtswerk mit seinen zahlreichen Schilderungen von Senatssitzungen bietet sich für eine Untersuchung an, ob und inwiefern dem hohen Alter im Senat der römischen Republik bis ins 2. Jahrhundert v. Chr. eine besondere Bedeutung zukam,[331] wobei freilich die Angaben des Livius und seiner Kollegen mit Vorsicht zu behandeln sind. Denn ihre Werke sind umrankt von einem dichten Legendengeflecht und projizieren zudem manches Zeitgenössische in die Frühzeit zurück, so daß in vielen Fällen die Frage nach der Glaubwürdigkeit des Berichteten nicht eindeutig zu klären ist. Immerhin geht aus der römischen Geschichte des Livius hervor – und dies dürfte unbeschadet des nicht eindeutig zu klärenden Problems gelten, an welchen Stellen Livius direkt aus seinen Quellen schöpft oder selbständig kombiniert und formuliert –, daß auch innerhalb des Senats den Älteren ein größeres Charisma und Sozialprestige und damit auch ein größerer politischer Einfluß zukam als den übrigen Senatsmitgliedern. Diese *auctoritas seniorum* zeigt sich etwa in einer tumultuarischen Senatssitzung, die im Jahre 473 v. Chr. stattgefunden haben soll und in welcher nach Äußerung vieler maßloser Vorschläge (*multis ferociter dictis sententiis*) sich schließlich die Älteren durchgesetzt hätten (*vicere seniores*: Liv. 2,55,11). Aus diversen anderen Stellen der livianischen Geschichte läßt sich entnehmen, daß ‹die Alten› im Rahmen des gesamten Senats offenbar eine deutlich konturierte und wahrnehmbare Sondergruppe darstellten: Im Rahmen einer Diskussion um die Zuerkennung oder Verweigerung eines Triumphes an einen Prätor (200 v. Chr.) benennt Livius (31,47,7–31,49,1) drei Gruppen mit verschiedenen Haltungen: Die Ältesten (*maiores natu*) plädierten für eine Ablehnung, die ehemaligen Konsuln (*consulares*) wollten sich nicht festlegen, und der größte Teil des Senats (*magna pars senatus*) neigte einer Triumphbewilligung zu, die schließlich tatsächlich gewährt wurde. Auch im Jahre 187 v. Chr. treten im Senat die *seniores* als homogene Gruppe auf (Liv. 38,53,6 f.), und im Jahre 171 v. Chr. agieren die Alten sowie die an den überkommenen Bräuchen und Normen hängenden Senatoren (*veteres et moris antiqui memores*) gemeinsam (Liv. 42,47,4).

Wie alt sind nun aber diese *seniores* und *veteres*? Bemerkenswerterweise nennt Livius kaum einmal in seinem Werk Lebensdaten. Einzelne Senatoren und individuelle, herausragende Persönlichkeiten charakterisiert er stets durch ihre politische Laufbahn, also durch die Aufzählung der von ihnen bekleideten Posten und Ämter. Dies nährt den Verdacht, daß Livius unter den Alten im Senat vor allem die Vertreter einer bestimmten politisch-moralischen Position versteht: die ‹Konservativen›, die ‹Altvorderen›.[332] In der Regel werden dies auch die an Jahren herausragenden Männer gewesen sein, doch ist nicht auszuschließen, daß auch 50-jährige oder gar noch Jüngere in der Gemeinschaft der *seniores* politisch beheimatet waren.

In Einzelfällen, in denen Livius Genaueres über alte Männer berichtet, wird freilich deutlich, daß gerade in der früheren römischen Republik die hochbetagten Angehörigen der politisch-gesellschaftlichen Elite besonderes Ansehen genossen, und zwar – nicht anders als etwa die Adligen der homerischen Zeit – primär wegen der ihnen zugeschriebenen Weisheit, Lebenserfahrung und gelassenen Besonnenheit. Wenn sich darüber hinaus auch noch die Körperkräfte erhalten hatten, dann avancierten diese Alten zu den wahren Helden des Gemeinwesens, wie zum Beispiel Lucius Quinctius Cincinnatus oder Marcus Furius Camillus.

Cincinnatus gehört zu den berühmtesten, freilich auch in hohem Maße sagenumwobenen, frührömischen *maiores*. Im Jahr 458 v. Chr. soll er laut Livius (3,26 ff.) geradezu direkt von der Feldarbeit weggeholt und zum Diktator bestimmt worden sein, um das römische

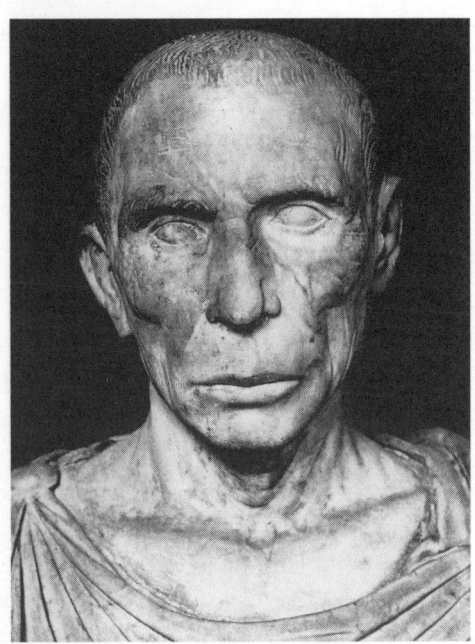

*45 Büste eines Republikaners,
frühaugusteische Kopie eines
vielleicht um 60 v. Chr.
entstandenen Originals,
Marmor. Dresden, Staatliche
Skulpturensammlung*

Gemeinwesen gegen die Aequer zu retten. Mag die Geschichte von
dieser Diktatur – deren Dauer grundsätzlich auf ein halbes Jahr
begrenzt war – vielleicht einen historischen Kern enthalten, so ist
jene Erzählung, die von einer angeblichen zweiten Diktatur des Cincinnatus handelt (im Jahr 439 v. Chr.), sicher nur eine spätere Fik-
tion (Liv. 4,13 f.). Bezeichnend ist freilich, was Livius über die
erneute Ernennung des mehr als 80-jährigen *rector rei publicae*, des
Lenkers des Staatswesens (Liv. 4,14,2), zum Diktator zu berichten
weiß. Cincinnatus habe diese neuerliche Bürde nämlich zunächst
abgelehnt und dann gefragt, «was sie von ihm wollten, wenn sie ihn,
der am Ende seines Lebens stehe, in einen so schweren Kampf
schickten. Als man dann aber von allen Seiten rief, in seinem Grei-
senherzen sei nicht nur mehr Klugheit, sondern auch mehr Tapferkeit als in allen anderen, und ihn mit nicht unverdientem Lob über-
häufte und der Konsul nicht nachgab, betete Cincinnatus schließlich
zu den unsterblichen Göttern, sein hohes Alter möge in einer so
schwierigen Lage dem Staat nicht Schaden und Schande bringen,

und wurde vom Konsul zum Diktator ernannt.»[333] Der alte Römer
von echtem Schrot und Korn erscheint bei Livius als die Verkörperung aller traditionellen Vorzüge, und diese gelangen nach der Interpretation von Bernhard Schweitzer bildlich in dem bekannten Dres-
dener Porträt eines alten Mannes zum Ausdruck *(Abb. 45)*:
«Dieser bäuerliche Greis mit den ausgemergelten Zügen, der leder-
hart gegerbten Haut, dem durchdringenden, fast stechenden Blick,
dem festen wortkargen Mund, dem knorrigen Profil läßt vor unseren
Augen die Tugenden des Grundbesitzers zu den Tugenden der römischen Führerschicht werden ... Wenn wir uns den L. Quinctius Cincinnatus vorstellen wollen, der vom Pflug weg als Diktator geholt
wurde», dann müsse man diesen Greisenkopf fest in den Blick nehmen.[334]

In ähnlicher Weise wie Cincinnatus steht M. Furius Camillus für die
ideellen Grundlagen der alten *res publica*. Laut der (im einzelnen freilich umstrittenen) annalistischen Überlieferung soll er zwischen 403
und 367 v. Chr. sechs Konsulartribunate und fünf Diktaturen versehen
haben. Sein Ruhm gründete vor allem auf der Eroberung von Roms
großer Rivalin, der Stadt Veii (396 v. Chr.), und dem erfolgreichen
Schutz Roms gegen die nach dem Keltensturm (387 v. Chr.) herandrängenden Nachbarvölker. Livius hebt auch an diesem Greis die kanonischen Vorzüge der Alten hervor: «Camillus stand schon in hohem
Alter, ... doch lebte ein noch reger Geist in seiner kräftigen Brust, und
seine Sinne waren unvermindert frisch, und während er sich mit zivi-
len Angelegenheiten schon nicht mehr so sehr abgab, reizten ihn
Kriege.» Und tatsächlich erwies sich der *senex*, der von seinen Leuten
aufs Pferd gehoben werden mußte, in den Auseinandersetzungen mit
den Volskern als mutiger und entschlossener Kämpfer für die *patria* –
das Vaterland – und ihre Ideale, denn alle sahen, daß er, «der sich nicht
nur durch seine vielen Triumphe auszeichnete, sondern auch durch
sein Alter verehrungswürdig war, sich in der vordersten Linie zeigte,
wo die Mühe und die Gefahr am größten war.»[335] Der frühkaiserzeit-
liche Annalist Livius vermittelt in diesen Schilderungen einen zweifellos authentischen, zutreffenden Eindruck von dem Normenkatalog
der altrepublikanischen Elite, denn frühere inschriftliche Dokumente
weisen exakt dieselbe Liste römischer Kardinaltugenden auf. Vor allem
die berühmten Scipioneninschriften sind hier zu nennen, Grabepita-

phien der Familie der Cornelii Scipiones, deren ältestes in den erhaltenen Denkmälern faßbares Mitglied – der Konsul von 298 v. Chr., L.
Cornelius Scipio Barbatus – durch folgendes Grabgedicht geehrt
wurde: «Cornelius Lucius, des Vaters Gnaevos Sohn, ein Mann so klug
wie tapfer, dessen Wohlgestalt war seiner Tugend angemessen, der
Konsul, Censor war bei euch wie auch Ädil. Taurasia, Cisauna nahm er
ein in Samnium, bezwingt Lukanien ganz und führet weg die Gei-
seln.»[336] Tapferkeit (*fortitudo*), Weisheit (*sapientia*), Tugendhaftigkeit
(*virtus*), die aktive Teilnahme am Gemeinwesen in Form der Ämterausübung sowie ruhmreiche militärische Erfolge konstituierten die
führende Position des Patriziers im römischen Sozialgefüge. Derartige
Personen hat Livius zweifellos vor Augen, wenn er von hochangesehenen Greisen berichtet, die angesichts der in Rom auftauchenden
Gallier (387 v. Chr.) ohne Zögern bereit sind, ihr Leben für die *res publica* zu opfern (Liv. 5,39 f.).

Mit dem allmählichen Wandel der altrepublikanischen, patrizischen
Aristokratie des 5./4. Jahrhunderts v. Chr. zur Nobilität, dem Amts-
adel, des 3./2. Jahrhunderts v. Chr. verschoben sich zwar die politischen
Gewichte durchaus auch zugunsten jüngerer *nobiles,* an der Vorbildhaftigkeit der alten Vorfahren änderte dies jedoch wenig. Ein berühm-
tes Exemplum dieser weiterhin unbestrittenen Vorrangstellung der
Alten bietet der greise Appius Claudius *Caecus* (*der Blinde*): Als der
römische Senat sich im Jahr 280 v. Chr. schon auf Friedensvorschläge
des epirotischen Königs Pyrrhos, mit dem die Römer gerade Krieg
führten, einlassen wollte, ließ sich Appius Claudius in den Senat bringen und sorgte mit seiner Rede für einen Stimmungsumschwung und
die Ablehnung der Friedensinitiative. Der blinde Greis avancierte hier
mit seiner allen die Augen öffnenden Rede zum ‹richtig› sehenden
und argumentierenden Ratgeber (Cic. sen. 16). Und auch noch im
1. Jahrhundert v. Chr. garantierte ein hohes Lebensalter, gepaart mit
politischen und militärischen Verdiensten sowie der Zugehörigkeit zu
einer angesehenen Familie, hohes Ansehen (wenn auch nicht mehr
regelmäßig zugleich großen Einfluß) in der politischen Führungsschicht Roms.

Allerdings scheinen sich die Generationenkonflikte zwischen Jung
und Alt in der spätrepublikanischen Gesellschaft zugespitzt zu haben.
Diesen Eindruck vermitteln jedenfalls die nun reicher fließenden li-

46 *«Togatus Barberini»,*
frühe Kaiserzeit, Marmor,
Kopf nicht zugehörig.
Rom, Museo Montemartini

terarischen Quellen jener Zeit, vornehmlich die Werke von Cicero und
Sallust.337 Cicero spricht im Jahr 61 v. Chr. gegenüber seinem Freund
Atticus abfällig von den *barbatuli iuvenes* (*Ad Atticum* 1,16,11), den
milchbärtigen Burschen, und in seiner Schrift über das Alter läßt er
seinen Idealgreis Cato äußern, «daß die größten Staaten von jungen
Leuten zerrüttet wurden»; bereits der Dichter Naevius weise denn
auch den *stulti adulescentuli,* den *törichten jungen Leuten,* mit Recht
eine Hauptschuld am Niedergang der politischen Kultur in Rom zu.338
Diese stark an heutige Lamenti erinnernden Äußerungen gipfeln in
dem ebenfalls zu Aktualisierungen einladenden Vorwurf Ciceros, die
jungen Leute interessierten sich eigentlich doch nur für Vergnügungen und materielles Wohlergehen.339 Ähnliche Auffassungen finden
sich in dem angeblich von Sallust im Jahr 46 v. Chr. an Caesar adres-
sierten Brief: «Es ist nämlich der Brauch eingerissen, daß junge Leute
es für besonders schön halten, ihre und fremder Leute Habe zu ver-
brauchen und ihren Gelüsten und den Bitten anderer nichts zu versa-

gen. Dies halten sie für einen Vorzug und für innere Größe, Zucht und Sitte aber für Beschränktheit.»[340] Nicht anders als bei heutigen Klagen über den Werteverlust, die Politikverdrossenheit und die Konsumbesessenheit junger Leute steckt gewiß durchaus ein wahrer Kern in derlei Formulierungen, gleichwohl gab es damals (und gibt es selbstverständlich auch heute) zweifellos eine beträchtliche Zahl von *iuvenes,* die sich in ihren politischen Ambitionen und ihrem politischen Habitus weiterhin an den vorbildhaften Älteren orientierten. Dies spiegelt sich auch in der noch in der spätrepublikanischen Zeit unangefochtenen rechtlichen Dominanz der alten männlichen Familienoberhäupter wider sowie in der soziokulturellen Vorrangstellung der Alten.

Besonders eindringliche Aufschlüsse über die Wertschätzung der Altvorderen liefern Nachrichten zum römischen Ahnen- und Totenkult, die auf uns gekommen sind. Die öffentliche Begräbnisprozession (*pompa funebris*) und die häufig vor einem großen Publikum öffentlich gehaltene Leichenrede (*laudatio funebris*) stellten neben dem gerade zu ehrenden Toten stets und immer wieder aufs Neue die Vorfahren in den Vordergrund, sowohl in Form der rhetorisch stilisierten Erinnerung als auch durch die regelmäßig bei derartigen Anlässen mitgeführten Ahnenbilder (*imagines maiorum*).[341] Ob und gegebenenfalls in welcher Weise diese Totenmasken den Beginn der Geschichte des römischen Porträts markieren, ist eine in der Archäologie heftig diskutierte und hier nicht näher zu erörternde Frage,[342] gleichwohl kann kein Zweifel an der hochbedeutsamen Rolle der öffentlich präsentierten *imagines maiorum* bestehen: «Die Vorfahren sind in Gestalt der Masken, die deren Gesichtszüge möglichst genau wiedergeben, anwesend. Sie tragen die Kleider ihres ehemaligen Amtes, führen die Amtsinsignien mit sich: die *tituli,* die ja ihre Karrieren genau registrierten, sind in Purpursäumen, Fasces usw. wieder lebendig geworden. Man kann die epische Größe des römischen Leichenzuges gar nicht genug unterstreichen. Wer stirbt, wechselt nicht nur metaphorisch zu den *maiores*: Die Ahnen sind tatsächlich da, um ihm Geleit zu geben.»[343]

Sinnfälligen Ausdruck findet diese Wertschätzung der Vorfahren in dem berühmten *Togatus Barberini,* der sich heute im Konservatorenpalast bzw. seit neuestem in dem neu bestückten Montemartini-Museum an der Via Ostiense in Rom befindet *(Abb. 46).*[344] Der mit einer erkennbar frühkaiserzeitlichen Toga bekleidete Römer – dessen jetziger Kopf nicht ursprünglich zugehörig, sondern spätere Hinzufügung ist – hält in beiden Händen Büsten mit Porträts älterer Männer (Kopien von ursprünglich wohl um 50/40 v. Chr. entstandenen Bildnissen), in denen man den Vater und den Großvater des _togatus_ wird vermuten dürfen.[345]

Der ritualisierten Wiederholung des Zusammenseins mit den Vorfahren entsprach das bei den Leichenfeiern wahrscheinlich stets in identischer Weise beschworene Lob der _maiores_, der Alten.[346] Diese permanente Vergewisserung gentiler Identität schwor die Lebenden auf die Wahrung der überkommenen Normen, deren Praktizierung im politisch-gesellschaftlichen Alltag und deren Weitergabe an die _iuvenes_ – die Jungen – ein, so daß mit Recht noch von der prinzipiell gerontokratischen Struktur selbst des spätrepublikanischen Rom zu sprechen ist. Demzufolge war es noch dem spätrepublikanischen _nobilis_ ein wesentliches Anliegen, das Fortbestehen seines Namens und damit seiner gesamten _gens_, seines Geschlechts inklusive seiner Vorfahren, durch das Hinterlassen von Söhnen zu gewährleisten. Dies führte dazu, daß selbst hochbetagte Männer nicht selten viele Jahrzehnte jüngere Frauen ehelichten, die dann wiederum in nicht allzu ferner Zukunft ein mehrere Dezennien dauerndes Witwendasein erwartete.[347] Auch der berühmte, im gleich anschließenden, zweiten Kapitel dieses Teils noch als Protagonist der ciceronischen Schrift über das Alter ausführlich zu würdigende Cato (234–149 v. Chr.) entschloß sich noch im weit fortgeschrittenen Alter zu einer zweiten Heirat mit der jüngeren Tochter eines seiner Klienten namens Salonius und wurde somit als _senex_ noch Vater des M. Porcius Salonianus. Doch nicht auf diesen Vorgängen beruhte Catos Ruhm, vielmehr ist er aufgrund seines Wirkens im Zweiten Punischen Krieg (218–201 v. Chr.), seiner reichen schriftstellerischen Tätigkeit und seines überragenden moralisch-politischen Ansehens als der wohl prominenteste und zugleich am besten bekannte _nobilis_ Roms aus der Zeit vor Cicero anzusehen. Ihm hat Cicero mit seiner Schrift _Cato maior de senectute_ (_Cato der Ältere über das Alter_) ein literarisches Denkmal gesetzt, darin aber zugleich aus der Sicht eines traditionell orientierten Wertkonservativen die Normen und Ideale der von den Vorfahren übernommenen _res publica_ expliziert.

2. Die Alten als Vorbilder:
Cato der Ältere

Ciceros *Cato* ist ein Alterswerk, geschrieben im Jahr 44 v. Chr. von einem 62-jährigen; es hat das hohe Alter (*senectus*) zum Gegenstand, seine Hauptperson ist der hochbetagte Cato, und gewidmet ist das Buch ebenfalls einem Greis – dem 66-jährigen Freund und Briefpartner Ciceros, T. Pomponius Atticus.[348] Explizites Anliegen des Verfassers ist es, sowohl sich selbst als auch dem alten Vertrauten von dem *onus senectutis*, der Last des Alters, Erholung zu schaffen: «Von dieser Last, die mir mit dir gemeinsam ist, der Last des Alters, die schon herandrängt oder jedenfalls näher rückt, möchte ich nämlich dich und mich selbst erleichtert sehen.»[349] Zu diesem Zwecke bedient er sich der Figur des greisen Cato, der «als eine Art altrömischer Mustergreis zur Orientierung für die eigene Einstellung dienen» soll,[350] denn Cicero sagt: «Catos eigene Worte werden ja nun meine gesamte Auffassung vom Alter zum Ausdruck bringen.»[351]

Diese eigene Haltung Ciceros wurzelt zum einen in dem überkommenen Comment der senatorischen Vorfahren, den der *homo novus*, der Aufsteiger Cicero sich in besonders hohem Maße zu eigen gemacht hat, zum anderen in Ciceros fundamentaler Kenntnis griechischer Literatur und Philosophie, die in zahlreiche Abschnitte der Schrift Eingang gefunden hat. Deren Aufbau ist klar und schlicht:[352] In platonischer Manier vermittelt Cicero seine Ansichten in Form eines Gespräches, das er den alten Cato mit dem vier Jahrzehnte jüngeren Laelius und dessen Freund, dem jüngeren Scipio Africanus, führen läßt. Nach einleitenden Worten und einem Vorgespräch, in dessen Zuge Cato bereits seine zentralen Gedanken zum Alter mitteilt, läßt Cicero seinen Helden die vier gängigen Klagen über das hohe Alter entkräften, die da lauten (Cic. sen. 15): Das Greisenalter zwinge – erstens – zur Untätigkeit, zweitens schwäche es den Körper, drittens lasse es keine Genüsse und Freuden mehr zu,

und viertens stehe es im permanenten Schatten des unweigerlich
nahenden Todes.

Bereits zu Beginn seiner Einlassungen läßt Cicero den alten Cato
sein Credo formulieren, das wir bereits von dem Kephalos Platons
(S. 52) vernommen haben: Das Alter sei nie leicht, alles hänge davon
ab, wie man im Alter lebe, denn: «Die besten Waffen gegen das Alter
... sind überhaupt die Tugenden und ihre Betätigung» (Cic. sen. 9).
Diesen Grundsatz illustriert Cato mit *exempla maiorum*, also mit Beispielen vorbildhafter Vorfahren. Manche angesehenen Römer hätten
nämlich noch als Hochbetagte durch Mut und Tapferkeit an siegreichen Kämpfen mitgewirkt, doch gäbe es vielerlei Arten eines würdevollen, anspruchsvollen, tätigen Daseins in der letzten Lebensphase:
«Es gibt auch das friedliche und sanfte Alter eines geruhsam, lauter
und stilvoll geführten Lebens, wie wir es von Platon vernommen haben, der im einundachtzigsten Lebensjahr schreibend starb, wie von
Isokrates, der sagt, er habe das Buch mit dem Titel ‹Panathenaikos› im
vierundneunzigsten Lebensjahr geschrieben, und der danach noch
fünf Jahre lebte» (Cic. sen. 13). Mit diesen Gewißheiten gewappnet,
beginnt Cato sich an die Widerlegung der vier genannten Gravamina
gegen das hohe Alter zu machen.

Zunächst wendet er sich mit Beispielen ruhmreicher Männer aus
der römischen Geschichte gegen die Ansicht, ein hohes Alter verhin-
dere ein aktives Leben. Zwar ändere sich durchaus in der Regel die Art
der Tätigkeiten, damit gehe jedoch keineswegs eine Qualitätsminde-
rung der Lebensführung einher. Zur Begründung verweist Cato auf
einen uns bereits hinreichend bekannten Grundgedanken. Was das
fortschreitende Alter an unausweichlicher physischer Schwächung
mit sich bringe, werde durch Lebenserfahrung, charakterliche und sitt-
liche Reife, Besonnenheit und gewachsene Geisteskraft kompensiert,
ja mehr noch: «Große Dinge vollbringt man nicht durch körperliche
Kraft, Behendigkeit und Schnelligkeit, sondern durch Planung, Gel-
tung und Entscheidung; daran pflegt man im Alter nicht nur nicht ab-
zunehmen, sondern gar noch zuzunehmen» (Cic. sen. 17). Von diesem
mit Verweisen auf den homerischen Nestor (S. 17 ff.), die spartanische
Gerusie (S. 43 ff.) und den greisen Dichter des *Ödipus auf Kolonos*, Sophokles (S. 59 ff.), untermauerten Gegenargument geht Cato über zu
der Entkräftung des zweiten Hauptanklagepunktes, laut welchem man

im hohen Alter keine Kraft mehr besitze. Cato führt die Altersgrenzen öffentlicher Funktionen, die große Physis erforderten (wie zum Beispiel der Militärdienst), ins Feld, um die Absurdität des Einwandes zu demonstrieren. Was von einem vernünftigerweise gar nicht mehr erwartet werde, könne folglich auch keinen Anlaß zur Klage bieten. Im übrigen besäßen auch viele jüngere Leute keine besondere Kraft, und schließlich könne man auch gegen den physischen Verfallsprozeß ankämpfen, womit wir erneut auf einen, in dem heutigen Motto von der ‹Fitneß im Alter› prominenten, aktuellen Gedanken treffen: «Man muß gegen das Alter wie gegen eine Krankheit kämpfen; man muß gesundheitliche Rücksichten nehmen und sich maßvollen Übungen unterziehen; man sollte so viel essen und trinken, daß man seine Kräfte stärkt und nicht belastet» (Cic. sen. 35 f.).

«Es folgt der dritte Vorwurf gegen das Alter, nämlich die Behauptung, daß es die Freuden der Lust entbehre» (Cic. sen. 39). Auch hier repliziert Cato mit einem indirekten Zitat des (an dieser Stelle nicht wörtlich genannten) platonischen Kephalos, der die Leidenschaftslosigkeit des Greisenalters als langersehnte Freiheit gepriesen hatte (S. 52): «Welch herrliches Geschenk des Lebens, wenn es uns wirklich das nimmt, was in der Jugend die schlimmste Quelle des Lasters ist!» (Cic. sen. 39).[353] Denn, so fährt Cato mit seiner bis in unsere Tage immer wieder aufgegriffenen und geäußerten Überlegung fort, ungezügelte Leidenschaft und sinnliches Begehren benebelten den Verstand und verhinderten rationales Handeln: «Die Lust behindert ja die Überlegung, sie ist die Feindin der Vernunft, sie blendet sozusagen die Augen des Geistes, und sie verträgt sich überhaupt nicht mit der Tugend» (Cic. sen. 42). Dies bedeute freilich nicht, daß sich der Greis aller Lebensfreuden enthalten und als Asket auf das Ende seiner Tage warten müsse. Vielmehr könne man auch im hohen Alter bei Gastmählern tafeln und trinken – allerdings in Maßen –, im übrigen bereiteten anspruchsvollere Vergnügungen, wie zum Beispiel die Praxis der kultivierten Rede, altersadäquate und überdies in weit höherem Maße befriedigende Genüsse als diejenigen «von Festmählern, von Spielen oder Dirnen» (Cic. sen. 50).

Den Gipfel der «in keiner Weise durch das Alter behinderten Freuden» (Cic. sen. 51) erklimme man freilich durch die landwirtschaftlichen Tätigkeiten, und mit diesem breit ausgeführten Gedankengang (sen. 51–64) dokumentiert Cicero in besonders eindringlicher Weise die Verbindung zwischen (wert-)konservativem Aristokratismus, senatorisch-republikanischem Comment und dem hohen Sozialprestige der (sich freilich aus den gehobenen Schichten rekrutierenden und normgerecht lebenden) Alten. Cato verkörperte in geradezu idealtypischer Manier diese Kombination verschiedener Vorzüge:[354] Wie später Cicero gehörte Cato nicht schon qua Herkunft zur (stadt-)römischen *haute volée*, sondern bahnte sich als vom Lande (Tusculum) stammender Ritter durch Leistungen seinen Aufstieg in die Nobilität, deren Ethos er als *homo novus* dann mit um so größerer Verve propagierte. Seine dezidierte Ablehnung alles Griechischen war zwar eher aufgesetzt – tatsächlich hat Cato nämlich, entgegen anderslautenden Äußerungen von Cicero und Plutarch,[355] gewiß nicht erst als Greis Griechisch gelernt und griechische Literatur rezipiert –, gleichwohl bemühte er sich auch als Schriftsteller um die Bewahrung und Kultivierung der altrömischen Lebensführung und der lateinischen Sprache. So verfaßte er (nicht erhaltene) *Sprüche über die (rechte) Lebensführung (carmen de moribus)*, eine (ebenfalls weitgehend verlorene) römische, von den frühesten Anfängen bis in die eigene Zeit reichende Geschichte (*Origines*) und schließlich eine Abhandlung *Über die Landwirtschaft (De agricultura)*, die als einziges in lateinischer Prosa geschriebenes Werk aus der Zeit vor Cicero zur Gänze auf uns gekommen ist. In diesem letztgenannten Fachbuch vermittelt Cato einen detaillierten Überblick über die Beschaffenheit eines gedeihenden Landgutes, über die Modalitäten der Verwaltung und Bewirtschaftung, die einzelnen Anbauprodukte etc.[356] Gleichzeitig preist er die Landwirtschaft immer wieder als charakterbildende, den römischen Sitten und Bedürfnissen am besten entsprechende Existenzform: «Das Ganze nimmt sich aus wie die Kodifikation der überkommenen römischen Lebensordnung, einer Lebensordnung, die von bäuerlicher Nüchternheit, bäuerlichem Gewinnstreben und bäuerlicher Rechtlichkeit bestimmt ist.»[357] In diesem Tenor läßt nun auch Cicero seinen Idealgreis Cato zu Wort kommen. Gepriesen werden das Säen, Wachsenlassen und Ernten, das Bewässern, Hacken und Umgraben und anderes mehr, kurz: «Es kann nichts Nützlicheres und nichts Schöneres als einen wohlbestellten Acker geben. Sich seiner zu erfreuen, wird man vom Alter nicht nur nicht gehindert, sondern sogar noch eingeladen und verlockt» (Cic. sen. 57). Mit Hinweisen auf den alten L. Quinctius Cincinnatus, der vom Pflug direkt zur Diktatur gekommen sei (S. 120f.), und auf Senatoren, die justament von ihren *villae,* ihren Landsitzen, in den Senat von Rom gerufen worden seien, illustriert Cato (bzw. Cicero) seine Überzeugung, daß im Ackerbau das Glück der Pflichterfüllung und die Weisheit des Alters eine vollkommene Verbindung eingingen. Auf diese Weise könne das Greisenalter gewissermaßen die Krönung erlangen: allgemeines Ansehen (*auctoritas*). In diesem Begriff kulminiert die senatorisch-republikanische Ideologie. Denn mit der *auctoritas senatus* bzw. *auctoritas patrum* bezeichnete man die Dominanz der Altvordern in allen Grundfragen von Politik und Gesellschaft, und daraus leitete sich das entsprechende (Sozial-)Prestige ab, welches auch dem heute gebräuchlichen Terminus ‹Autorität› eignet. Freilich wird hier zugleich der (im positiven Wortsinn) elitäre Charakter des nobilitären Altersideals besonders deutlich, denn nur die senatsfähigen Alten erfüllen die anspruchsvollen Voraussetzungen, um der besagten Krönung des Lebens teilhaftig zu werden, denn: «Ansehen kann man sich nicht plötzlich durch graue Haare und Runzeln verschaffen, sondern ein schon früher in Ehren geführtes Leben erntet am Ende die Früchte des Ansehens» (Cic. sen. 62). Die letzte Lebensphase bezieht ihre Dignität folglich aus den vorangegangenen Lebensleistungen – nur alt geworden zu sein, ist noch keine Respekt heischende Errungenschaft. Das anerkennenswerte Alter verdient freilich ehrfurchtsvolle Behandlung – daß dies in den Augen Catos ein wichtiges Kriterium für die Beurteilung der sittlichen Verfassung einer Gesellschaft ist, verdient gerade auch heutzutage hervorgehoben zu werden: «Denn Dinge, die unwichtig und gewöhnlich scheinen, sind selbst schon ehrenvoll: daß man uns (sc. Alte) grüßt und aufsucht, daß man uns Platz macht und vor uns aufsteht, daß man uns beim Kommen und beim Gehen geleitet und daß man uns um Rat fragt. Solche Dinge werden sowohl bei uns als auch in anderen Staaten um so sorgfältiger beachtet, je besser jeweils die Gesittung ist» (Cic. sen. 63).

Schließlich bleibt noch der vierte Anklagepunkt gegen das Alter: die Nähe zum Tode, der bereits seinen Schatten auf die letzte Lebensspanne wirft. Erneut greift Cicero auf die Philosophie der Griechen (Demokrit) zurück und läßt seinen Cato ausrufen (Cic. sen. 66): «Wie armselig ist doch ein Greis, wenn er in einem so langen Leben nicht

erkannt hat, daß der Tod gering zu achten ist!» Im übrigen käme es
nicht auf die Länge, sondern auf die Qualität des gelebten Lebens an:
«Ein Schauspieler muß ja auch nicht bis zum Ende des Stückes spielen,
um zu gefallen, wenn er nur in jedem Akt, in dem er auftritt, Beifall
findet, und Weise müssen auch nicht bis zum ‹Schlußbeifall› gelangen» (Cic. sen. 70). Ferner stelle hohes Alter keinen Selbstzweck dar,
denn das Leben endet dann «am besten, wenn, solange man noch bei
Verstand ist und seine Sinne beisammen hat, die Natur selbst, die ihr
Werk zusammengefügt hat, es auch auflöst» (Cic. sen. 72) – dem heutigen Leser derartiger Sätze drängen sich unweigerlich die aktuellen
Diskussionen um menschenwürdiges Altern und Sterben auf. Abschließend weist Cato darauf hin, daß der Mensch mit seinem Tode
nicht einfach ausgelöscht werde und spurlos verschwinde. Möglicherweise lebten nämlich die Seelen der Verstorbenen weiter, gewiß aber
verschaffe der fortdauernde Ruhm den Besten ein nicht enden wollen-
des Nachleben. Für alle aber gelte, daß der Tod naturgemäßer Bestandteil jeglichen Lebens ist: «Denn die Natur kennt, wie in allen anderen
Dingen, so auch im Leben ein rechtes Maß. Das Alter aber ist gleichsam der letzte Akt eines Theaterstückes» (Cic. sen. 85), an dessen Ende
unweigerlich der Vorhang fällt.

3. Alter und Komik:
Die römische Komödie

Trotz seiner an dem ‹Mustergreis› Cato exemplifizierten Botschaft von der Dignität des Greisenalters war Cicero natürlich nicht blind für landläufig als altersspezifisch betrachtete Eigenheiten, und er zitiert entsprechende Meinungen denn auch an einer Stelle seines Werkes (Cic. sen. 65): «Aber die Alten sind eigensinnig, ängstlich, jähzornig und schwierig.» Und er läßt Cato hinzusetzen: «Sie sind, wenn wir die Wahrheit hören wollen, auch geizig. Aber das sind Fehler des Charakters, nicht des Alters ... Diese Tatsache kann man sowohl im Leben als auch besonders auf der Bühne an den Brüdern in den ‹Adelphen› erkennen.» Zur Begründung seiner Ansichten verweist Cato also auf die Charakterzeichnung in den *Adelphen*, einer Komödie des Dichters P. Terentius Afer (um 195 bis nach 159 v. Chr.). Zusammen mit T. Maccius Plautus (ca. 250–184 v. Chr.) ist Terenz der Hauptvertreter der römischen Komödie (*Palliata*), die zwar auf den Vorlagen der Neuen (griechischen) Komödie fußt, aber an vielen Stellen römisches Kolorit und Gedankengut aufweist. Dies gilt insbesondere mit Blick auf die patriarchalische Grundstruktur der Gesellschaft und die ihr notwendigerweise innewohnenden Generationenkonflikte, vor allem in Form häufig komisch gestalteter Auseinandersetzungen und Rivalitäten zwischen alten Vätern und ihren Söhnen.[358] Noch in den belustigenden Motiven etwa des *senex amator* (des in Liebe entbrannten und mit seinem Sohn wetteifernden Alten)[359] oder des von seinem Sohn düpierten Alten spiegelt sich durchaus ein wesentliches Charakteristikum auch der römisch-republikanischen Familie. Gleichwohl hat man natürlich für die Komödien dasselbe zu beachten wie etwa für Ciceros *Cato*. Es handelt sich jeweils um fiktionale Texte; so sehr der ciceronische Cato das hohe Alter idealisiert, so sehr überzeichnet und verzerrt die römische Komödie physische und psychische Eigenheiten und Defizite der *senes*. In der Summe lassen sich die Altersfiguren bei Plautus und Terenz geradezu als *Anti-Catones* lesen:[360] Die alten

Männer der *Palliata* – mit der später noch zu besprechenden Ausnahme des alten Hegio in Plautus' *Captivi* – weisen alle negativen Merkmale auf, die ihnen die (auch von Ciceros Cato des öfteren zitierte) landläufige Meinung zuweist: Sie sind stur, geizig, unansehnlich, ungepflegt, lächerlich in ihrer Liebeslust, unbeherrscht in der Ausübung ihrer Macht als Familienväter, kindisch in ihrer verletzbaren Eitelkeit und so mißtrauisch wie leichtgläubig. Einzelbelege für diesen Lasterkatalog lassen sich aus den zahlreichen Komödien leicht zusammenstellen. So steht etwa der alte Euclio in der sich um einen Topf voller Gold drehenden Komödie *Aulularia* für den Geiz des von der panischen Angst getriebenen Greises, betrogen und bestohlen zu werden. Gleich in der ersten Szene des ersten Aktes prügelt Euclio auf die alte Sklavin Staphyla ein, von der er sich ausspioniert fühlt: «Einen schlimmeren Teufelsbraten als diese Alte sah ich gewiß noch nie, und darum fürchte ich im höchsten Maß, daß sie mich heimtückisch reinlegt und ausschnüffelt, wo mein Gold verborgen liegt. Dieser Schandmensch hat auch im Hinterkopf noch Augen. Nun seh ich nach, ob mein Gold unangetastet im Versteck liegt. Es läßt mir nirgendwo und nirgendwie mehr Ruhe.»[361] Am Ende des von dem Hausgott Euclios gelenkten Spiels erhält freilich die Tochter des Alten den Schatz als Mitgift, und Euclio selbst erkennt seine Verbohrtheit – auch in der Komödie wird folglich dem Alten am Ende noch die Fähigkeit zur Einsicht konzediert.

Das Altersbild in der *Palliata* ist weitgehend konventionell. Es wird bestimmt von dem überkommenen Kanon von Vorzügen und Nachteilen des Alters und operiert weitgehend mit dem Typenarsenal der griechischen Komödie. Dies zeigt sich auch etwa in der mit typischen Altersmotiven aufwartenden Klage des alten Vaters in der plautinischen Verwechslungskomödie *Menaechmi*:

> «Wie's mein Alter mit sich bringt
> – da der Vorfall hier mich zwingt –,
> kam ich eilends her von weitem,
> mühte mich, recht flink zu schreiten:
> daß das nicht gelungen war,
> ist mir unterdessen klar.
> Flinkheit fehlt mir, muß ich sagen,
> bin vom Alter ganz geschlagen,

schlepp den Körper, arg geschunden,
meine Kräfte sind geschwunden.
Ach, wie ist das Alter schlimm,
üble Sache, ich bin hin.
Alter bringt in größter Zahl,
wenn es ankommt, Leid und Qual.»[362]

Den markantesten Kontrapunkt zum ciceronischen Cato, der die Befreiung von Liebe und Lust als großen Vorzug des Alters preist (S. 129), setzen die zahlreichen Vertreter des bereits erwähnten *senex amator* in den plautinischen Komödien.[363] Als Prototyp dieses liebestollen Alten gilt Lysidamus in dem Stück *Casina*.[364] In dessen Mittelpunkt steht eine junge Sklavin dieses Namens, in die der Greis Lysidamus geradezu bis zur Raserei verliebt ist, und so setzt er alles daran, seinem (nichts ahnenden) Sohn die Schöne auszuspannen, wobei er sich auch noch mit seiner vor Eifersucht kochenden Gattin Cleostrata auseinanderzusetzen hat. Das Stück strotzt von Komik und Groteske, und den Vogel schießt dabei der Alte ab, «der zahnlose, geile Bock», der sich zum Beispiel mit Hilfe aller kosmetischen Künste zu verjüngen sucht, wie seine Gattin maliziös bemerkt: «Lumpenkerl, so alt schon und gesalbt noch durch die Straßen gehen» (vv. 239 f.).

Auch die alten Frauen der römischen Komödie entsprechen im großen und ganzen dem schon bekannten Typenarsenal und Motivkanon der griechischen Vorlagen: «Häßlichkeit, Schwatzhaftigkeit, Trunksucht, die alte Hetäre, die Hexe, die Kupplerin, die Dienerin und Amme, die böse Gattin.»[365]

Einzig die plautinische Komödie *Captivi (Die Gefangenen)* fällt aus dem bisher gezeichneten Rahmen.[366] Hier fehlen Drastik und grelle Situationskomik, auch auf die Standardfiguren der Komödie wird explizit (vv. 57 f.) verzichtet; stattdessen führt Plautus eher mit milder und hintergründiger Ironie die charakterlichen Defizite und Unzulänglichkeiten der Personen vor Augen, deren dominierende Figur der Greis Hegio ist. Dieser bemüht sich, elische Kriegsgefangene zu kaufen, um anschließend auf dem Tauschwege seinen von den Eliern gefangenen Sohn zurückerhalten zu können. Infolgedessen kommt es nicht zu den üblichen, komikerzeugenden Auseinandersetzungen zwischen Jung und Alt, vielmehr resultiert aus dem positiven väterlichen Anliegen der «moral tone of the play».[367] Hegio erscheint nicht als würdeloser Greis, sondern als alter Vater, der seinen familiären Pflichten und väterlichen Gefühlen entsprechend handelt, gleichwohl dabei nicht seinen finanziellen Vorteil aus den Augen verliert, denn er will bei dem angestrebten Gefangenentausch auch ‹seinen Schnitt machen›. Das Stück erweist sich als echte *comédie humaine*, und das Publikum dürfte über den Alten nicht nur gelacht, sondern durchaus Sympathie mit ihm empfunden haben. Dieser selbst legt Wert darauf, als anständiger Charakter anerkannt zu werden, wenn er darauf hinweist, daß er dank der Götter und seiner Vorfahren so wohl geraten sei (v. 324).

Mit den von Hegio bemühten *maiores* läßt sich der Bogen spannen zurück zu den oben skizzierten Grundelementen von Politik und Gesellschaft in der römischen Republik, zugleich aber auch überleiten zum anschließenden Kapitel über die Bildniskunst in republikanischer Zeit. Denn die Römer mögen sich zwar über die komischen Altersrollen amüsiert haben, der tatsächlichen Dominanz der Alten in ihrem Leben und ihren Bräuchen tat dies jedoch keinerlei Abbruch, im Gegenteil: In den Komödien ließ sich auch sozialer Druck ventilieren, konnte man sich durch die befreiende Wirkung des Lachens von den Lasten erleichtern, welche die Wirklichkeit gerade auch in Form der von der Familie ausgehenden Ansprüche dem Einzelnen auferlegte. Niemals konnte man sich von derartigen Zumutungen dauerhaft dispensieren, und selbst nach ihrem Tod übten die Alten durch ihre permanente Präsenz nicht nur in der Erinnerung, sondern auch in Form ihrer bereits angesprochenen *imagines*, ihrer Bildnisse, sozialen Druck aus. Besonders deutlich wird dies an den Leichenfeiern, den *pompae funebres*, mit deren Behandlung das folgende Kapitel einsetzt.

4. Die Alten und ihre Bilder

Um die Mitte des 2. Jahrhunderts v. Chr. beschreibt der Historiker Polybios die Sitte römischer Leichenfeiern: «Wenn bei ihnen ein angesehener Mann stirbt, so wird er im Leichenzug in seinem gesamten Ornat auf das Forum zu den sogenannten *Rostra* (der Rednertribüne) geführt, meist stehend, so daß ihn alle sehen können, nur selten liegend ... Wenn sie ihn dann begraben und ihm die letzten Ehren erwiesen haben, stellen sie das Bild des Verstorbenen am prominentesten Platz des Hauses in einem hölzernen Schrein auf. Das Bild ist eine Maske, die sowohl hinsichtlich der Formung als auch der Bemalung auf Ähnlichkeit gearbeitet ist. Diese Schreine öffnen sie bei den großen Festen und schmücken die Bilder, so schön sie können, und wenn ein angesehenes Glied der Familie stirbt, führen sie sie im Trauerzug mit und setzen sie solchen auf, die an Größe und Gestalt den Verstorbenen möglichst ähnlich sind.»[368]

Dieser berühmte Text steht zusammen mit einem Abschnitt aus der Naturgeschichte des älteren Plinius (35,6) im Zentrum einer oben bereits angedeuteten Debatte um die Ursprünge des republikanischen römischen Porträts.[369] Zuletzt hat sich Jean Charles Balty gegen die seiner Meinung nach zu wenig differenzierte «Auffassung von einem einseitig realistischen römischen Bildnis» gewandt, derzufolge «dessen Ursprünge im Patriziat» und in dessen funerären Traditionen und Bräuchen zu suchen seien; statt dessen hat Balty auf hellenistische Vorbilder sowie auf weitere Spielarten des spätrepublikanischen Porträts verwiesen.[370] Ungeachtet dieser letztendlich wohl offenen Debatte kann gar kein Zweifel daran bestehen, daß gerade den Altersporträts der republikanischen Zeit – seien es nun dem Totenantlitz nachempfundene oder an der Physiognomie der Lebenden orientierte Bildwerke – eine besondere Bedeutung in dem kulturellen Gedächtnis der römischen Aristokratie, ihrer kollektiven Erinnerung und der Versinnbildlichung desselben zukam. In jüngster Zeit hat sich besonders Karl-Joachim Hölkeskamp in mehreren Arbeiten mit diesem Themen-

47 Alter Römer,
Marmorkopie eines republi-
kanischen Originals.
Paris, Louvre

komplex beschäftigt[371] und die wesentlichen Strukturmerkmale dieser
Erinnerungskultur herausgearbeitet: «Verbal, visuell und rituell gepflegte und immer neugestaltete Tradition, erzählte oder bloß zitierte
Geschichten und geschriebene Geschichte, ‹exempla› und ‹monu-
menta›, Bilder, Statuen und sonstige Symbole, ‹pompae› und andere
Feste – also die gesamten Inhalte, Fixpunkte, Medien der Vermittlung
und Reproduktion im Inventar des kollektiven Gedächtnisses – stützen und bestätigen sich gegenseitig, indem sie auf vielschichtige Weise
aufeinander verweisen.»[372] Den Bildnissen kann eine prominente Bedeutung in diesem Kontext nur zukommen, wenn sie für die Betrachter erkennbar und eindeutig Ideen, Auffassungen und Normen vermitteln, kurz: Sie müssen Träger einer Botschaft sein, nicht anders als
Reden oder literarische Texte, welche unmißverständlicher und direkter diesen Zweck erfüllen können. Vor einigen Jahren hat Luca Giuliani
zu dem Thema «Bildnis und Botschaft» eine eigene, der römisch-
republikanischen Porträtkunst gewidmete Monographie verfaßt und

dabei dem Kopf eines rüstigen Alten einen herausragenden Stellenwert eingeräumt *(Abb. 47).*[373]

Die Abbildung[374] zeigt die älteste (in das frühere 1. Jahrhundert v. Chr. zu datierende) von vier erhaltenen Kopien eines offenbar prominenten republikanischen Originals. In der Regel datiert man das Original in das sehr frühe 1. Jahrhundert v. Chr. oder das spätere 2. Jahrhundert v. Chr., der am häufigsten genannte Benennungsvorschlag bezieht sich auf Postumius Albinus, den Konsul des Jahres 99 v. Chr.[375] Giuliani hingegen, der das ursprüngliche Werk ebenfalls dem mittleren bis späten 2. Jahrhundert v. Chr. zuweist, greift einen bereits früher geäußerten Gedanken auf[376] und möchte das Porträt am ehesten auf den älteren Cato beziehen; der Kopf ließe sich – folgte man dem Vorschlag von Giuliani – also mit seiner bildlich vermittelten Aussage der ciceronischen Abhandlung über das Greisenalter (S. 127 ff.) an die Seite bzw. gegenüberstellen. Ohne Zweifel haben wir hier ein Greisenbildnis vor uns: «Eindringlich beobachtet werden Altersmerkmale wie der zahnlose Mund mit den eingefallenen Lippen oder die beweglichen Fettpolster unter der erschlafften, von Falten durchzogenen Haut.»[377] Diesen Eigenheiten eines Greises kontrastiert aber die aktive, Dynamik und Denkschärfe anzeigende Mimik: die gespannte Mundpartie, die in Falten gelegte Stirn und die bewegten, scharf zur Nase hin nach unten gezogenen Augenbrauen. Insofern versinnbildlicht das Bildnis einen zentralen Gedanken des ciceronischen Cato: Zwar schwäche das Alter die Physis, aber die Geisteskräfte, angereichert durch den Erfahrungsschatz eines tätigen Lebens, müßten keineswegs unter der Last der Jahre schwinden (S. 128). Daher könnte man den Kopf zwar stilgeschichtlich durchaus mit der hellenistischen Bildniskunst verbinden, der Aussage und den intendierten Botschaften nach – so Giuliani – liegt hier aber ein genuin römisches Werk vor. Es handele sich somit keineswegs um den Ausdruck eines «schonungslosen Verismus», vielmehr adressiere es an den Betrachter eine positive Mitteilung: Die *sapientia,* die Weisheit des Alters, zeichne den tugendhaften *summus senator* aus. Ähnlich wie lobende Inschriften oder standardisierte Tugendkataloge in den Grabreden kommen in derartigen Bildnissen *Pathosformeln* zum Ausdruck, die ebenfalls zum Topos-Vorrat der Nobilität gehören.

In vergleichbarer Weise läßt sich vielleicht ein weitaus bekannte-
res, zu den berühmtesten römischen Bildnissen überhaupt zu
zählendes Porträt interpretieren, der sogenannte Brutus im Konservatorenpalast von Rom *(Abb. 48)*.[378] Nach den Worten von Bernard
Andreae blickt uns hier «der erste Römer von echtem Schrot und
Korn» an,[379] und einem derartigen Eindruck verdankt sich die freilich keineswegs gesicherte Bezeichnung als «Brutus», das heißt der
Bezug des Porträts auf L. Iunius Brutus, den angeblich ersten Konsul der römischen Republik, dem die Vertreibung des letzten Königs
– der Legende nach im Jahre 510 v. Chr. – maßgeblich zuzurechnen
sei. So wenig eindeutig wie die Identifizierung fallen die Datie-
rungsvorschläge und Deutungen des einst zu einer Bronzestatue
gehörenden Kopfes aus. In der Regel glaubt man, «dieser vom Leben
gezeichnete, alte Mann mit den schmalen Schläfen, der aquilinen
Nase, den zusammengekniffenen Lippen und den herabgezogenen
Mundwinkeln»[380] verkörpere die ideale Altersvorstellung des 3. Jahrhunderts v. Chr. aus der Sicht der mittelitalisch-etruskischen Kunst,
die wiederum griechischen Einflüssen ausgesetzt war, aber andere
Interpretationen ziehen auch eine archaisierende Darstellung in
Betracht, die möglicherweise erst in der römischen Kaiserzeit
geschaffen worden sein könnte.[381]

Noch ungleich schwieriger als die Deutung der wenigen erhaltenen republikanischen Bildnisse sind allgemeine Aussagen über die
Porträts der römischen Republik, denn es mangelt vor allem für die
Zeit des 6./5. bis 3./2. Jahrhunderts v. Chr. nahezu vollständig an
einer interpretierbaren Porträtüberlieferung.[382] Gleichwohl dürften
bereits in der frühen und mittleren Republik, in der gerade alte
nobiles, die sich um Staat und Gemeinwohl verdient gemacht hatten, höchste Wertschätzung genossen, neben den Privatbildnissen
der *maiores* auch öffentliche Ehrenstatuen in nicht geringer Zahl
produziert und aufgestellt worden sein. Jedenfalls weiß noch in der
Kaiserzeit der ältere Plinius von einer ganzen Reihe derartiger
Werke zu berichten,[383] so daß wir von dem nahezu kompletten Verlust der einst durchaus in größerer Zahl existierenden, hochrepubli-
kanischen Altersporträts ausgehen müssen. Leider vermögen auch
die Münzabbildungen hier keine wirkliche Abhilfe zu schaffen.[384]
Die ersten Münzen, auf denen lebende Römer dargestellt sind,

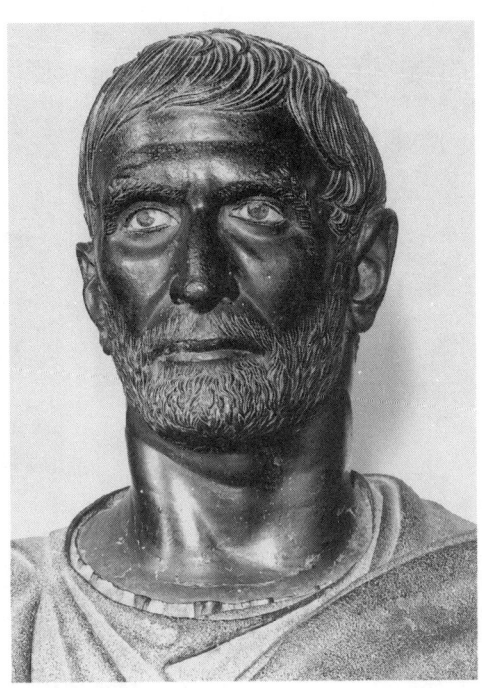

48 Sog. Brutus, Bronze,
3. Jahrhundert v. Chr. (?).
Rom, Konservatorenpalast

stammen aus dem 2. Jahrhundert v. Chr.; etwas reicher wird das Material erst im 1. Jahrhundert v. Chr., ohne daß die Münzen unser durch die nunmehr auch in größerer Zahl erhaltenen Porträts deutlicheres Bild von der Darstellung alter Menschen substantiell bereichern könnten.[385] Folglich müssen sich unsere Überlegungen weitgehend auf das 1. Jahrhundert v. Chr. beschränken, auf die «Zeit der Blüte des republikanisch-römischen Porträts», als «diese ‹realistische› Bildniskunst (neben anderen Porträtauffassungen) in der ganzen Mittelmeerwelt verbreitet war.»[386] Immerhin gestattet es uns die Überlieferungssituation jedoch, neben der stadtrömischen Aristokratie nun auch andere soziale Gruppen auf ihr Altersbild hin zu befragen, in erster Linie Freigelassene und Angehörige der römischen Mittelschicht sowie Mitglieder der munizipalen Eliten Italiens;[387] neben rundplastischen Porträts des ersten Jahrhunderts v. Chr. (bzw. deren frühkaiserzeitlichen Kopien) gewähren vor allem diverse Grabreliefs Einblicke in die spätrepublikanische Altersdarstellung.

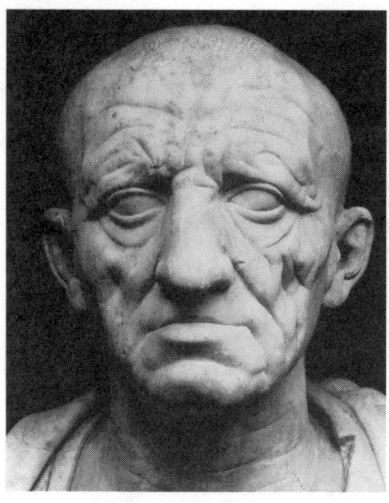 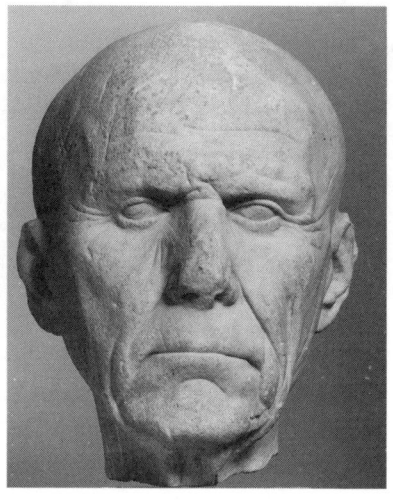

49 Greisenkopf aus Otricoli, Marmor,   50 Greisenkopf aus Scoppito, Marmor,
späteres 1. Jahrhundert v. Chr. Rom,   späteres 1. Jahrhundert v. Chr. Chieti,
ehemals Museo Torlonia   Museo Nazionale

Die stadtrömische Führungsschicht, um mit dieser zu beginnen, hat sich zweifellos von den griechisch-hellenistischen Traditionen beeinflussen lassen – wahrscheinlich waren sogar herausragende griechische Künstler in Rom tätig –, verband diese jedoch mit den spezifisch-römischen Wertvorstellungen von der Ehrwürdigkeit und *auctoritas* des Alters. Ein markantes Beispiel bietet etwa der oben abgebildete ältere Cato (?), der stärkere hellenistische Einflüsse aufweist[388] als ein möglicherweise stadtrömischer Kopf aus dem Museo Torlonia *(Abb. 49).*[389]

Bei diesem Stück dominiert bereits ein offenbar auch die individuelle Physiognomie stärker berücksichtigender, römischer Verismus, der in der bewußten Betonung des hohen Lebensalters – «in der Verzeichnung der zahllosen Runzeln, Höhlungen, Warzen, Hautsäcke»[390] – die Wertschätzung der *gravitas,* der würdevollen Bedeutung der Alten zum Ausdruck bringt. Den städtisch-aristokratischen Bildnissen ist ferner der Alte aus dem archäologischen Museum von Chieti zuzurechnen, «der sicher aus einer der Villen des römischen Senatsadels in der Sabina stammt» *(Abb. 50).*[391]

51 Kopf eines Alten, Marmor,
augusteische Kopie nach
republikanischem Original.
Rom, Vatikan, Museo Chiaramonti

In den Grenzbereich zwischen urbaner Aristokratie und ‹gehobener Mittelschicht›³⁹² gehört vielleicht das eindruckvolle Bildnis des verschleierten Alten im römischen Museo Chiaramonti (Vatikan) *(Abb. 51)*. Der Greis³⁹³ ist *capite velato* dargestellt, das heißt mit der über den Hinterkopf gezogenen Toga, was ihn als Opfernden kennzeichnet, also auf die *pietas*, die ehrfurchtsvolle Götterverehrung des Mannes (und vielleicht auf sein stadtrömisches Priesteramt) abhebt. «Kleine schmale Augen, ein lippenloser, zusammengepreßter Mund, stark hervortretende Backenknochen, eingefallene Schläfen und faltige Wangen charakterisieren den Dargestellten als würdigen, ernsten Greis und geben zugleich den stilistischen Umkreis an, in den das Bildnis gehört, nämlich in die römisch-veristische Richtung der ersten Hälfte des ersten Jahrhunderts v. Chr.»³⁹⁴

Von dem Chiaramonti-Kopf führt den erhellenden Beobachtungen Paul Zankers zufolge eine direkte Linie zu der zweiten, oben angesprochenen Gruppe, hier an erster Stelle vertreten durch das sogenannte «Landsdowne-Relief» in Kopenhagen, mit dem wir freilich möglicherweise schon in die spätrepublikanisch-frühaugusteische

Zeit geraten *(Abb. 52)*. Dieses Grabrelief[395] repräsentiert eine ‹Auf-
steigerfamilie› aus dem Freigelassenenstand und wird dominiert von
dem in der Mitte dargestellten Militärtribunen (?), der sich in
Anlehnung an hellenistische Herrscherbildnisse weitgehend in hero-
ischer Nacktheit abbilden läßt; nur ein Mantelbausch ist von hinten
über die Schulter geschlagen. Unsere Aufmerksamkeit freilich richtet sich auf den männlichen Greis an der (vom Betrachter aus gesehen) rechten Außenseite, der auffällige stilistische Ähnlichkeiten mit
dem greisen Togatus im Vatikan besitzt: «eingefallene Wangen, eingedrückte Schläfen, Falten auf der Stirn und um den Mund, eine
‹republikanische› Frisur.»[396]

Schließlich kann Zanker noch einen weiteren Greisenkopf – laut
Helga von Heintze «ein charakteristisches Beispiel für die Verbindung von italischer Form und stadtrömischem Verismus» – in denselben Kontext stellen und verdeutlichen, daß alle diese letztgenannten Werke nicht in den besten Ateliers hergestellt wurden;
folglich zeigen sie, wie sehr die in ihrem gesellschaftlichen Streben
‹nach oben› orientierten, unter der Aristokratie in der sozialen
Pyramide rangierenden Gruppen sich in ihrer Selbstdarstellung an
die Führungsschichten anpaßten *(Abb. 53)*.[397]

52 Fünffiguriges Relief, Marmor, zweite Hälfte 1. Jahrhundert v. Chr. (?).
Kopenhagen, Ny Carlsberg Glyptotek

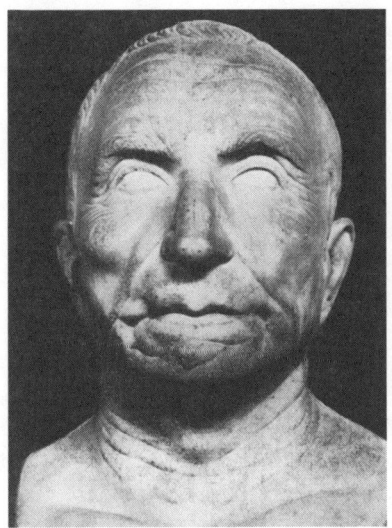

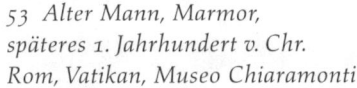

53 Alter Mann, Marmor,
späteres 1. Jahrhundert v. Chr.
Rom, Vatikan, Museo Chiaramonti

54 Kopf eines Alten, Marmor,
1. Jahrhundert v. Chr.
Osimo, Museo Civico

Abschließend bleibt noch die dritte von Paul Zanker differenzierte Denkmälergruppe zu betrachten, die Altersbildnisse außerhalb Roms, aus den italischen Städten.[398] Vielleicht zählt zu dieser Kategorie auch der von Bernhard Schweitzer noch in den stadtrömischen Horizont gestellte Greis in Osimo *(Abb. 54)*.

Unstrittig hingegen ist die munizipale Provenienz einer Reihe von Köpfen aus Aquileia.[399] In dieser seit 181 v. Chr. mit dem Status einer latinischen Kolonie versehenen, norditalischen Stadt praktizierten die Künstler unverkennbar einen eigenen, lokalen Stil, der jedoch eine gewisse Orientierung an stadtrömischen Vorbildern erkennen läßt *(Abb. 55)*.[400] Derartige Altersdarstellungen «huldigen dem gleichen kompromißlosen Realismus wie die Porträts des Senatsadels. Genau dieselben stereotypen Merkmale lassen sich beobachten: tiefgefurchte Stirnpartien, herausspringende Backenknochen, eingefallene Wangen, abstehende Ohren, herunterhängende Mundwinkel, welche die Zähne sehen lassen, und angespannte Halsmuskeln.»[401] Authentizität, rustikale Schlichtheit, Bodenständigkeit, kurz: altrömi-

55 Greisenkopf, Kalkstein,
1. Jahrhundert v. Chr. Aquileia,
Museo Archeologico Nazionale

56 Sitzender Alter, Ton,
2./1. Jahrhundert v. Chr.
Cesenatico (Forli),
Antiquario Communale

sche Sittlichkeit im Stile des alten Cato sollen hier demonstriert und die Verbindlichkeit des *mos maiorum,* der alten Väter Sitte, auch für die Italiker alten Schlages unterstrichen werden.

Ein markantes Beispiel naturalistischer Altersdarstellung in der außer(stadt-)römischen Bildniskunst bietet schließlich noch eine fragmentarisch erhaltene Terrakottastatuette aus der Gegend um Forli *(Abb. 56).*[402] Die ca. 60 cm hohe Terrakotta zeigt einen sitzenden Greis mit ausgeprägter Altersphysiognomie: mit eingefallenen Wangen, runzliger Stirn und kahlem Schädel.

Es liegt in dem patriarchalischen, ja gerontokratischen – also die geradezu herrscherliche Stellung des Alters ausdrückenden – Charakter der republikanischen Gesellschaft und ihrer Mentalität begründet, wenn in dem vorliegenden Kapitel bislang nur alte Männer abgebildet wurden. Abgesehen von Grabreliefs, auf die wir gleich noch näher eingehen werden, sind alte Frauen in den weiteren Denkmälergattungen nämlich kaum vertreten – weder wurden sie zu den *maiores* gezählt, deren *imagines* in den Atrien der Häuser aufgestellt oder bei den Leichenprozessionen mitgeführt wurden, noch erhielten sie Ehrenstatuen auf öffentlichen Plätzen. Hingegen begegnen sie in dem uns schon bekannten, genuin hellenistischen Kontext genrehafter bzw. bukolischer Darstellungen, wie etwa die Statuette einer alten Frau mit Lämmchen und Stock (1. Jahrhundert v. Chr.?) aus dem Konservatorenpalast in Rom.[403] Und in den funerären Bereich gehören aller Wahrscheinlichkeit nach zwei Porträtköpfe alter Frauen aus der ersten Hälfte des 1. Jahrhunderts v. Chr. in Ostia und Rom.[404] Beide Köpfe dürften einst in Statuen eingelassen gewesen sein, die zu Grabmonumenten gehörten.

Mit den letztgenannten Werken engstens verwandt sind die Grabreliefs, denen noch kurz einige gesonderte Bemerkungen gelten sollen. Denn bei dieser privaten (wenn auch durchaus auf öffentliche Wahrnehmung zielenden) Denkmälergattung dürfte die Möglichkeit am größten sein, auch die Altersvorstellungen und Altersbilder der einfacheren Leute näher kennenzulernen. Die große Masse der einschlägigen Stücke gehört – nicht anders als das rundplastische Material – ebenfalls erst in das 1. Jahrhundert v. Chr., wobei die Differenzierung zwischen (spät-)republikanischen und (früh-)augusteischen Werken angesichts der Unmöglichkeit exakter Datierungen (abgesehen von den seltenen Ausnahmen inschriftlich gesicherter Zeitstellungen) natürlich nicht über alle Zweifel erhaben sein kann.[405]

Paul Zanker hat vor einigen Jahren eine mehr oder weniger homogene Gruppe von Grabreliefs des späteren 1. Jahrhunderts v. Chr. unter dem Titel «Grabreliefs römischer Freigelassener» zusammengestellt und auf die besonders auffällige Schonungslosigkeit der Altersdarstellung vor allem männlicher Porträts hingewiesen, was etwa für das folgende vierfigurige Relief aus Rom gelte *(Abb. 57)*.[406] Im Zentrum des Reliefs mit vier Personen steht ein altes Paar, von denen vor allem der Mann rigoros als Greis gezeichnet ist: «Tiefliegende Augen sind von breiten Tränensäcken umgeben, die Stirn wird von Falten durchfurcht, und die Wangen sind tief eingefallen.»[407] Nur die greisenuntypische Frisur fällt aus dem Rahmen. Zanker möchte nun in einem derartigen Verismus der Alterszeichnung weniger einen Hinweis auf die *dignitas* (Würde) des Alters (und schon gar nicht auf Affinitäten zu Totenmasken und *imagines maiorum* – Bilder der Vorfahren – der Aristokraten) sehen, sondern eher auf die Mühen des sozialen Aufstiegs.[408] Dies mag zutreffen, schließt aber keineswegs aus,

57 Relief, Marmor, zweite Hälfte 1. Jahrhundert v. Chr.
Rom, Villa Wolkonsky

daß die Anklänge an die ehrwürdige *senectus* (das Greisentum) cato-
nischer Manier nicht auch mitgemeint waren; ikonographisch dürfte
sich hier kaum eine saubere Trennlinie finden lassen.[409]

So scheinen mir denn auch beide Aspekte – die realistische Kompo-
nente sowie die Betonung eines würdevollen bürgerlichen Habitus –
in dem folgenden Relief faßbar zu sein *(Abb. 58)*.[410] Das wohl um 50
v. Chr. entstandene Relief zeigt auf der Vorderseite ein altes Ehepaar
und auf der Nebenseite einen ebenfalls älteren Mann, der inschriftlich
C. Rupilius Antiochus genannt und durch den griechischen Beinamen
als Freigelassener kenntlich ist. Das Paar ist ikonographisch als alt charakterisiert: der Mann mit durch feine Ritzungen eingetragenen «Falten auf der Stirn, auf den Wangen und an den Augen sowie Krähen-
füßen», die Frau hat als Altersmerkmale «hängende Wangen, ein
Doppelkinn, geritzte Falten am Hals und auf der Stirn.»

Drastischer in der Alterszeichnung fällt das nur wenig jüngere
Bildnis (um 40 v. Chr.) eines Greises unbekannter Provenienz aus
(Abb. 59).[411] «Das kantige Gesicht mit den ungleich hoch angesetz-
ten Ohren wird von scharfen Falten zerfurcht. Die geritzten, zusam-

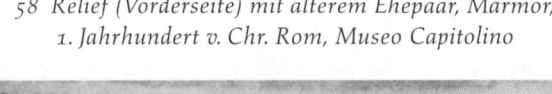

58 Relief (Vorderseite) mit älterem Ehepaar, Marmor,
1. Jahrhundert v. Chr. Rom, Museo Capitolino

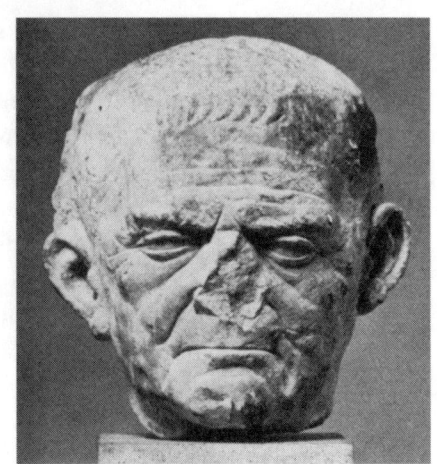

59 *Männlicher Kopf von einem stadtrömischen Relief, Marmor, Mitte 1. Jahrhundert v. Chr. New York, Metropolitan Museum of Art*

mengezogenen Brauen treffen sich in der dreieckigen Nasenwurzel-falte, der gerade, dünne Mund ist zusammengepreßt, die Unterlippe schiebt sich leicht vor.»

Die hier vorgestellten Denkmäler dürften hinlänglich verdeutli-chen, daß die republikanischen Altersbilder die Grundstruktur der rö-mischen Gesellschaft und der in ihr dominierenden senatorisch-ari-stokratischen Mentalität und Wertvorstellungen widerspiegeln. Gleichwohl wäre es, wie Balty zu Recht vermerkt, nicht angemessen, «nur von einer einzigen Spielart – nämlich der realistischen – im rö-mischen Porträt zu reden.»[412] Es lassen sich vielmehr Unterschiede in Stil und Wirkungsabsichten zum Beispiel zwischen stadtrömischen Werken der Oberschicht und lokalen Arbeiten erkennen. Dennoch bleibt hervorzuheben, daß prinzipiell dem hohen Lebensalter ikono-graphisch positive Züge zugeordnet werden, ganz im Sinne des cice-ronischen Cato: «Die Frucht des Alters aber ist ... der Schatz der Erinnerung an das früher erworbene Gute» (Cic. sen. 71). Die republi-kanischen Altersbildnisse dienen im weitesten Sinne der *memoria* (Er-innerung), illustrieren den *fructus senectutis* – die Ernte und Bilanz tätig gelebten Lebens – und stehen somit für die *bona*, also für die Vorzüge, nicht etwa für die Defizite und Lasten eines langen, be-schwerlichen Lebens.

5. Die Realität:
Alte Menschen in republikanischer Zeit

Bislang haben wir vornehmlich Theorien, Idealvorstellungen, literarische Spiegelungen und historiographische Konstrukte zum Leben
und Wirken der alten Menschen im republikanischen Rom kennengelernt – was haben all diese Gedanken sowie die bildlichen Monu-
mente nun aber mit der prosaischen historischen und sozialen Wirklichkeit zu tun? Letztere möglichst adäquat zu erkennen und zu
beschreiben, ist zwar eine der vornehmsten Aufgaben des Histori-
kers, doch gleichwohl eine besonders schwierige, denn statistisches
Datenmaterial nennenswerten Umfangs steht gerade den Althistori-
kern kaum zur Verfügung. Wirklichkeitsbezüge der literarischen
Kunstprodukte zu ermitteln und zu interpretieren, ist daher besonders schwierig, dennoch sollen abschließend einige Überlegungen
zum ‹normalen›, das heißt zum durchschnittlichen Altersschicksal in
republikanischer Zeit vorgestellt werden.

Freilich muß am Beginn erneut der notorische Hinweis auf die
insbesondere für die republikanische Zeit geradezu dramatische
Quellenarmut stehen[413] – insbesondere fehlen die erst für die römische Kaiserzeit in reicher Zahl verfügbaren epigraphischen Denkmäler. Überlegungen etwa zur durchschnittlichen Lebenserwartung
von Männern und Frauen müssen hier folglich unterbleiben,[414]
zumal in den republikanischen (Grab-)Inschriften Italiens nur sehr
selten Altersangaben enthalten sind.[415]

Wer das Stadium der *senectus*, also das Alter jenseits der 60
erreichte, mußte selbstverständlich vor allem an der Gewährleistung
seines Lebensunterhaltes interessiert sein. In der römischen Familie
fiel dies dem Familienvater insofern relativ leicht, als er bis zu seinem Lebensende, unbeschadet jeglicher physischer Beeinträchtigung,
das unumschränkte Oberhaupt der Familie blieb.[416] Eine erst in der
Kaiserzeit einsetzende, staatlich fixierte Unterhaltspflicht der Kinder
gab es folglich noch nicht,[417] es war jedoch (moralisches) Gebot der

pietas erga parentes, für die alten Eltern zu sorgen, und gewiß gilt dies für alle sozialen Ebenen der Gesellschaft, also auch für die Sklaven. Die beste Form der Altersversorgung war demnach eine intakte Familie mit einer möglichst großen Zahl an Kindern, die größten Altersübel waren demgegenüber Armut und Kinderlosigkeit.

Sklaven sowie Freigelassene (*liberti*) unterlagen in dieser Hinsicht freilich besonderen Ansprüchen, denn auch als *libertus* war man dem Patron wie der freigeborene Sohn dem Vater zu Hilfe und Beistand bis zu dessen Tode verpflichtet.[418] Erlangten Sklaven selbst ein hohes Alter, so konnten sie freilich gewiß nicht auf die Alimentation durch andere rechnen, sondern sie arbeiteten, solange es irgend möglich war. Vereinzelte literarische Belege kennen denn auch den alten, zahnlosen Türhüter oder die alte Amme.[419] Zwar waren alte Sklaven weniger wert und wurden wohl kaum noch ge- bzw. verkauft, aber die früher gelegentlich vertretene These, daß alte Sklaven in aller Regel einfach weggeschickt wurden und als Bettler im Elend endeten, läßt sich kaum aufrechterhalten.[420]

Für die übrigen Teile der republikanischen Gesellschaft – die Freigelassenen wie die Durchschnittsfamilie, sowohl in Rom wie in den Landstädten – galten dieselben Normen wie für die bereits vorgestellten aristokratischen *gentes*. Dies zeigen etwa die spätrepublikanischen Grabreliefs von Freigelassenen[421] sowie stadtrömische Grabanlagen[422] und Altersporträts aus italischen Munizipien:[423] Vorgeführt werden in aller Regel intakte Familien, erfüllte Lebensläufe, vom Leben gezeichnete Körper und Physiognomien – gewiß galt auch in diesen Kreisen eine Figur wie der ciceronische Cato als Ideal.

Für die Kehrseite, das verelendete Alter, hatte die Erinnerungskultur des republikanischen Rom keinen Platz. Wer nach einem trostlosen Alter eines trostlosen Todes starb, hinterließ in der Regel keine sichtbaren Spuren im Gedächtnisvorrat der Gesellschaft. Und das gilt wohl auch für diejenigen, die nicht erst das natürliche Ende abwarten wollten, sondern Hand an sich legten: Alterssuizid bei den Römern ist zwar kaum explizit bezeugt, dürfte jedoch nicht selten vorgekommen sein,[424] zumal in der frühen Kaiserzeit dem «entschiedensten Selbstmordapostel» Seneca auch das beschwerliche Greisenalter als akzeptables Selbsttötungsmotiv erschien.[425]

Ungeachtet dieser negativen, freilich wohl zeitlosen Facetten des Altersdaseins[426] galt die republikanische Epoche bereits in der Kaiserzeit
als ‹goldene Zeit› der Alten.[427] So pries etwa Valerius Maximus (2,1,9)
diese vergangenen Zustände, da man den Alten soviel Achtung entge-
genbrachte, «als seien sie die ‹gemeinsamen Väter der jungen
Leute›.»[428] Daß die republikanische Wirklichkeit des Altersdaseins zur
Zeit der römischen Republik dieser Beschreibung tatsächlich entspro-
chen hat, wird man indes kaum annehmen dürfen; vielmehr wird erneut deutlich, daß die nostalgische Verklärung der *tempi passati* nicht
erst eine Erscheinung unserer Tage ist.

V. Die römische Kaiserzeit

1. Die Alten im Sozialgefüge der Kaiserzeit

Im 2. Jahrhundert n. Chr. konstatiert der ‹Buntschriftsteller› Aulus Gellius, daß in früheren Zeiten den alten Menschen die selbstverständlich geschuldete Ehrfurcht stets entgegengebracht worden sei; weder Reichtum noch Herkunft habe vergleichbaren Respekt erfahren (2,15,1). Wieder einmal drängen sich Assoziationen zur Gegenwart auf: Auch heutzutage beklagt man den Verfall von Anstandsregeln, die Ausgrenzung von alten Menschen und ein vornehmlich an materiellem Wohlergehen und Reputation, an Jugendlichkeit, Gesundheit und Fitneß orientiertes Gesellschaftsideal – früher sei dies alles anders (das heißt natürlich: besser) gewesen. Haben wir es hier mit zeitlosen Topoi des Generationenkonfliktes zu tun, oder liegt derartigen Urteilen tatsächlich ein Wandel sozialer Strukturen und Verhaltensmuster zugrunde? Schon für die Gegenwart mag die Beantwortung derartiger Fragen nicht leicht fallen, für die Antike gilt dies angesichts der bekanntlich schmalen Quellengrundlage freilich in noch weit höherem Maße. Überdies tritt nun in der römischen Kaiserzeit noch ein weiteres Problem hinzu: Erlaubte nämlich die republikanische Zeit noch weitgehend die Konzentration auf den stadtrömischen oder wenigstens den italischen Raum, so müssen wir nun das gesamte riesige Imperium Romanum in den Blick nehmen und laufen um so größere Gefahr, mit pauschalen Urteilen die zweifellos gravierenden Unterschiede zwischen der Sozialstruktur etwa des römischen Gallien und Germanien und des römischen Kleinasien oder Syrien zu übersehen. Während zum Beispiel die epigraphische Überlieferung des griechischen Ostens zu den *Gerusiai*, den Ältestenräten, uns einige Einsichten in die Rolle von Alten im Sozialgefüge griechischer Poleis der Kaiserzeit vermittelt, sind wir für den lateinischen Westen auf andere Informationsquellen angewiesen. Gleichwohl soll im folgenden der Versuch unternommen werden, einige grundlegende Beobachtungen zu formulieren, und es soll dabei zugleich der Frage nachgegangen werden, ob mit dem Bedeutungsverlust des römischen Senates in der

Monarchie des Augustus und seiner Nachfolger auch die soziopolitische und kulturelle Dominanz der Alten erkennbaren Einschränkungen unterworfen wurde.

Die frühe und hohe Kaiserzeit, das heißt, grob gerechnet, die ersten
beiden nachchristlichen Jahrhunderte, gelten unter dem schon in der
antiken Herrschaftsideologie prominenten Motto der *pax Augusta* als
‹die goldene Zeit› von Frieden und Wohlstand. Natürlich führten römische Kaiser auch Kriege – etwa Vespasian und Titus in Judäa, Traian
im Balkanraum oder Marc Aurel im Donaugebiet –, aber generell dominierten in der Tat *pax et salus,* friedliches Wohlergehen, und so ist
a priori zu vermuten, daß die durchschnittliche Lebenserwartung (vor
allem der männlichen, kriegsfähigen Bevölkerung) gestiegen sein
dürfte. Damit begeben wir uns auf das unwegsame Gebiet der (alt-)hi-
storischen Demographie, denn so plausibel diese allgemeine Einschätzung sein mag, so schwierig sind im einzelnen der konkrete Nachweis
und die konkrete Zahlenangabe.

Große Hoffnungen hat man in der Forschung immer wieder auf die
viele Tausende zählenden Grabinschriften der römischen Kaiserzeit
gesetzt, doch auch diese Quellengattung erweist sich bei näherem
Hinsehen als überaus problematisch.[429] Denn neben der ohnehin die
statistische Verwertbarkeit der Daten beeinträchtigenden Zufälligkeit
der Überlieferung sind weitere gravierende Unwägbarkeiten in Rechnung zu stellen: die von Ort zu Ort und von Region zu Region vari-
ierenden epigraphischen ‹Moden› und Gewohnheiten, die fehlende
Repräsentativität der Inschriften bezüglich der verschiedenen sozialen
Gruppierungen, vor allem aber auch die evidente Unzulänglichkeit der
erhaltenen Altersangaben, die erkennbar in zahlreichen Fällen aufge-
rundet wurden. Signifikant ist in dieser Hinsicht beispielsweise eine
Analyse der Veteranengrabsteine im römischen Africa.[430] 270 Inschriften liefern in 124 Fällen Lebensalterangaben von 60 und mehr
Jahren: 17 mal sind es angeblich 60-jährige, die gestorben sind, 10 mal
65-jährige, 13 mal 70-jährige, 11 mal 75-jährige, 15 mal 80-jährige,
7 mal 85-jährige, 6 mal 90-jährige, und je einmal soll ein Lebensalter
von 100 bzw. 115 Jahren erreicht worden sein. Insgesamt weisen also
von 124 einschlägigen Zeugnissen 81 ‹runde› Zahlen auf, von denen
etliche wohl geschönt sind. Manfred Clauss kommt denn auch in seiner Studie zu Lebensalterstatistiken im westlichen Teil des römischen

Reiches zu dem Ergebnis, daß sich selbst aus den ca. 43000 verfügbaren Altersangaben kein auch nur einigermaßen zuverlässiges Durchschnittsalter der römischen Bevölkerung ermitteln läßt.[431]

Vielversprechender sind in dieser Hinsicht vielleicht die auf Papyri enthaltenen Zensusdeklarationen, da in derartigen Dokumenten (und anderen juristischen Texten)[432] mit größerer Genauigkeit der Daten zu rechnen ist. Auf der Basis von ca. 300 Zensusdeklarationen aus Ägypten zwischen 11/12 bis 257/58 n. Chr. haben kürzlich Roger S. Bagnall und Bruce W. Frier den bislang gründlichsten und methodisch am besten abgesicherten Versuch unternommen, demographische Aufschlüsse über die Gesellschaft der frühen Kaiserzeit zu erzielen.[433] Von 337 mit Altersangaben versehenen Frauen weisen 19 ein Alter von über 60 Jahren auf, bei 350 Männern sind dies 25, beide Gelehrte gehen daher davon aus, daß bestenfalls 20–25 Prozent der Bevölkerung überhaupt ein mittleres bis fortgeschrittenes Erwachsenenalter erreichten, und sie kalkulieren mit einer durchschnittlichen Lebenserwartung von ca. 35 Jahren. Der Anteil der über 60-jährigen an der Gesamtbevölkerung beläuft sich nach vorsichtigen, neuesten Schätzungen vielleicht auf ca. 4,5 bis 4,6 Prozent.[434]

Ein modernen westlichen Gemeinschaften vergleichbares numerisches ‹Übergewicht› von alten Menschen dürfte das Imperium Romanum folglich nicht gekannt haben, gleichwohl gab es zweifellos in sämtlichen sozialen Gruppen zahlreiche Mitglieder hohen Lebensalters, die wir nun ein wenig näher in den Blick nehmen wollen, und wir beginnen mit den unteren Stufen der römischen Sozialpyramide, mit den Sklaven und Freigelassenen.[435]

Die traditionelle These, laut welcher der alte und daher vermeintlich nutzlose Sklave von seinem Besitzer einfach weggeschickt wurde, haben wir bereits als nicht haltbar bezeichnet (S. 152). Zwar dürfte das Alterselend gewiß kein seltenes Schicksal von Sklaven gewesen sein, andererseits deuten aber vereinzelte Nachrichten sogar über kaiserliche Interventionen zugunsten kranker Sklaven[436] darauf hin, daß hohes Alter nicht einmal für Sklaven zwingend Not und Armut bedeuten mußte, zumal es auch diverse epigraphische Hinweise auf einen funktionierenden innerfamiliären Zusammenhalt zwischen Sklaven gibt.[437] Insbesondere für kaiserliche Sklaven und Freigelassene läßt sich der Nachweis führen, daß sie bis in hohe Alter beschäftigt und da-

mit auch versorgt wurden.[438] Bisweilen ist durch den epigraphisch belegten Zusatz *ex* explizit eine Außerdienststellung, also eine Art Pen-
sionierung angedeutet.[439] Bei entsprechender Gesundheit und Ver-
wendungsfähigkeit werden Sklaven, für die bisweilen auch ein
Lebensalter von 90 oder gar 100 (und mehr) Jahren belegt ist,[440] gearbeitet haben, solange dies irgend möglich war. So vermerkt etwa der
kaiserliche Freigelassene Amazonicus auf dem für seinen Vater gesetzten Grabstein, daß dieser, der 66 Jahre alt geworden sei, sich voller Ei-
fer (*summa sollicitudine*) seiner Tätigkeit gewidmet habe, solange er
lebte (*in diem quoad vixit*).[441] Der Weiterverkauf alter Sklaven dürfte
hingegen wenig lukrativ und daher eher selten gewesen sein.[442] Im
Preisedikt Diokletians wird denn auch zwischen Sklaven nach Alters-
gruppen differenziert, die älteren Sklaven dürften deutlich billiger gewesen sein.[443]

Sklaven wie Freigelassene hatten sich freilich nicht nur um sich
selbst und gegebenenfalls um ihre Angehörigen, sondern auch um
ihre *patroni* zu kümmern; die *liberti* waren sogar auch gegenüber den
Eltern ihres Freilassers zur Pflege und Sorge verpflichtet.[444] Diese
Loyalitätsbindung erlosch erst mit dem Tode, so daß also auch alte
Sklaven und Freigelassene möglicherweise ihren gleichaltrigen oder
gar noch älteren *patroni* als «Ruhepunkt und Altershafen» zu dienen
hatten, wie es der Dichter Statius in einem an einen *alumnus* (Zög-
ling) gerichteten Vers formuliert.[445]

In diesen Worten schwingt ein geradezu familiärer Nebenklang mit,
der sich insbesondere zwischen Hausssklaven und ihren Besitzern nicht
selten eingestellt haben dürfte. Es entstanden nämlich bisweilen Bindungen von zwischenmenschlicher Qualität, die das Dasein dieser an
einen Privathaushalt gebundenen Unfreien durchaus erträglich scheinen lassen, im Gegensatz zu den in der gewerblichen Produktion, auf
den großen Domänen oder gar in Bergwerken und Steinbrüchen ein-
gesetzten Sklaven.[446] Ungeachtet dieser Erwägungen kannte naturgemäß ein Sklave nur ein Hauptziel, nämlich die Freilassung, und
ebenso verfolgte der Freigelassene – bei allen materiellen Annehmlichkeiten, die zu Reichtum gelangte Freigelassene sich nicht selten
leisten konnten – ein Hauptanliegen: den Makel seiner sozialen Herkunft möglichst vergessen zu machen, denn selbst wohlhabendste
Freigelassene befanden sich in der Hierarchie der römischen Gesell-

schaft noch unter dem ärmsten Freigeborenen. Aus dieser Tatsache resultiert das vor allem auch in den später noch näher zu betrachtenden Grabreliefs sinnfällig zum Ausdruck kommende Bestreben der *liberti*, sich in Habitus und Erscheinungsbild möglichst stark den *cives Romani*, den römischen Bürgern, anzunähern. Freigelassene imitieren nicht nur die Kleidung, Haartracht, Gestik und Sprache der römischen Bürger, sie orientieren sich auch am bürgerlichen Wertekanon. Ein hübsches, in seinem holprigen Latein geradezu anrührendes Zeugnis für dieses unbedingte Streben nach dem Bürgerstatus bietet die in Ravenna gefundene Grabinschrift des in die Sklaverei geratenen, nach eigener Auskunft bis ins Greisenalter gelangten Parthers Mygdonius aus dem 1. Jahrhundert n. Chr.: «Caius Iulius Mygdonius, von Abstammung Parther, freigeboren, in jugendlichem Alter in Gefangenschaft geraten (und) auf römischen Boden verpflanzt: als ich römischer Bürger geworden bin aufgrund eines günstigen Schicksals, habe ich mir im Alter von fünfzig Jahren eine Urne beschafft. Ich habe es erreicht, vom Kleinkindalter bis zum Greisenalter zu gelangen. Nun nimm mich auf, o Stein, mit Wohlgefallen; mit dir werde ich von (jeder) Sorge befreit sein.»[447]

Für Freigelassenenfamilien galt generell gewiß dasselbe wie für Familien römischer Bürger: Die Sorge für die alten Eltern oblag den Kindern, die *pietas* des Aeneas, der der Legende nach seinen alten Vater aus dem brennenden Troia getragen hatte, war das unumstrittene Paradigma idealer Kindesliebe. Ein derartig ‹pietätvolles Verhalten› der Kinder beglückte zweifellos alte Eltern. Diverse Grabinschriften legen denn auch beredtes Zeugnis ab von der Freude der Eltern, in ihren Kindern eine Stütze im Alter zu besitzen, wie umgekehrt auch von ihrer Verzweiflung, angesichts des frühen Todes ihrer Kinder einem elenden, einsamen Alter ausgesetzt zu sein.[448]

So lesen wir etwa in einem nordafrikanischen Grabgedicht (CLE-Nr. 1967) wohl aus dem 2. Jahrhundert n. Chr., daß der 84-jährige T. Flavius Pudens ein glückliches Leben und Alter hinter sich gebracht hatte: «Hier liegt der Urgroßvater Flavius, der, als Greis mehrere Lebensalter zählend, verdient, daß folgendes oft vergegenwärtigt werde: Er lebte ein beispielhaftes Leben, und er hätte wegen seiner Mannhaftigkeit zugleich Vater seiner Enkel genannt werden können; er pflegte nämlich oft mit seinem schnellen Pferd große Flüsse zu durchqueren, und noch als Alter zeigte er (auf der Jagd) den Hunden den Hasen.»

Flavius Pudens war vielleicht so rüstig gewesen, daß er sogar auf die Fürsorge seitens seiner Nachkommen weitgehend hätte verzichten können, andere erfreuten sich der liebevollen Zuwendung ihrer Kinder, die dies dann wiederum ihren Zeitgenossen und der Nachwelt bereitwillig kundtaten, wie beispielsweise die drei Söhne von Iulius Gallonius:[449] «Nach einer Lebenszeit von siebzig Jahren, und nach ebenso vielen durchschrittenen Herbstzeiten, errichten dir, lieber Vater, wir, deine drei Kinder, dieses Grab, welches wohlgeraten zu sein scheint. Die Mutter, uns teuer und auch Dir bis vor kurzem, hat daran gemahnt, daß dir die Ehre des Todes zuteil werde. So lebe denn wohl, Vater, indes wir zurückbleiben, noch wird dich Ärmsten nicht der Tartarus haben, sondern das Elysische Gefilde, von wo zurückzukehren jetzt auch für dich gestattet ist, wie einem gottesfürchtigen und guten Vater.»

Anders und trauriger erging es denjenigen Eltern, die früh ihre Kinder verloren und einem «verlassenen Alter» (*deserta senectus*) entgegen sahen (CLE-Nr. 369), zumal auch der Weg bis ins hohe Alter in der Regel alles andere als leicht war, wie der in Brixiae verstorbene *sevir Augustalis* – also ein Angehöriger des von reichen Freigelassenen getragenen Kollegiums für die kultische Verehrung der Kaiser – L. Naevidus freimütig bekannte: «Nachdem ich in meinem langen Leben viel Beschwerliches gesehen habe, habe ich mich nun erschöpft zum passenden Zeitpunkt zur Ruhe begeben» (CLE-Nr. 142).

Selbstverständlich kam es nicht nur darauf an, daß Kinder am Leben und wirtschaftlich in der Lage waren, für ihre alten Eltern Sorge zu tragen, sondern es bedurfte auch ihrer Bereitschaft, dies zu tun. Daß es damit nicht immer zum besten stand und – nicht anders als heutigentags – Familien nicht nur für Schutz und Geborgenheit, sondern auch für Streit und Entzweiung standen, lehren uns Papyri, in denen von Unterhaltsklagen seitens der Eltern die Rede ist.[450] So enthält ein Papyrus aus dem 2./3. Jahrhundert n. Chr. (BGU VII 1578) die Eingabe eines Vaters, die gegen seine Tochter gerichtet ist, da diese offenbar absprachewidrig sich geweigert hatte, ihren Vater im Gegenzug für eine erhaltene Mitgift zu versorgen. Vorteilhaft mit Blick auf drohende derartige Streitfälle dürften justiziable, vertragliche Regelungen zwischen Eltern und Kindern bzw. Enkeln gewesen sein, wie sie ein Papyrus des 1. Jahrhunderts n. Chr. bewahrt hat (P. Mich. V 322): Ein anscheinend recht vermögendes Priesterehepaar, neunundsechzig bzw. sechzig Jahre alt, überschrieb seinen Besitz seinen drei Söhnen, zwei Töchtern und einem Enkel, und die Nachkommen verpflichteten sich im Gegenzug zu detailliert fixierten Unterhaltsleistungen an die Alten, die Lieferungen von Weizen und Öl, Barmittel sowie schließlich auch die Verpflichtung zu einer standesgemäßen Bestattung umfaßten.

Im übrigen gab es natürlich auch in der römischen Kaiserzeit schon die außerfamiliäre, private Altersvorsorge, von der uns ebenfalls zufällig erhaltene Papyri berichten. In einem Fall aus dem 1./2. Jahrhundert n. Chr. erstrebt eine klagende Frau Schadensersatz für die Verletzung einer Sklavin, die sie zur Musikerin hatte ausbilden lassen, um – wie es wörtlich heißt – «Altersunterhalt zu haben» (P. Oxy L 355).

Dieser letztgenannte Vorgang berührt ein besonders prekäres Problem, nämlich die Altersversorgung alleinstehender, meist verwitweter Frauen. Diese Personengruppe kann seit den umfassenden, jüngst in vier Bänden publizierten Studien von Jens-Uwe Krause als die am besten erforschte Teilgruppe alter Menschen in römischer Kaiserzeit (und Spätantike) gelten, und die anschließenden Bemerkungen stützen sich daher insbesondere auf Krauses Ausführungen.[451]

Die Zahl der Witwen in der kaiserzeitlichen Gesellschaft dürfte insgesamt sehr viel größer gewesen sein als gemeinhin angenommen, möglicherweise machten Witwen knapp ein Drittel der weiblichen Gesamtbevölkerung aus. Sie wiesen keineswegs stets ein hohes Lebensalter auf, zumal die Heirat sehr junger Mädchen mit sehr viel älteren Männern durchaus üblich war; hier interessieren jedoch nur die alten Witwen, das heißt die über Sechzigjährigen. Deren soziale und ökonomische Lage wird häufig besonders problematisch gewesen sein, da die natürlich vor allem von relativ jungen verwitweten Frauen angestrebte rasche Wiederverheiratung den alten Frauen in der Regel verwehrt blieb.[452] Gleichwohl gab es auch die in den antiken Texten und Inschriften für ihre Treue belobigte *univira*, also diejenige Ehefrau, die selbst in jungen Jahren nach dem Tod des Ehemannes auf eine erneute Eheverbindung bewußt verzichtete und bisweilen eine mehrere Jahrzehnte dauernde Witwenschaft erlebte. So starb, um ein prominentes Beispiel zu nennen, Iunia, die Frau des 42 v. Chr. gestorbenen Caesarmörders Cassius und Schwester des Brutus, 22 n. Chr. im Alter von über 90 Jahren, von denen sie folglich mehr als sechzig Jahre als Witwe verlebt hatte.[453] Weit weniger bekannt als Iunia ist dagegen die auf einem Papyrus aus Oxyrhynchos belegte Aline, die nach dem Tod ihres Ehemannes Mnesthios (50 n. Chr.) zumindest noch im Jahre 86 n. Chr. als Witwe am Leben war.[454] Angesichts derart langer Witwenzeiten stellt sich zwangsläufig die Frage nach der Lebensgrundlage dieser Frauen. Sehr oft ist mit deren Aufnahme in den Haushalt ihrer erwachsenen Söhne (kaum hingegen ihrer verheirateten Töchter) zu rechnen,[455] doch dürfte die alleinstehende und tatsächlich auch alleinlebende Witwe keineswegs eine Ausnahme gebildet haben: «Da Witwen in den meisten Fällen weder durch die Mitgift noch durch das Testament des verstorbenen Ehemannes hinreichend abgesichert waren, kam zumal der Unterstützung älterer Witwen durch die Kinder eine große Bedeutung zu»;[456] für christliche Witwen existierte zudem teilweise schon in der Kaiserzeit die erst in der Spätantike in größerem Maßstab betriebene Altenpflege.[457] Gleichwohl ist einerseits mit besonders unter Witwen verbreiteter Altersarmut genauso zu rechnen wie andererseits mit der Erwerbstätigkeit von Witwen – besonders in den unteren sozialen Schichten –, die als bis ins hohe Alter tätige Arbeitskräfte vor allem im Textilgewerbe, als (Gemüse-)Händlerinnen und als Hebammen belegt sind. Geradezu topischen Charakter in den Quellen besitzt die alte *anus* (Greisin) als Gast- und Hotelwirtin, der ein leicht anrüchiges Image anhaftete.[458] Schließlich ist noch einmal auf den schon in einem Beispiel angesprochenen (S. 163) Sklavenbesitz von Witwen hinzuweisen, die auf diese Weise nicht nur ihre eigene Versorgung sicherstellen wollten, sondern zugleich Schutz vor immer wieder gerade gegenüber Witwen praktizierter Gewalttätigkeit suchten.[459]

Trotz der, aufs Ganze gesehen, recht zahlreichen Zeugnisse für die in der Regel privat bzw. innerfamiliär geregelte Altersversorgung scheint der Gesetzgeber in der römischen Kaiserzeit dem herkömmlichen Comment und der Solidarität innerhalb der Familien nicht mehr recht vertraut zu haben, denn nun – vielleicht schon in augusteischer Zeit – wird die Alimentationspflicht der Kinder gesetzlich festgeschrieben und mit zum Teil detaillierten Rechtsvorschriften konkret geregelt.[460] Darüber hinaus vermitteln diese Rechtsquellen aufschlußreiche Einblicke in das ‹offizielle› Altersbild der Kaiserzeit, das heißt in die Normen und Wertvorstellungen, von denen sich der Kaiser als Gesetzgeber bei der Rechtsfindung und Rechtsetzung auf diesem Sachgebiet leiten ließ.

Angesichts der Verbindlichkeit des *mos maiorum* und der überragenden Bedeutung, welche der Geschichte als *magistra vitae*, als Lehrerin des Lebens, von den Römern zuerkannt wurde, kann es kaum überraschen, daß auch noch in der hohen und fortgeschrittenen Kaiserzeit die republikanischen Normen im Umgang mit den Alten als kanonische Leitlinie fungieren:

Semper in civitate nostra senectus venerabilis fuit – «immer galt in unserem Gemeinwesen das hohe Alter als verehrungswürdig», heißt es in den Digesten,[461] denn – so ist des weiteren zu lesen – die Vorfahren hätten den Alten nahezu ebensolche Ehren erwiesen wie den gewählten Magistraten. Doch nicht allein die Bewahrung der überkommenen Wertvorstellungen beschäftigte die Juristen, im Vordergrund ihres Interesses standen vielmehr jene praktischen Fragen, die uns auch schon in den dokumentarischen Texten begegnet sind: Erbrecht, Adoptions- und Eherecht, Unterhalts- und Vormundschaftsrecht sowie Aspekte des Steuerrechts.

Hohes Alter assoziierten die Juristen mit Zeugungs- bzw. Gebärunfähigkeit, und so mußte sich der berühmte Rechtsgelehrte Ulpianus mit der Frage beschäftigen, «ob derjenige, der nicht zeugungsfähig ist, einen postumen Erben einsetzen kann.» Die Antwort, welche die Rechtsexperten Labeo und Cassius geben, fällt positiv aus, denn Heirat und Adoption seien auch für diesen Personenkreis noch möglich, «weil weder hohes Lebensalter noch Unfruchtbarkeit dafür ein Hindernis bildeten.»[462] Während die Juristen also den natürlichen Kräften des Alters nicht auf allen Feldern großes Vertrauen entgegenbringen, betonen sie mehrfach, daß die Rechtsfähigkeit auch der ältesten Greise unbeeinträchtigt bleibe. So heißt es etwa lapidar in einem Gesetz vom Jahr 293 n. Chr.: «Das hohe Alter allein ist kein Hinderungsgrund für einen Schenkungsakt.»[463]

Immerhin stellte der Gesetzgeber auf der anderen Seite, nämlich mit Bezug auf die Schuld- und Straffähigkeit alter Menschen, die Besonderheiten von Physis und Psyche der Hochbetagten in Rechnung. Beispielsweise verfügte der Kaiser Antoninus Pius, daß hochbetagte Straftäter, die zur Bergwerksarbeit verurteilt worden waren, diese Strafe nicht anzutreten hätten,[464] und Kaiser Hadrian bestimmte, daß Verbannungsstrafen nach dem Lebensalter gestaffelt werden müßten.[465] Auch in den berühmten (und berüchtigten) Ehegesetzen des Augustus fanden sich bereits Altersdifferenzierungen. So schrieb der erste Princeps Mindest- und Höchstaltersgrenzen vor, jenseits derer die Heiratspflicht und entsprechende Strafandrohungen bei Nichtbefolgung entfielen; Männer von über sechzig Jahren und Frauen über fünfzig Jahre[466] waren von dem Verheiratungszwang befreit.[467]

Ein bevorzugtes Augenmerk der kaiserlichen Gesetzgebung galt von jeher den *munera*, den Pflichten, welche vor allem die besonders vermögenden und leistungsfähigen Mitglieder der städtischen Gemeinden für das kommunale Wohlergehen zu übernehmen hatten, denn das Wohl und Wehe des gesamten römischen Reiches hing in elementarer Weise von einer funktionierenden städtischen Selbstverwaltung ab. In welcher Weise und wie lange wurden nun die Alten zu derartigen Liturgien herangezogen?[468] Der oben bereits zitierte Grundsatz, laut welchem das Greisenalter stets höchste Verehrung verdiente, fand explizit auch auf diesem Sektor Berücksichtigung: *civica munera quoque municipalia subeunda idem honor senectuti tributum est*: Auch bezüglich der kommunalen Aufgaben (*munera municipalia*) solle dem hohen Alter dieselbe ehrenvolle Behandlung zukommen.[469] In concreto bedeutete dies: Von *honores*, also von der Bekleidung von (ehrenamtlichen, aber mit persönlichen Aufwendungen und Aufgaben verbundenen) öffentlichen Ämtern und Positionen wurden Alte nicht dispensiert, nicht einmal die über 70-jährigen,[470] wohl aber von bestimmten *munera personalia* (zum Beispiel von der *cura frumenti*, das heißt von der Verpflichtung, eine ausreichende Versorgung der Stadt mit Getreide sicherzustellen); jedoch unterlagen sie weiterhin den am Vermögen haftenden *munera patrimonii*.[471]

Mit dem letztgenannten Aspekt sind nun bereits die städtischen Führungsschichten in unser Blickfeld geraten, und wir kommen damit ausführlicher auf die in diesem Kapitel bislang noch weitgehend ausgesparten sozialen Eliten zu sprechen: die lokalen Honoratioren, Ritter und Senatoren sowie schließlich die Kaiser.

In den zahlreichen, großen wie kleinen Städten des Imperium Romanum, welche das eigentliche Rückgrat des Reiches bildeten, fungierten die Angehörigen der Führungsschichten als die wichtigsten Leistungsträger und Garanten der kommunalen Selbstverwaltung, und dementsprechend groß war ihr Sozialprestige bzw. ihr Anspruch auf öffentliche Ehrungen. Letztere unterlagen nicht nur, wie die eben behandelte Digesten-Stelle lehrt, keiner Altersbeschränkung, sondern sie galten auch und gerade den besonders betagten Honoratioren, die Mitglieder in einem hochangesehenen Gremium wurden, dem Ältestenrat (*Gerusie*). Aus einigen Poleis in Griechenland und Kleinasien besitzen wir epigraphische Dokumente für derartige *Gerusiai*, die, anders als etwa die traditionelle *Gerusie* Spartas (S. 43 ff.), nun jedoch kaum noch im engeren Sinne politische Bedeutung besaßen. In diesen kaiserzeitlichen *Gerusien* kamen die vermögenden, einflußreichen alten Männer im geselligen Miteinander zusammen, nahmen – wie etwa in Sardeis – das kulturelle Angebot des nahegelegenen Gymnasiums wahr, frönten der kultivierten Muße und organisierten auch weiterhin Stiftungen und Zuwendungen für öffentliche Angelegenheiten, wie zum Beispiel die lokalen Feste.[472]

Viele Angehörige der lokalen und provinzialen Eliten des Reiches gehörten dem Ritter- oder Senatorenstand an, und so dürfte sich der Alltag der hochbetagten Mitglieder dieser Gruppen denn auch kaum substantiell von demjenigen der eben behandelten Honoratioren unterschieden haben. Ein großzügiges, am besten im Grünen gelegenes Haus, Vermögen, Zeit, funktionierende soziale Beziehungen und ein hoher Bildungsstand ermöglichten im Idealfall (und das heißt bei auch entsprechend robuster Gesundheit) einen sorgenfreien und abwechslungsreichen Lebensabend, wie ihn exemplarisch und in aller Ausführlichkeit Plinius in einem Brief am Beispiel des ihm befreundeten T. Vestricius Spurinna beschreibt, welcher im Jahre 100 n. Chr. zum dritten Mal den Suffektkonsulat bekleidete (also für einen ausgeschiedenen Konsul als Nachfolger die Amtsgeschäfte übernahm):[473]

«Ich weiß nicht, ob ich jemals eine angenehmere Zeit verlebt habe als die kürzlich bei Spurinna verbrachte, so angenehm, daß ich im Alter – wenn anders es mir vergönnt ist, alt zu werden – niemandem lieber nacheifern möchte; eine geordnetere Lebensweise läßt sich gar nicht denken.

Wie mich der unfehlbare Lauf der Gestirne fesselt, so auch ein wohlgeordnetes Menschenleben, besonders bei alten Leuten. Der Jugend steht noch eine gewisse Unausgeglichenheit in Sturm und Drang nicht übel an, dem Alter ziemt alles, was Ruhe und Ordnung heißt; für Rastlosigkeit ist es zu spät, und Ehrgeiz wirkt abstoßend.

Diesen Grundsatz wahrt Spurinna mit eiserner Konsequenz; selbst bei den Nichtigkeiten des Alltags, Nichtigkeiten, wenn sie sich nicht eben täglich einstellten, hält er sich an eine bestimmte Reihenfolge, eine Art Kreislauf. Frühmorgens hält ihn das Ruhebett fest, um die zweite Stunde ruft er nach seinen Schuhen, macht einen Spaziergang von drei Meilen und trainiert dabei seinen Geist nicht weniger als seinen Körper. Sind Freunde dabei, entspinnen sich anregende Gespräche, wenn nicht, läßt er sich etwas vorlesen, manchmal auch, wenn Freunde ihn begleiten, doch nur, wenn sie sich dadurch nicht gelangweilt fühlen. Dann läßt er sich nieder; wieder Lektüre oder, als besserer Ersatz, ein Gespräch; hernach steigt er in seinen Wagen, nimmt seine Gattin, eine vorbildliche Frau, oder einen seiner Freunde mit, wie kürzlich mich. Welch schöne, liebreiche Vertraulichkeit! Man fühlt sich in die gute alte Zeit versetzt. Was für Heldentaten, was für Männer kannst Du da kennenlernen! Mit welchen Lehren wirst Du vertraut gemacht! Obwohl er es sich in seiner Bescheidenheit zur Regel gesetzt hat, nie den Moralprediger herauszukehren. Nach sieben Meilen geht er wieder eine Meile zu Fuß, läßt sich wieder nieder oder kehrt in sein Zimmer zu seinem Griffel zurück. Er schreibt nämlich lyrische Gedichte, und zwar griechisch und lateinisch, durchaus kunstgerecht, eigenartig anziehend, lieblich und munter, und diese Reize erhöht noch die Ehrwürdigkeit des Verfassers.

Ist ihm die Stunde des Bades gemeldet, im Winter um die neunte, im Sommer um die achte Stunde, ergeht er sich, wenn es windstill ist, unbekleidet in der Sonne. Dann schafft er sich Bewegung beim Ballspiel, eifrig und lange, denn auch mit dieser Art Training bekämpft er das Alter. Nach dem Bade ruht er und wartet noch ein wenig mit dem Essen; derweilen läßt er sich etwas Leichteres, Eingängigeres vorlesen. Während dieser ganzen Zeit steht es seinen Freunden frei, dasselbe zu tun oder etwas anderes, wenn sie das lieber wollen.

Dann wird das Essen aufgetragen, ebenso nett wie einfach, in reinem, altem Silber; auch korinthisches Geschirr kommt auf den Tisch, an dem er ohne besondere Vorliebe seine Freude hat. Häufig bringt ein Komöde Abwechslung in das Menu, um den Appetit auch durch geistige Genüsse anzuregen. Man bleibt bis in die Nacht hinein beisammen, auch im Sommer; niemandem wird die Zeit lang, in so angeregter Stimmung zieht sich das Mahl hin. Daher denn auch im achtundsiebzigsten Lebensjahre die ungeschwächte Schärfe seines Gehörs und seines Gesichts, daher seine körperliche Gewandtheit und Lebendigkeit, und als einzige Alterserscheinung seine Weisheit.

Solch ein Leben wünsche ich mir schon jetzt in Gedanken und werde es begierig antreten, sobald mein Alter zum Rückzug zu blasen erlaubt. Vorerst nutze ich mich in tausenderlei Mühen ab, wobei mir wieder Spurinna Trost und Leitbild ist; denn auch er hat, solange es die Ehre erforderte, Dienste geleistet, Ämter bekleidet, Provinzen verwaltet und durch Mühe und Arbeit sich diese Muße verdient.»

Wie die geradezu schwärmerischen Ausführungen des Plinius zeigen, lebte das von Cicero beschriebene Ideal der catonischen *senectus* auf seiten der Aristokraten ungebrochen fort, gleichwohl scheint, wie die eingangs dieses Kapitels paraphrasierte Gellius-Äußerung andeutet, der gerade auch von den altehrwürdigen Senatoren erhobene Anspruch auf entsprechend respektvolle Behandlung seitens der Jüngeren nicht mehr uneingeschränkt befolgt worden zu sein. Dies läßt sich unter anderem auch dem Bericht des Tacitus über einen Prozeß entnehmen, den der betagte Senator Domitius Corbulo im Jahre 21 n. Chr. gegen seinen jungen Standesgenossen Lucius Sulla angestrengt hatte,[474] denn «dieser habe ihm bei den Gladiatorenspielen nicht Platz gemacht. Für Corbulo sprachen sein Alter (*aetas*), die herkömmliche Sitte (*patrius mos*), die Sympathie der älteren Generation (*studia seniorum*) ... Es kam zu einem Rededuell, wobei man auch auf die Beispiele der Vorfahren hinwies, die die mangelnde Ehrerbietung der Jugend durch strenge Verordnungen gerügt hatten.»

Wie nicht zuletzt das Beispiel des Corbulo zeigt, schützte hohes Alter nicht (mehr) vor despektierlicher Behandlung und Kritik, und dies galt nicht nur für Senatoren, sondern sogar für die römischen Kaiser, wie erneut den Schriften des Tacitus, und in diesem Fall seinem Augustusbild, zu entnehmen ist.[475] So moniert Tacitus, daß der «greise Augustus» allzu sehr von seiner Frau Livia umgarnt worden sei (*annales* I 3,4), wodurch erst die Adoption des Tiberius möglich geworden sei

60 Kopf des Vespasian,
Marmor, 1. Jahrhundert
n. Chr., Florenz, Uffizien

61 Kopf des Pupienus,
Marmor, 3. Jahrhundert
n. Chr., Rom, Museo
Capitolino

(ebenda I 7,7). Andererseits attestiert Tacitus freilich dem Kaiser Galba, der bei seiner Kaiserakklamation bereits 70 Jahre alt war, diverse Vorzüge (wie zum Beispiel den moderaten Umgang mit Geld).[476] Sueton hingegen, der Kaiserbiograph aus dem 2. Jahrhundert n. Chr., weniger zu politischer Analyse als vielmehr zu moralisierenden Wertungen neigend, schreibt sowohl Galba wie auch Augustus topische Alterslaster zu: Selbst als Greis habe Augustus in aller Öffentlichkeit seiner Spielleidenschaft gefrönt (Suet. Aug. 71,1), und vom alten Galba kolportiert Sueton Gerüchte über Freßsucht und sexuelle Ausschweifungen (Suet. Galba 22); am alten Vespasian wiederum, der als knapp 60-jähriger zum Kaiser avancierte, hebt er die unprätentiöse Lebensart hervor (Suet. Vesp. 12) *(Abb. 60)*.

Wie sehr die Bewertung hohen Lebensalters von der Individualität des Beurteilten und vom Standpunkt und der Interessenlage des Betrachters abhing, zeigt auch die weitere Geschichte der (literarischen sowie tatsächlich im Porträt erhaltenen) Kaiserbilder. Als im 3. Jahrhundert n. Chr. die Kaiserherrschaft zunehmend labiler wurde, besannen sich interessierte stadtrömische Kreise auf alte senatorische Traditionen und erkoren im Jahre 238 nach dem republikanischen Vorbild des kollegial besetzten Konsulats mit Pupienus und Balbinus zwei Angehörige der Reichselite, die sich bereits im vorgerückten Alter befanden, zu Kaisern. Diesen beiden wurden die kanonischen Vorzüge der Alten (Lebensweisheit, Erfahrung etc.) zugeschrieben,[477] und ebendiese Einschätzung bringt auch das Porträt des bereits über 70-jährigen Pupienus zum Ausdruck *(Abb. 61)*, welches mit unverkennbaren Alterszügen und dem «altmodischen langen Bart»[478] die von P. Zanker beschriebene Stilisierung als Intellektueller erkennen läßt, die im folgenden Kapitel ausführlich behandelt werden wird.[479]

2. Bildungskult:
Hohes Alter und Intellektualität

Zu den im vorangegangenen Abschnitt näher beschriebenen Angehörigen der städtischen Elite, die etwa in vorgerücktem Alter in den *Gerusien* ein standesgemäßes Miteinander pflegen konnten, gehörten auch die sogenannten *Kosmeten* in Athen, die – als Polisbeamte seit dem 4. Jahrhundert v. Chr. belegt – dort noch in der hohen Kaiserzeit für die reibungslose Organisation der *Ephebie*, der (vorwiegend militärischen) Ausbildung junger Männer, Sorge zu tragen hatten. Eine Reihe von erhaltenen Bildnissen dieser Kosmeten illustriert deren Selbstverständnis, wie zum Beispiel das hier abgebildete Porträt aus dem 2. Jahrhundert n. Chr. *(Abb. 62)*. Unschwer ist, insbesondere an dem langen Philosophenbart, zu erkennen, daß der vornehme Athener sich am Vorbild Platons orientierte.[480] Doch nicht nur dieser Bart, auch typischere Altersmerkmale wie Kahlheit oder eine vom jahrzehntelangen Nachdenken zerfurchte Stirn werden nun, im 2. und frühen 3. Jahrhundert n. Chr., unverkennbar zu allgemein anerkannten und im Privatporträt beliebten Attributen von Modernität und Prominenz *(Abb. 63)*. «Die Oberschicht der Gesellschaft legt sich also ein ‹Bildungsgesicht› zu»,[481] und im Rahmen dieser von Zanker treffend als «Bildungskult» charakterisierten Mode[482] gewinnen die uns bereits hinlänglich bekannten positiven Merkmale hohen Alters – Weisheit, Lebenserfahrung, lebenslange Tätigkeit etc. – an Bedeutung, ja, sie werden ‹chic› und prägen nun das neue Erscheinungsbild der alten Eliten.

Diese hier nur in knappster Form zu skizzierende, weitgehend auf die oberen Schichten der Gesellschaft beschränkte Entwicklung ist wiederum Teil eines breiteren Prozesses, der primär durch die zunehmende Entpolitisierung der einstmals dominierenden politischen Gruppen zu verstehen ist. Die Leistungsethik der republikanischen *senes* und *patres*, die (auch) im republikanisch-realistischen Bildnis greifbar ist (S. 137 ff.), spielte im Zeitalter der Monarchie vorwiegend

62 *Attischer Kosmet, Marmor, um 140 n. Chr. Athen, Nationalmuseum*

als klassizistische Reminiszenz eine Rolle, daneben konservierten und kultivierten die unter der *pax Augusta* politisch nicht mehr den eigentlichen Ton angebenden Senatoren, Ritter und lokalen Honoratioren ihre Exklusivität durch die demonstrative Aneignung und Pflege von griechischer Philosophie, Literatur, Wissenschaft und Kunst, und sie staffierten ihre Villen mit langen Galerien der Bildnisse der als vorbildhaft verstandenen Intellektuellen aus.[483] Nicht zuletzt dieser Zeiterscheinung verdanken sich die vielen römischen Kopien klassischer und hellenistischer griechischer Bildwerke, die allein in dieser (häufig natürlich nicht originalgetreuen, authentischen Form) der Nachwelt überhaupt bekanntgeworden sind.[484] «In der Vorstellung der Griechen waren alle großen Intellektuellen alt»,[485] und somit erlebte diese positive Konnotierung hohen Lebensalters durch die Griechen in der römischen Kaiserzeit eine ungeahnte Renaissance und weite Verbreitung. In welch hohem Grade prägend diese Normierung seitens der Oberschicht auch in breitere Kreise der Gesellschaft hinein gewirkt hat, dokumentieren aufs neue Reliefs aus den Reihen des Bürgertums und der wohlhabenden Freigelassenen, und wir treffen somit wiederum auf das uns schon bekannte Phänomen der Imitation des

*63 Bildnis des 2. Jahrhun-
derts n. Chr., Marmor,
Florenz, Museo Bardini*

aristokratisch-elitären Werte- und Verhaltenskanons durch Angehörige rangniederer sozialer Gruppen.[486] Einen instruktiven Beleg
für diese Beobachtung liefert die unter Sankt Peter in Rom gelegene
Grabanlage eines Freigelassenen. Darin befinden sich unter anderem
die Bildnisse zweier Intellektueller, von denen der ältere schon «durch
sein langes und ungeordnetes Haar leicht als Philosoph zu erkennen»
ist. Wahrscheinlich hat der *libertus* seine Lehrer geehrt, und er bekennt sich auf diese Weise programmatisch zu den Förderern seiner
Bildung, die ihm offenbar viel bedeutete.

Der in der modernen Forschung häufig als artifiziell und ‹aufgesetzt› kritisierte Bildungskult des 2. und 3. Jahrhunderts, der insbesondere auch mit dem Aufblühen der griechischsprachigen Literatur in
dieser Zeit einherging,[487] dürfte also durchaus auch auf breitere
Schichten ausgestrahlt haben. Hohes Alter wurde, weil der Zeitgeist es
so verlangte, mit Intellektualität assoziiert, und auf diese Weise wurde
das soziale Ansehen insbesondere alter Philosophen, die ansonsten
nicht selten als wunderliche Sonderlinge belächelt worden waren, erhöht.[488]

Freilich dürfte mit dieser ‹Ansehenskonjunktur› des – jedoch mit Blick auf die Philosophie verengten – hohen Alters kaum zugleich eine tatsächliche Verbesserung der Situation alter Menschen in der römischen Gesellschaft einhergegangen sein (S. 157 ff.), und so zeigt sich wieder einmal, daß die auf uns gekommenen Bilder nur einen kleinen Ausschnitt derjenigen Wirklichkeit illustrieren und dokumentieren, die sich bestenfalls bruchstückhaft aus den Quellen rekonstruieren läßt. Nicht die Alten, wie sie waren, lebten und erlebt wurden, vermitteln uns diese Bilder und Kunstwerke, sondern die Alten, wie man sie sehen wollte oder wie sie selbst gesehen werden wollten. Dasselbe Grundmuster, die Isolierung und Akzentuierung einzelner Aspekte des Alters, läßt sich auch auf anderen Feldern des kaiserzeitlichen Geisteslebens und in der künstlerischen Produktion dieser Zeit beobachten, was Gegenstand des anschließenden Kapitels sein wird.

3. Poesie, Philosophie und Kunst:
Bilder vom Alter und von Alten

Bezog der ‹kaiserzeitliche Bildungskult› seine wesentlichen Anregungen aus dem klassischen Erbe der Griechen, so zeugen auch die nachrepublikanischen Werke der Lyrik und Epik, Philosophie und Bildniskunst von der Wirkungsmacht griechischer Kultur, denn die wesentlichen Motive, Aspekte und Topoi des hohen Lebensalters, die wir bei den Griechen kennengelernt haben, prägen auch die entsprechenden römischen, kaiserzeitlichen Kunstgattungen. Dies gilt insbesondere, um mit der Poesie zu beginnen, für die vor allem in der augusteischen Zeit blühende elegische Dichtung.

Der früheste Vertreter dieser Elegiker, Catull – dessen Lebenszeit zwischen 87/85 v. Chr. und (mindestens) 55 v. Chr. lag – gehörte, genau genommen, eigentlich noch in den vorangegangenen Teil der Darstellung über die römische Republik; er wird aber wegen seiner engen, literaturgeschichtlich zu rechtfertigenden Verbindungen zu Properz, Tibull und Horaz[489] erst an dieser Stelle behandelt. Es liegt aus gattungstypologischen Gründen auf der Hand, daß diese Form lyrischer (Liebes-)Dichtung in besonders hohem Maße subjektiv geprägt ist, und dies gilt vornehmlich auch für ihr Altersbild. Catull, der unter dem literarischen Pseudonym «Lesbia» eine von ihm geliebte, verheiratete Frau – möglicherweise Clodia, die Tochter des Appius Claudius Pulcher und Gattin des Q. Caecilius Metellus Celer – besingt und offenbar seinen realiter unerfüllten Lebenstraum literarisch zu bewältigen sucht, entwirft in dem «Hochzeitslied» c. 61 das Ideal lebenslanger harmonischer Liebe:

> «Braut, auch du nun, versag' dem Mann
> ja nicht, was er verlangt, damit
> er's nicht anderswoher sich sucht!
> Hymen ho, Hymenaeus ho!
> Hymen ho, Hymenaeus!

Hier ist deines Gemahls Palast,
schau, wie stattlich und reich er ist!
Laß ihn immer dir dienstbar sein –
– Hymen ho, Hymenaeus ho!
Hymen ho, Hymenaeus! –,

Bis das grauende Alter einst
leis dein zitterndes Haupt bewegt,
daß es allen stets Ja! zunickt!
Hymen ho, Hymenaeus ho!
Hymen ho, Hymenaeus!»[490]

Gleichwohl: Dem Liebenden stehen Jugend und Lebenslust näher, und
so ruft Catull in c. 5, 1–3 aus:

«Laß uns, Lesbia, leben und uns lieben
und der grämlichen Alten Reden alle
eines Pfifferlings grade wert erachten!»

Das Alter als harmonisches Lebensstadium oder das Alter als lebens-
und liebesfernes Jammertal, die Alten als neidende Gegenspieler der
lebensstrotzenden Jungen oder selbst noch als liebeshungrige Konkur-
renten der jungen Burschen – all diese Motive kennen wir bereits aus
der griechischen Lyrik und Komödienliteratur, und sie begegnen nicht
nur bei Catull wieder.[491]

Auch Properz (ca. 47 bis ca. 2 v. Chr.) verwendet diese verschiedenen
Facetten hohen Alters im Dienste seiner literarischen Absichten. Die
Angebetete, die ihn erhört, möge ewig leben und doch von den Unan-
nehmlichkeiten des Alters verschont bleiben:

«Möchte doch dieses Gesicht kein Alter verändern, und lebte,
Cumaes Seherin gleich, sie auch Jahrhunderte lang!»[492]

Ist es aus mit der Liebesherrlichkeit, so mögen die Treulose freilich alle
Alterslasten beschweren:

«Darum Ade! nun der Schwelle, beträ't unter klagenden Worten,
und der Tür, die im Zorn dennoch die Hand nicht erbrach!

> Dich aber, ob du die Jahre auch hehlst, drück' lästiges Alter,
> und manche Runzel erschein' störend im schönen Gesicht!
> Ja, dann möchtest du wohl die weißen Haare dir rupfen,
> während der Spiegel – o weh! – immer die Runzeln dir weist.
> Dann sei du zur Vergeltung verschmäht und erfahre Verachtung,
> und als Vettel beklag dann, was du selber getan.
> Das ist der Schicksalsspruch, den dir meine Dichtung gesungen.
> Lerne und denke mit Angst, daß deine Schönheit vergeht!»[493]

Zur Idylle eines Lebens in Frieden und Harmonie gehört auch für Properz das von kultivierter Muße und geistiger Aktivität geprägte Alter:

> «Wenn die beschwerlichen Jahre die Zeiten der Liebe dann enden
> und sich des Alters Weiß breitet im dunkelen Haar,
> dann will ich gern mich bemühn, die Art der Natur zu erforschen,
> welch ein Gott mit Geschick unseren Weltenbau lenkt,
> wie der Mond beim Aufgang erscheint und wie er dann abnimmt,
> wie er die Sicheln zum Rund monatlich wieder vereint,
> woher der Sturm auf der See und wonach die Südwinde jagen,
> woher dauernd das Naß hoch in die Wolken gelangt,
> ob der Tag einmal kommt, der das Weltengebäude zertrümmert,
> warum der Bogen so bunt Wasser zum Regen stets schlürft...»[494]

Doch in dem Schmähgedicht auf die alte *lena*, die Kupplerin, erscheint das Alter wiederum in gänzlich anderem Licht; hier bemüht der Dichter alle negativen Topoi, welche mit einer derartigen Figur seit der griechischen Komödie verbunden wurden: Verschlagenheit, Zahnlosigkeit, schütteres Haar, Magerkeit und die «schäbige Seele».[495]

Tibull (ca. 50 v. Chr. bis ca. 19 v. Chr.) schöpft aus demselben Motivinventar wie Properz: Wahre und treue Liebe möge bis ins hohe Alter Bestand haben,[496] und die geradezu rührende Beschreibung familiärer Innigkeit bildet das poetische Echo des in allen gesellschaftlichen Gruppen verbreiteten Ideals eines glücklichen Alters im Kreise der Nachkommen:

> «Sprößlinge schenkt dann die Frau, und das Söhnchen raubt seinem Vater
> Küßchen, indessen es ihn fest bei den Ohren erfaßt.
> Nicht verdrießt es den Ahn, beim kleinen Enkel zu wachen
> und im Gespräch mit dem Kind lallend zu schwatzen als Greis.»[497]

Nicht alle Greise geben sich freilich damit zufrieden, mit Enkeln in der Kindersprache spielerisch zu kommunizieren – Tibull kennt auch den von den Griechen über Plautus und Terenz ins Lateinische vermittelten *senex libidinosus,* der noch auf Freiersfüßen wandelt:

> «Sah ich doch: Wer die Jugend verhöhnt ob des Leids in der Liebe,
> bog unter Venus' Joch später den Nacken als Greis.
> Schmeichelnde Worte dann bracht' er hervor mit zitternder Stimme,
> strich das ergrauende Haar sich mit den Händen zurecht;
> ja, er stand ohne Scham vor der Tür der teuren Geliebten,
> hielt auch sogar ihre Magd fest auf dem offenen Markt.
> Rings um ihn drängen in dichter Schar sich Knabe und Jüngling,
> und in das weiche Gewand speit sich ein jeder dabei.»[498]

Und fruchtete dies alles nichts, so blieb dem Alten nur noch der Griff in den Geldbeutel, der freilich den Charme der Jugend nicht ersetzen kann:

> «Fordere keine Geschenke, die gebe der Greis, der verliebt ist,
> daß er an weicher Brust wärme den frostigen Leib.
> Teurer als Gold ist der Jüngling, dem glatt noch glänzen die Wangen, und
> wenn er einen umarmt, sticht noch kein stachliger Bart.»[499]

Auch die alten Frauen sind in der Lyrik Tibulls in beiderlei Spielarten vertreten: sowohl die alte Kupplerin wie auch, auf der anderen Seite, die *aurea anus* (die *goldene Greisin*), die Mutter der Geliebten Delia, welche dem Dichter das Schäferstündchen mit ihrer Tochter ermöglicht:

> «Sie ja führt dich im Dunkel mir zu, und in ängstlicher Sorge
> legt sie uns Hand in Hand heimlich und ohne ein Wort.
> Fest, wie gebannt, so harrt sie des Nachts an der Tür und von weitem,
> wenn ich komme, sogleich kennt sie den Hall meines Schritts.
> Herzige Alte, o bleib mir lang noch am Leben; ich teilte,
> was mir an Jahren bestimmt, ginge es, gerne mit dir.»[500]

In seinen frühen (Liebes-)Dichtungen steht auch Ovid (43 v. Chr. bis 17/18 n. Chr.) ganz in derselben Tradition wie die eben behandelten Elegiker, auch bei ihm dominieren das Private und Subjektive.[501] In seinem literarischen Erstling, den um 15 v. Chr. publizierten *Amores*, charakterisiert er in topischer Manier die treulose Alte (*anus perfida*: Am. 1,14,40) und die alte Kupplerin (*lena anus*: Am. 3,5,40), und auch der von der körperlichen Liebe nicht lassende Greis wird daran erinnert, was der Natur und der Konvention entspricht: «Das Lebensalter, welches dem Krieg angemessen ist, konveniert auch der Liebe: schändlich ist ein Greisensoldat, schändlich auch die Greisenliebe» (Am. 1,9,3–4).

Mit den wohl im Jahre 8 n. Chr. veröffentlichten *Metamorphosen* rezipiert und verarbeitet Ovid nun auch stärker die griechische Epik und zeichnet im homerischen Stil Nestor als Idealgreis, dessen überragende Weisheit und Lebenserfahrung ihn zum Mythenerzähler prädestinieren, wie Ovid den Achilles sagen läßt:

> «‹Tu uns kund – denn gleich sind alle zu hören begierig –,
> o wohlredender Greis, du Einsicht unseres Alters,
> wer denn Caeneus war; weshalb er erfahren die Wandlung;
> welches gewesen der Zug und die Schlacht, darin du ihn kennenlernetest;
> wer ihn besiegt, wenn anders ihn einer besiegt hat.›
> Nestor erzählt: ‹Obwohl ich, vom stumpfenden Alter behindert,
> schon gar manches vergaß, was während der Jugend ich schaute,
> mehr doch bleibt mir getreu im Gedächtnis. Aber von allem,
> was ich erlebte daheim und im Feld, steht fester als jenes
> nichts vor unserem Geist. Wenn je weitreichendes Leben
> einen zum Zeugen gemacht vielfältiger Taten: verlebt sind
> zwei Jahrhunderte mir; nun leb ich das dritte der Alter.»[502]

In dasselbe Jahr 8 n. Chr. fällt die von Augustus verfügte Verbannung Ovids ans Schwarze Meer, und diese dramatische Lebenswendung spiegelt sich allzu deutlich auch in seinen Dichtungen wider. Dies gilt weniger für die im Jahr 8 n. Chr. wohl bereits großenteils fertiggestellten *Fasti* (*Festkalender*) mit ihrem noch weitgehend positiven, im republikanischen Sinne idealisierten Altersbild[503] als für die erst im Exil entstandenen Werke wie die *Briefe vom Schwarzen Meer*, die *Epistulae ex Ponto*,[504] in denen nun auch eine negative Alterseinschätzung vorherrscht.

Eher noch als bei dem Dichter der *Metamorphosen* sollte man bei Vergil (70 v. Chr. bis 19 v. Chr.) mit Anklängen an das homerische Altersbild rechnen, schrieb dieser doch in direktem Anschluß an Homer das römische Nationalepos schlechthin, die *Aeneis*. Allerdings scheinen auf den ersten Blick, anders als bei Homer, in den vergilischen Werken negative Attribute der *senectus* zu überwiegen, und so ist denn auch kürzlich von einem deutlich negativ konnotierten Altersbild Vergils gesprochen worden, welches sogar Anklänge an Aristoteles aufweise.[505] Gegen diese Auffassung hat sich freilich jüngst mit guten Gründen Elisabetta Riganti gewandt und hervorgehoben, daß auch bei Vergil alle gängigen Facetten der Altersauffassung begegneten, von einer eindeutig pejorativen Behandlung des hohen Lebensalters bei Vergil könne keine Rede sein.[506]

In der Tat wird vor allem bei Beachtung der konkreten Gesprächs- und Handlungssituationen in der *Aeneis* klar, daß Vergil die jeweils geäußerte Altersauffassung an die Person und Situation der Sprechenden bindet und nicht etwa allgemeingültige Aussagen vermittelt. Wenn es etwa von dem alten troianischen König Priamos heißt, er «nahm seinen Panzer, den längst entwöhnten, der Greis um die alterszitternden Schultern – eitles Bemühn –, umgürtete sich mit nutzlosem Schwert und stürzt in der Feinde Gewühl, um zu sterben»,[507] so liegt darin keine Alterskritik, sondern es wird nur die Ohnmacht des Greises hervorgehoben, der gegen die herandrängenden Griechen nichts auszurichten vermag und allein auf die Gnade der Götter vertrauen kann, wie seine Gattin Hekuba sagt:

«‹Welch ein grausiger Wahn, mein ärmster Gemahl, hat
dich denn getrieben, dich also zu rüsten? Wozu dieses Hasten?
Nicht nach solch einer Hilfe, nach solchen Verteidigern ruft jetzt
hier diese Not, jetzt müßte sogar mein Hektor versagen.
Komm doch hierher! Es wird der Altar hier alle beschützen,
oder du stirbst mit uns!› So sprach sie, zog ihn zurück zu
sich und ließ den Bejahrten an heiliger Stätte sich setzen.»[508]

Gleichwohl hält es den Greis nicht länger, und er stürzt sich ins Kampfgewühl –

«und warf ohne Wucht unkriegerisch hin den
Speer, dumpf tönt das Erz, abprallt die Waffe und hängt nur
wirkungslos noch eben vom Buckel des Schildes herunter.»[509]

Darauf ereilt der Tod den Alten, der den Untergang seiner Stadt nicht tatenlos hatte mitansehen können und wollen.

Anchises, der Vater des Aeneas, ist so bejahrt wie Priamos (*aequaevos*: Aen. 2,561), auch schon «vom Alter geschwächt» (Aen. 2,596: *fessus aetate*) und beklagt – nicht anders als der homerische Nestor – vom Standpunkt der aristokratischen Kriegerethik aus,[510] nicht mehr wirkungsvoll an der Schlacht teilnehmen zu können. Aber auch er will – wie Priamos – lieber kämpfend als kampflos den Tod finden:

> «‹Selbst finde ich kämpfend den Tod, ein Feind wird Erbarmen
> zeigen und Beute verlangen; was soll der Verlust mir des Grabes?
> Längst schon bin ich den Göttern verhaßt, und nutzlos durch Jahre
> schlepp ich mich, seit der Vater der Götter, der König der Menschen
> mich umlohte mit wehendem Blitz, mich lähmte mit Feuer.›»[511]

Anchises bleibt jedoch am Leben, von der *pietas* – hier: dem Respekt vor den moralischen Standards der Kindespflicht – seines Sohnes gerettet, und begleitet diesen auf seinen Irrfahrten, bis er auf Sizilien stirbt – von Aeneas als moralische Autorität und Hort der Geborgenheit, als «Trost aller Sorgen und Leiden» (Aen. 3,709) gepriesen.

Latinus, der König von Latium, «lenkte, bejahrt schon, Land und ruhige Städte in langem Frieden als König» (Aen. 7,45–46), doch auch diesen schützt sein Alter nicht vor Fehleinschätzungen – er hatte Aeneas nicht bereitwillig aufgenommen und muß nun den gewaltsamen Niedergang seiner Stadt erleben, «wankend in zerissenem Gewande..., wild sein graues Haar mit schmutzigem Staube entstellend» (Aen. 12,609.611).

Das hohe Alter erscheint also in der *Aeneis*, ähnlich wie in der homerischen Epik, als Lebensstadium mit unvermeidlichen Einbußen an Lebenskraft und mit den entsprechenden sozialen wie politischen Konsequenzen, die man beklagen, aber nicht ignorieren oder gar ausgleichen kann. Ein durchgängig negatives Altersbild läßt sich hier freilich ebensowenig nachweisen wie in den vergilischen *Eklogen* und den *Georgica*. Vielmehr figuriert in der berühmten ersten Ekloge der Hirte Tityrus als *fortunatus senex*, als ein vom Glück begünstigter Greis: «Hier an vertrauten Flüssen und zwischen heiligen Quellen trinkst du nun stets die schattige Kühle.»[512] Und daß der alte Silen – «aufgeschwollen vom gestrigen Wein, wie immer, die Adern» (ecl. 6,15) – zum Gespött der Jungen und der Nymphe Aegle wird und zum Vergnügen der Spötter den ganzen Tag über singt, «bis die Schafe zum Stall zu treiben und alle zu zählen mahnte der Abendstern» (ecl. 6,85–86), entspricht der Rolle, die billigerweise einem Silen zukommt.

Weit weniger eindeutig ist hingegen die Bestimmung der berühmtesten und zugleich umstrittensten Altersfigur der Landlebendichtung Vergils, des *Corycius senex* – des Alten aus Corycus – (Georg. 4,125–146, in der Übersetzung von J. und M. Götte):

«Denn in der Nähe Tarents, des turmumgrenzten – noch weiß ich's – wo
goldwogende Saatflur netzt der dunkle Galaesus,
traf einen Alten ich einst aus Corycus. Einige Joch nur
hatte er unvermessenen Lands, weder lohnend dem Pflugstier,
noch bot's Weide dem Vieh, noch trug es Trauben dem Bakchus.
Er aber zog im Gestrüpp weitzeiligen Kohl sich und weiße
Lilien rings und zehrenden Mohn und heiliges Krautwerk,
dünkte an Schätzen sich Königen gleich, und kehrte er spät zum
Nachtmahl heim, so belud er den Tisch, keines Marktes bedürftig.
Er zuerst brach Rosen im Lenz und Obst sich im Herbste,
und wenn immer noch trostloser Winter mit Froste die Felsen
spaltete und mit Eis den Lauf der Gewässer noch hemmte,
schnitt Hyazinthen er schon mit zarter, duftiger Dolde,
höhnte des Sommers Verspätung dabei und der Westwinde Säumnis.
Also ward er mit trächtigen Bienen und wimmelndem Schwarm als
erster beglückt, entpreßte den Waben schäumenden Honig,
Bienenweide boten ihm reich rings Linden und Fichten;
jegliches Obst, das fruchtbar im Blütgewande des Lenzes
barg der Baum, er trug es gereift dem Herbste entgegen.
Ältere Ulmen sogar verpflanzte der Greis noch in Reihen,
zähesten Birnbaum und Schwarzdorn, gepfropft, mit Pflaumen schon
prangend,
und Platanen, die wölbig rings schon Zecher umschattet.»

Diese Episode, eingebettet in die Beschreibung des Bienenstaates, hat zu äußerst kontroversen Interpretationen Anlaß gegeben. Laut Erich Burck wollte Vergil an diesem Greis «die Unablässigkeit der mühevollen Arbeit und das tiefe Glück aus der sinnvollen Setzung dieser Arbeit» vorführen; ganz im Sinne des ciceronischen Cato[513] stütze sich «die ‹auctoritas› des korykischen Greises, der die ‹voluptates agricolarum› – die Freuden des tätigen Landlebens – genieße, auf das erfüllte Leben und die menschliche Abgeklärtheit ... und auf die Reife des Alters».[514] Einen anderen Akzent setzt dagegen R. F. Thomas: Der *Corycius senex* sei eine reine Kunstfigur, ohne jegliche Wirklichkeitsbezüge und ohne jegliche Wirkungsintention, sie sei nichts anderes als ein poetisches Motiv im absichtslosen Spiel der Dichtung, eine poetische Replik Vergils auf hellenistische Vorbilder.[515] Mit Recht hat freilich Jenny Strauss Clay darauf hingewiesen, daß jede Interpretation vor allem den Kontext der Szene berücksichtigen müsse, der alte Landmann also im Kontrast zu und vor dem Hintergrund der Bienengemeinschaft zu betrachten sei. Dabei ergebe sich, so Strauss Clay, daß der *Corycius senex* als poetischer Entwurf, als idealtypisches Gegenbild zu dem Bienenstaat komponiert sei: Er stehe außerhalb jeder sozialen, ökonomischen und politischen Bindung, sei frei von allen Leidenschaften und Affekten, Kinder, Angehörige oder andere Menschen gäbe es in seinem Kosmos nicht; der Alte repräsentiere eine Möglichkeit menschlicher Existenz, die nur sich selbst genüge und in der Kultivierung der Natur Erfüllung fände – innere Freiheit und heitere Gelassenheit zeichneten diese fiktive Altersfigur aus, die weder als konkreter Gegenentwurf zur Wirklichkeit noch als ‹Mustergreis› Vergils selbst – wie etwa der alte Cato Ciceros – zu begreifen sei.[516]

Während Vergils Dichtungen erkennbar weit weniger Anknüpfungspunkte für die Verbindung der in ihnen vermittelten Altersbilder mit seiner eigenen Biographie bieten, als dies etwa bei Ovid der Fall ist,[517] scheinen bei den einschlägigen Gedichten von Horaz (65–8 v. Chr.) wiederum zumindest stärkere biographische Bezüge als bei Vergil vorzuliegen. Zwar zeichnet sich Horaz im Vergleich zu den schon behandelten Elegikern durch eine sehr viel größere Vielfalt literarischer Motive, benutzter Gattungen und traktierter Themen aus, doch läßt sich sein insgesamt pessimistisches Altersbild wohl zumindest auch, wie Hohnen gezeigt hat, auf das eigene Erleben, das Empfinden und Wissen um die unvermeidbaren Folgen des Alterungsprozesses zurückführen.[518] Denn für Horaz ist das vorgerückte Alter vor allem gleichbedeutend mit schwindender Lebenslust und Lebenskraft:

«Was sein mag morgen, vermeide zu fragen, und
jeden Tag, den das Schicksal dir schenken wird, dem Gewinne
zähle ihn zu, und ja nicht die süßen Spiele der Liebe
verschmähe, Knabe, noch die Tänze,
solang deiner grünenden Blüte das Grauhaar noch fern ist,
das grämliche.»[519]

Wer dies nicht wahrhaben will und trotz Weißhaarigkeit und Runzeln
meint, am Liebesreigen teilnehmen zu müssen, wird dem beißenden
Hohn des Dichters preisgegeben, wie die *anus* (Greisin) der Ode 1,25:

«Seltener treffen deine geschlossenen Fensterläden
mit häufigen Würfen die Jünglinge in ihrem Ungestüm,
nicht rauben sie dir deine Ruhe, fest befreundet haftet
die Tür an der Schwelle,
die früher so oft leicht bewegte
die Angeln. Du hörst es weniger und weniger schon:
‹Ich, der ich Dein, vergeh in langen Nächten –
Lydia, schläfst du?›

Anders nun: Als Alte wirst du der Freier Übermut
beweinen, verlassen verachtet im Winkel,
da aus Thrakien tobt stärker beim Neu-
mond der Sturmwind,
während dir brennend Liebe und Gier,
wie sie pflegen rasen zu lassen die Mütter der Rosse,
wüten werden um deine schwärende Leber,
voll von Jammer,

daß frohe Jugend am Efeu, dem grünenden,
freuet sich mehr und an der dunklen Myrte,
trockene Blätter aber dem Wintersgefährten
preisgibt, dem Euros.»[520]

Der Dichter selbst weiß um die Nutzlosigkeit des Widerstandes gegen
die unausweichlichen Folgen des Alterns, wie einzelne Stücke des erst
spät entstandenen und publizierten vierten Odenbuches bezeugen,
insbesondere das erste Gedicht (c. 4,1,1–12. 29–33):

«Vorüber, Venus, sind lang schon
die Kämpfe – weckst du sie wieder? Schone mein, ich flehe, ich flehe…
Nicht bin ich mehr, wie ich war unter der lieben
Cinara Herrschaft! Laß ab, holder

Liebesgötter grausame Mutter,
nah am zehnten Lustrum zu beugen mich: ich bin für deine weichen
Weisungen schon zu starr. Zieh hin,
wo schmeichelnd dich rufen der Jünglinge Bitten.

Gelegener wirst in das Haus
des Paulus, schwebend auf purpurfarbenen Schwänen,
du einziehn, des Maximus,
wenn zu entzünden du suchst eine empfängliche Brust.

Ist er doch edel und schön
und nie stumm für besorgte Beklagte,
ein Jüngling von hundert Künsten…

Mich kann weder Weib noch Knabe
mehr, noch gläubige Hoffnung auf ein Herz, das Antwort mir gibt,
noch zu wetteifern erfreuen beim Zechen
noch zu kränzen frisch die Schläfen mit Blumen.»

Die resignative Erkenntnis, daß die brennende Liebesleidenschaft
keine Sache des fortgeschrittenen Alters mehr sei, bestimmt auch die
in der 17. Epode formulierte, geradezu flehentliche Bitte an die ein-
stige Geliebte Canidia, ihn nicht länger mit ihren verführerischen
Künsten zu quälen, denn (epod. 17, 21–26):

«Geflohn ist die Jugend mir, die frische Farbe
hat hinterlassen Knochen nur noch, überdeckt von fahler Haut,
von deinen Zaubersalben ward das Haar mir weiß,
keine Ruhe erquickt mich von meinem Leiden,
es drängt den Tag die Nacht, die Nacht der Tag, nicht ist
Erleichterung mir vergönnt im Seufzer für die tief bedrängte Brust.»

Ob die Lektüre solonischer Gedichte, der Werke Platons oder der ciceronischen Abhandlung über das Alter, welches in allen diesen Texten
als willkommene Befreiung von derlei Affekten gepriesen wird, dem

gepeinigten Dichter Linderung und Trost hätte spenden können, darf mit Fug und Recht bezweifelt werden. Horaz hat jedenfalls noch andere Formen der literarischen Bewältigung des Altersphänomens gefunden und praktiziert, nämlich die poetologische Reflexion und die satirische Überzeichnung. In seinen, einer frühen Schaffensperiode entstammenden Satiren treffen wir wieder auf ein deutlich negatives Altersbild:[521] Die *senectus* gilt dem Satirendichter als hinfällig (*imbecilla*), lähmend (*tarda*) und geizig;[522] Greise seien griesgrämig und mürrisch.[523]

Und in seiner erst spät verfaßten *Ars poetica* (Dichtkunst) formuliert er litcraturtheoretische Überlegungen und äußert unter anderem die Überzeugung, daß ein dramatischer Dichter über Menschenkenntnis verfügen und die Psychologie der Altersstufen kennen müsse:[524] «Du mußt die Charaktere der einzelnen Altersstufen richtig zeichnen und den mit den Jahren wechselnden Trieben das geben, was ihnen zukommt.» In der als dichtungspraktischer Leitfaden anschließend präsentierten Beschreibung der einzelnen Lebensphasen heißt es dann über das letzte Stadium, das Greisenalter (Ars 169–178): «Ein Heer von Übeln umringt den Greis, sei es, weil er immer mehr zu erwerben sucht und doch vom Erworbenen sich jammervoll keinen Genuß gönnt und sich scheut, es aufzubrauchen, sei es, weil er alles zaghaft angreift und ohne Wärme und alles auf die lange Bank schiebt, weil er noch auf ein langes Leben hofft; er ist untätig und klammert sich gierig an den nächsten Tag, ist schwer zu behandeln, immer zum Jammern geneigt, ein Lobredner der ‹guten alten› Zeit, als er noch ein kleiner Bub war, ein ewiger Nörgler und Sittenprediger gegenüber der Jugend. Manches Gute bringen die Jahre der aufsteigenden Lebenslinie mit sich, manches nehmen sie uns bei ihrem Scheiden hinweg. Daß du also ja nicht die Rolle eines Greises auf einen jungen Mann überträgst oder die eines Mannes auf einen Knaben! Stets soll die Rolle bei den Eigenschaften verweilen, die einer bestimmten Altersstufe eigen und ihr angemessen sind.»

Im Vergleich zu dem prominentesten Vertreter der hochkaiserzeitlichen Satire, Juvenal (um 55 bis nach 127 n. Chr.), und zu dem diesem in vielerlei Hinsicht kongenialen Epigrammatiker Martial (38/41 n. Chr. bis 102/4 n. Chr.) wirken Horazens zuletzt zitierte

Äußerungen über das Alter freilich nachgerade altbacken. Dies gilt insbesondere mit Blick auf die zehnte Satire Juvenals, die jüngst als die wohl vernichtendste Alterscharakteristik der gesamten lateinischen Literatur bezeichnet worden ist:[525] «‹Gib mir langes Leben, gib mir, Jupiter, viele Jahre!› Darum betet der Gesunde wie der Kranke. Aber von welchen andauernden, schrecklichen Leiden wird hohes Alter heimgesucht! Schau vor allem auf das Gesicht, wie es häßlich entstellt ist, sich selbst nicht mehr ähnelnd; statt zarter Haut ist's Leder: sieh die hängenden Wangen und die Greisenrunzeln, wie sie sich in Numidiens schattenspendenden Waldhängen die Affenmutter am Maul kratzt. Junge Menschen unterscheiden sich in mancherlei Hinsicht: schöner sind einige als manche andere, einer ist viel kräftiger als ein anderer: aber alle Greise haben dasselbe Gesicht. Da zittert die Stimme wie die Glieder, kahl ist schon der Kopf, und die Nase träufelt wie bei kleinen Kindern: der Arme, nicht mehr mit Zähnen bewehrt, muß sein Brot mit dem Zahnfleisch zermummeln. So sehr fällt er seiner Frau, seinen Kindern und sich selbst zur Last, daß er selbst den Erbschleicher Cossus anekeln würde. Abgestumpft ist sein Gaumen, so daß er an Wein und Speise nicht mehr Freude hat. Beischlaf ist längst vergessen; versuchst du's doch, bleibt wegen Hodenbruch das winzige Glied schlaff hängen, und hängen bleibt es, wird's auch die ganze Nacht hindurch manipuliert. Kann ein weißhaariger Greis in seiner Schwäche vielleicht auf anderes hoffen? Warum noch betonen, daß die Gelüste wohl zu Recht verdächtig sind, die kraftlos Liebesgenuß vortäuschen wollen.»[526]

Anschließend prangert Juvenal zusätzlich alterstypische Taubheit und senile Demenz an,[527] so daß es scheinen möchte, als habe hier ein maßloser Zyniker seinen Widerwillen gegen die Alten ungehemmt hinausposaunt. Immerhin kennt Juvenal aber auch andere Seiten des Alters: etwa die Hellsichtigkeit des alten Umbricius, welcher der verkommenen Großstadt Rom den Rücken kehrt (sat. 3), oder die Heiterkeit, Integrität und Beredsamkeit des alten Prokonsuls von Africa, Crispus (sat. 4,81 ff.). Gleichwohl überdeckt natürlich der beißende Spott der zehnten Satire derartige vereinzelte Äußerungen, und es bleibt die letztlich kaum definitiv zu klärende Frage, ob Juvenal gängige (Vor-)Urteile über das Alter und damit den herrschenden Zeit-

geist satirisch überzeichnet oder seinen eigenen Anschauungen defti-
gen Ausdruck verliehen hat.

Eine ähnliche Frage stellt sich für die Epigramme Martials, die ebenfalls in ihrer ganz überwiegenden Mehrzahl als satirisch zu bezeichnen sind. Nur vordergründig verweist die dialogische Grundstruktur
dieser Epigramme, in denen häufig ein Ich mit einem Du kommuni-
ziert, auf die Person Martials, tatsächlich werden in der Regel jedoch
Typen vorgeführt, die eine autobiographische Interpretation dieser
Texte im Prinzip nicht zulassen.[528] Unnachgiebigen Spott gießt Martial vor allem über alte Männer und Frauen aus, die sich nicht mit
ihrem hohen Lebensalter und den entsprechenden Begleiterscheinun-
gen abfinden wollen:[529]

> «Weiß ist dein Bart, und das Haar ist schwarz. Den Bart dir auch färben
> kannst du nicht, das ist der Grund, kannst es nur, Olus, beim Haar.»[530]

Nicht anders als Olus ergeht es dem alten Marinus:[531]

> «Deine spärlichen Haare suchst, Marinus,
> du von hier und von dort und deckst der Kahlheit
> leuchtend Feld mit dem kargen Haar der Schläfen;
> doch getrieben vom Windstoß, gehn sie wieder
> an die frühere Stelle und umgeben
> dir mit zottigen Strähnen deinen Kahlkopf.
> Hier Spendophorus, dort Telesphor scheinst du,
> Cydas's Hermeros, glaubt man, steht dazwischen.
> Was gestehst du nicht offen jetzt dein Alter,
> daß du endlich als einer nur erscheinest.
> Nichts so schlimm als ein Kahlkopf, der frisiert ist.».

Alte Frauen kommen bei Martial auch nicht besser weg als die alten
Männer:

> «Hat sie Jahre soviel wie auf dem Kopfe
> Haare, dann ist Ligeia erst drei Jahr alt.»[532]

Gegen derlei Evidenz ist kein Kraut gewachsen – mag es auch noch so
teuer sein:

«Laelia, Zähne und Haar – und du schämst dich nicht – hast du gekaufte.
Doch mit dem Auge, was da? Sag mir! Das kauft sich ja nicht.»[533]

Daß solche alten Frauen, unverheiratet oder verwitwet, keine Aussicht
mehr auf (Wieder-)Verheiratung besaßen, war, wie gesehen (o. S. 163),
ein sozialgeschichtlich gut belegbares Phänomen mit sehr ernsten
Konsequenzen für die Betroffenen – allein, Martial schert dies wenig,
auch die Heiratswilligkeit einer alten Frau nimmt er aufs Korn (3,93):

«Dreihundert Konsuln sahst du schon, Vetustilla,
und nur drei Haare hast du noch und vier Zähne,
die Brust der Grille, Farb und Bein der Ameise.
Mehr als der Mantel zeigt bei dir die Stirn Falten;
nur Spinngewebe ist bei dir, wo sonst Brüste.
Vergleicht man's mit dem Rachen, den du hast, etwa,
so ist beim Krokodil am Nil das Maul klein nur.
Der Sang der Frösche bei Ravenna klingt besser,
und an der Hadria die Mücke singt schöner.
Du siehst so viel wie Eulen sehen frühmorgens
und stinkst gerade wie der Ziegen Ehmänner.
Von einer magern Ente hast du den Bürzel.
Mehr als ein alter Kyniker ist dein Schoß knochig.
Nur bei erloschner Lampe läßt der Badmeister
zum Bad dich zu mit Dirnen von den Grabmälern.
Und im August sogar ist stets für dich Winter,
mit Fieber selber könnt er dich nicht auftauen. –
Frein willst du, die du schon zweihundert Jahr tot bist?
Nach deinem Leichnam, willst du Närrin, soll liebend
ein Mann erglühn? Was nicht nach Sattias Steinbild!
Wer wird dich Gattin, wer dich jemals Frau nennen?
Nannt dich doch Philomelus jüngst schon Großmutter.
Soll man dir dein Gerippe noch bearbeiten,
muß man das Lager von des Acorus Tisch holen,
wie's nur allein für deine Ehe dir zukommt.
Brautfackeln trag dir, der den Holzstoß anzündet.
Für deinen alten Schoß geziemt nur solch Brand noch.»

Nicht anders als Horaz karikiert auch Martial die selbst im hohen Alter nicht nachlassende *libido*, das Verlangen nach körperlicher Liebe,

und stellt sie dem physischen Verfall in erbarmungsloser Deutlichkeit gegenüber:

> «Pyrrhas Tochter, zugleich Stiefmutter Nestors,
> die Klein-Niobe schon mit greisem Haar sah
> und der alte Laertes Ahne nannte,
> Priams Amme, Thyestes' Schwiegermutter,
> sie, die sämtliche Krähen überlebte,
> hier liegt Plotia endlich, und im Grabmal –
> mit Melanthion geilt sie noch, dem Kahlkopf.»[534]

Doch wie Juvenal, so kennt selbst der ‹martialische› Spötter und Satiriker auch die positive Ernsthaftigkeit menschlichen Wünschens und Wollens: In einem Hochzeitsgedicht formuliert er zart und anrührend:

> «Lieben soll sie dereinst noch den Greis, doch sie selber erscheine
> dann selbst, wenn sie es ist, ihrem Gemahle nicht alt!»[535]

Und an griechische Vorgänger wie Demokrit (S. 50f.), der den von Todesfurcht gespeisten Wunsch nach langer Lebenszeit für Torheit erklärt, erinnert das folgende Diktum Martials (6,70,12–15):

> «Wer des Priamus und des Nestor Leben
> für ein langes erachtet, Marcianus,
> ach, der irrt sich und täuscht sich wahrhaft gründlich:
> Leben liegt nicht im Dasein, im Gesundsein!»

Und so mag denn der vom poetischen Subjekt sich selbst dargebrachte und an seinen Genius, seinen Schutzgeist, gerichtete Wunsch nach erfülltem Leben und gesundem Alter auch vom Dichter empfunden worden sein (10,24):

> «Ihr Kalenden des März, da ich geboren,
> Tag mir schöner als die Kalenden alle,
> da mir selber die Mädchen Gaben senden,
> heut zum fünfzigsten Male und zum siebten
> bring ich Kuchen und Weihrauch euch zum Altar.
> Fügt, wenn anders mein Flehn mir dient, ich bitte,

zu den alten noch zweimal neun der Jahre,
daß ich, noch nicht gelähmt von großem Alter,
doch, wenn dreifach die Lebensbahn durchmessen,
der elysischen Herrin Hain betrete!
Gleich ich Nestor, so wünsch ich keinen Tag mehr.»

Hohes Alter und nahender Tod gehören untrennbar zusammen; wir
haben dafür bereits zahlreiche Beispiele und entsprechende Gedanken
antiker Dichter und Denker kennengelernt. In der römischen Kaiserzeit erhielt dieses zeitlose Thema freilich eine neue Nuance, und diese
läßt sich ebenfalls mit einem Martial-Epigramm illustrieren, welches
zugleich zu dem nächsten hier jedenfalls kurz zu streifenden Thema
überleitet, zu der kaiserzeitlichen Philosophie. Im Epigramm 1,8 kritisiert Martial nämlich den offenbar in Mode gekommenen, inszenier-
ten Selbstmord:

«Folgst du des echten Cato, des großen Thrasea Sätzen
so, daß du selber dabei doch an dem Leben noch hängst,
nicht mit entblößter Brust in gezückte Schwerter hineinstürzst,
tust du nur das, Decian, was ich mir wünsche von dir.
Nicht den Mann, der mit leicht vergossenem Blute den Ruhm kauft,
mag ich, nur den, der sein Lob findet auch ohne den Tod.»

Der jüngere Cato (*Uticensis*), der sich 46 v. Chr. nahe dem nordafrikanischen Utica in militärisch und politisch aussichtsloser Lage das Leben nahm, um nicht die Gnade Caesars erleben zu müssen, und sein
von Nero in den Selbstmord getriebener Biograph und ‹Bruder im
Geiste›, T. Clodius Thrasea Paetus, gehörten zu den Anhängern der
Stoa und werden von Martial als ruhmsüchtig bezeichnet – die Art
ihres Todes sollte ihnen, so unterstellt Martial, Lob und Ansehen bei
der Nachwelt einbringen. Diese letztlich auf das Vorbild des Sokrates
zurückzuführende Selbststilisierung im Tode geriet anscheinend zu
einer Art modischem Trend in der Kaiserzeit,[536] und sie wurde in den
zeitgenössischen Rechtsquellen dementsprechend als *iactatio*, als
Prahlerei, bezeichnet.[537]
    Nach der Schilderung, die uns Tacitus vom ebenfalls durch Nero er-
zwungenen Selbstmord des stoischen Philosophen, Kaisererziehers

und exponierten Politikers Seneca, der etwa fünfundsechzig Jahre alt geworden ist, hinterlassen hat,[538] steht auch Seneca in dieser Sokrates-Tradition. Ähnlich wie jener soll er, bis zum letzten Atemzug philosophisch reflektierend, in aller Gelassenheit das eigene Lebensende herbeigeführt haben und auf diese Weise seinen Lehrsätzen gerecht geworden sein.

Seneca ist aufgrund der Überlieferungslage der am besten bekannte Vertreter der mit der Ethik hohen Alters befaßten kaiserzeitlichen Philosophie, und nur er soll hier – neben Plutarch, von dem eine gesonderte staatsphilosophische Abhandlung über die Frage, ob alte Männer öffentliche Ämter bekleiden sollen, erhalten ist – näher betrachtet werden. Zwar gab es in den ersten nachchristlichen Jahrhunderten wieder – oder auch: noch immer – eine Spezialliteratur über das Greisenalter, doch ist diese für uns nur noch in sehr wenigen Fragmenten faßbar[539] und repräsentiert überdies das im Zeichen des ‹Bildungskultes› überhandnehmende populärphilosophische Schrifttum, besonders auch die Konsolationsliteratur; sie ist vielfach von bestenfalls mäßigem Niveau und nicht selten zur Lebenshilfe- und Ratgeber-Literatur verflacht.[540]

Für Seneca gilt dies nicht; sein Altersbild[541] steht in engstem Zusammenhang mit seinen philosophischen Grundanschauungen, insbesondere mit seiner Ethik und seiner Philosophie der Zeit; einschlägig ist hier vor allem seine Schrift *Über die Kürze des Lebens* (*De brevitate vitae*): Sowenig wie der Zeit an sich komme, so Seneca, dem hohen Alter ein Wert für sich zu – es gehe einzig darum, auf welche Weise man die (Lebens-)Zeit verbringe, nicht etwa darum, welches Quantum an Zeit: «Wir haben nicht zuwenig Zeit, sondern wir vergeuden davon zuviel! … So verhält es sich doch: Nicht ein kurzes Leben bekommen wir, sondern wir selbst machen es dazu, wir, die wir nicht arm sind an Lebenszeit, sondern wahre Verschwender.»[542] Zu letzteren zählt Seneca insbesondere diejenigen, die für nichts anderes Zeit aufwenden können als für den Wein- und den Liebesgenuß; denn nichts ist schändlicherer Zeitvertreib.»[543] Folglich könne man nicht allein aufgrund von weißen Haaren und Runzeln sagen, daß einer lange gelebt habe, sondern nur, daß er schon lange existiere.[544] Zeit, Jugend und Tod gehörten zu den *adiá-*

phora, den letztlich gleichgültigen Dingen,[545] und so könne man auch gar nicht vorzeitig sterben, denn: *Fixus est cuique terminus*, jedem sei sein Enddatum vorherbestimmt.[546] Wer freilich vernunftgerecht zu leben wisse, dem bedeute auch und gerade die *senectus* durchaus fruchtbare und nützliche Lebenszeit: «Von allen genießen vor allem jene ihre Mußezeit richtig, die sie sich für den Dienst an der Weisheit freihalten, denn allein sie leben wahrhaftig.» Daraus folgt freilich, daß man bei klarem Verstand sein müsse – ein Leben mit beeinträchtigten Geisteskräften hält Seneca nicht mehr für lebenswert.[547]

Finden sich in Senecas erhaltenen Werken zahlreiche verstreute, im vorliegenden Rahmen nicht ausführlicher zu behandelnde Äußerungen, die erst zu einem relativ kohärenten Bild zusammenzufügen wären, so ragt doch aus dem gesamten Oeuvre – neben dem eben behandelten *De brevitate vitae* – ein weiterer Text heraus, der mit Oscar Fuà trotz seiner Kürze als eine Art Synthese Senecas *de senectute* zu betrachten und daher hier gesondert zu würdigen ist: der zwölfte Brief.[548]

«Wohin immer ich mich wende, sehe ich Beweise für mein Alter» (12,1) – so beginnt Seneca seinen Bericht an Lucilius über seinen Besuch auf seinem vor der Stadt Rom gelegenen Landgut, dessen baufälliges Haus und verdorrte Bäume zusammen mit der Zahnlosigkeit des Sohnes des Hausverwalters ihn an die eigene *senectus* erinnern: «Ich verdanke es meinem Anwesen vor der Stadt, daß mir mein Alter, wohin immer ich mich gewendet habe, deutlich wurde» (12,4). Doch diese Einsicht ist für Seneca kein Anlaß zur Traurigkeit, im Gegenteil: «Umarmen wir es und lieben wir es (sc. das Alter): erfüllt ist es von Genuß, wenn du es nur zu nutzen weißt» (12,4). Denn das Alter birgt auch in seinen letzten Zügen noch Freuden, zum Beispiel die Freiheit von Begierden und Affekten: «Wie süß ist es, leidenschaftliche Wünsche überwunden und hinter sich gelassen zu haben!»[549] Überdies relativiert Seneca die Alters- und Todesfurcht. Alles sei relativ, das Leben bestehe aus einzelnen Stadien, alles habe Anfang und Ende, jeder einzelne Tage beginne mit Licht und finde seine Erfüllung in Dunkelheit – «daher ist so zu ordnen ein jeder Tag, als beschließe er den Zug, vollende er und erfülle er das Leben» (12,8). Und er zitiert einen prominenten Zeitgenossen, der jeden Tagesabschluß mit Wein und ‹Totenschmaus› feierlich beende: «An jedem Tag brachte er sich zu Grabe»

(12,8) – der nächste Morgen sei doch stets ein (unverhofftes) Gottes-geschenk, das man gern entgegennähme. Und wenn das Leben doch allzu unerträglich scheine, dann eröffne sich schließlich die Möglich-keit, das Ende selbst herbeizuführen: «Offen sind überall Wege zur Freiheit, viele kurze, leichte. Danken wir dem Gott, daß niemand im Leben festgehalten werden kann» (12,10).

Auf derartige Auswege wollte der mit beiden Beinen fest im Leben stehende Plutarch sich nicht einlassen, auch wenn die Biographie des ca. 120 n. Chr. im Alter von fünfundsiebzig Jahren gestorbenen Grie-chen, ähnlich derjenigen Senecas, eine enge Verbindung von Philoso-phie, schriftstellerischer Praxis und politischer Aktivität aufweist.[550] In seiner Heimatstadt, dem boiotischen Chaironeia, bekleidete Plutarch Ämter in der Polisverwaltung, in Delphi fungierte er lange Jahre als Priester des pythischen Apollon, und in Rom pflegte er enge Kontakte zu führenden Personen aus dem Umkreis des Herrschergeschlechts der Flavier und des Kaisers Traian. Anders als der Stoiker Seneca stand Plutarch, der in Athen in der Akademie seine philosophische Ausbil-dung erfahren hatte, in der Tradition Platons, und in dessen Nachfolge widmete er sich vor allem Fragen der praktischen und politischen Phi-losophie. Aus seinem gewaltigen Oeuvre interessiert hier besonders die in seinen *Moralia* (783 B–797 F) enthaltene Schrift über das politi-sche Engagement alter Männer. In dieser mit Zitaten aus der homeri-schen und klassischen griechischen Dichtung, aber auch mit Verwei-sen auf die republikanische Geschichte Roms reich gespickten Abhandlung plädiert Plutarch entschieden für die politische Betäti-gung der *presbýteroi*, der Älteren, und zwar unter Verwendung fast sämtlich durch die literarische Tradition vorgegebener Argumente und *exempla*: Alte Männer seien aufgrund ihrer Erfahrung und Abge-klärtheit geradezu prädestiniert für die Bekleidung öffentlicher Funk-tionen, sie seien weniger anfällig für übertriebenen persönlichen Ehr-geiz als Jüngere, erweckten aber auch in geringerem Maße als diese Neid und Mißgunst; zugleich garantiere derartiges Mittun den Alten öffentliche Reputation, was schon aus den homerischen Epen zu ler-nen sei. Nestor, der sich am Zug der Griechen nach Troia beteiligt habe, sei nämlich stets in Ehren gehalten worden, Laertes hingegen – der Vater des Odysseus, der zuhause geblieben war – sei der öffentli-chen Mißachtung anheimgefallen (788 B). Während für kriegerische

Unternehmungen mit Recht nur Jüngere in Frage kämen, seien die Alten die wahren und geeignetsten Adoranten von Zeus Bulaios, Zeus
Agoraios und Zeus Polieus – von Zeus als dem Schutzgott des Rates,
der Agora, und der gesamten Polis –, denn sie besäßen in höchstem
Maße Fähigkeiten zu weisem Ratsschluß (bulé), kluger Einsicht (pró-
noia) und überzeugender Rede (lógos).[551] Daher – so Plutarch im Anschluß an römische, etwa bei Cicero belegte Tradition – habe der Senat
stets nach den senes seinen Namen getragen, und zwar bis heute. Und
überdies, so fährt er fort (789 E–F), zeige auch der etymologische Zusammenhang zwischen den griechischen Wörtern géras (Ehre, Aus-
zeichnung), geraírein (ehren, auszeichnen) und gérontes (die Alten),
daß dem Alter genuin hohe Achtung gebühre, die in besonderem
Maße nämlich aus dem öffentlichen Engagement resultiere. Plutarch
entwirft im weiteren Fortgang seiner Schrift das Idealbild eines auf
harmonischem Zusammenwirken von Jungen und Alten basierenden
Gemeinwesens, in welchem die Alten durch vorbildhaftes Handeln positiv auf die Jungen einwirkten, letzteren aber ausreichenden Raum
zur eigenen Entfaltung böten, «denn solche Alten werden von Jungen
abgelehnt, die diesen ersichtlich keine Gelegenheiten zu öffentlichen
Aktivitäten lassen und ihnen nicht gestatten, ans Licht der Öffentlichkeit zu treten». Hier drängen sich dem heutigen Leser Assoziationen
zu aktuellen Diskussionen um die Verkrustungen politischer Parteien
und die Chancenlosigkeit der ‹Enkelgenerationen› auf. In weiser
Kenntnis um den Ehrgeiz jüngerer Leute fordert Plutarch denn auch,
daß die Alten sich auf besonders hoch angesehene Ämter konzen-
trieren sollten, deren Ausfüllung keine allzu hohen physischen Ansprüche stellte. Immer wieder greift er dabei zur Untermauerung seiner Ansichten auf den Kanon griechischer Vorbilder zurück: Solon
und Demosthenes etwa werden als leuchtende Beispiele genannt, und
ebendiese Dichter, Philosophen und Redner haben wir auch bereits als
prominente Bildnistypen kennengelernt, die den in römischen Por-
trätgalerien manifestierten, kaiserzeitlichen Bildungskult prägten
(S. 173). Entsprechende Beobachtungen lassen sich teilweise auch für
römische Privatporträts sowie für Grab- und Sarkophagreliefs der ersten drei nachchristlichen Jahrhunderte formulieren, und damit sind
bereits die bildlichen Altersdarstellungen angesprochen, die wir im
folgenden näher in den Blick nehmen wollen.

64 Älterer Mann,
ausgehendes 1. Jahrhundert v. Chr.,
Marmor. Privatbesitz

Wie für die kaiserzeitliche Literatur, Historiographie und Philosophie, so gilt auch für die Bildniskunst dieser Epoche, daß im wesentlichen die Altersmotive durch die griechische und republikanische Tradition vorformuliert waren und nur in der einen oder anderen Weise adaptiert, weiterentwickelt oder variiert werden. So läßt sich etwa für das männliche Privatporträt des 1. und 2. Jahrhunderts n. Chr. ein Changieren zwischen idealisierender und realistischer Altersdarstellung nachweisen,[552] wie die zwei folgenden Bildnisse zeigen mögen. Der hier abgebildete Kopf[553] eines älteren Mannes aus augusteischer Zeit *(Abb. 64)* zeigt diverse Altersmerkmale: Das flach anliegende Haar endet an der Stirn in Geheimratsecken, «Tränensäcke und Krähenfüße» sowie die Falten an Stirn, Wangen und in der Mundpartie sprechen eine deutliche Sprache. All diese Altersattribute werden jedoch nicht in republikanisch-veristischer Manier herausgestrichen, sondern, im Gegenteil, «im augusteischen Zeitstil gemildert und harmonisiert, so ... daß das Bildnis der ... Porträtauffassung des späthellenistischen Realismus» nahekommt.

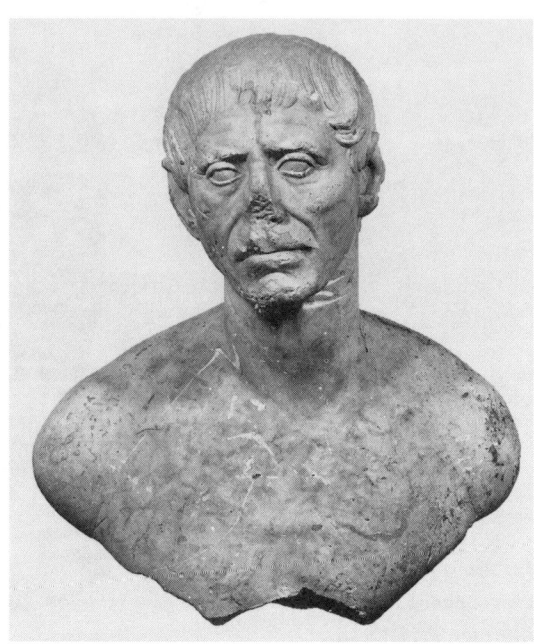

65 Älterer Mann,
100–110 n. Chr.,
Marmor. Privatbesitz

66 Alte Dame,
Marmor, 120–130 n. Chr.
Privatbesitz

Einen ganz anderen Eindruck vermittelt hingegen ein Porträt aus trajanischer Zeit, eine – mit den Worten Hans Juckers – «in ihrem fast dramatisch zu nennenden Realismus imposante Büste»[554] *(Abb. 65)*. Die Hagerkeit der Gesichtszüge, die Schlaffheit der Haut, vorragende Backenknochen und die tiefen, seitlich unter der Nase eingegrabenen Furchen verleihen dieser Physiognomie einen Anflug von Bitterkeit.

Eine andere Variante des Realismus bietet schließlich eine (hier nicht im Bild gebotene) Darstellung eines alten Mannes aus der Mitte des 3. Jahrhunderts n. Chr.[555] Dieser Mann, dessen Stoppelfrisur in Analogie zu den Kaiserporträts des 3. Jahrhunderts n. Chr. (Gordian III., Decius, Trebonianus Gallus) gestaltet ist, versinnbildlicht nicht etwa die Bitternis des Alters, sondern Entschlossenheit, Anspannung und Lebenserfahrung und spiegelt insofern zeittypische Züge der Kaiserbildnisse in jener Epoche der Soldatenkaiser wider.

Auch die Frauenbildnisse der ersten drei nachchristlichen Jahrhunderte dokumentieren das Weiterwirken der verschiedenen Ausdrucksformen hohen Lebensalters, ja, man hat sogar von einem «Altersdiskurs im römischen Frauenporträt» gesprochen.[556] Nicht anders als die Porträts alter Männer weist das weibliche Individualporträt die wesentlichen Spielarten innerhalb des von Idealismus und Realismus markierten Ausdrucksspektrums auf. Darin findet der vornehm-sittsame Typus der mit *stola* und *nodus* (Haarknoten) als verheiratete Bürgerfrau ausgewiesenen und idealisierten Matrone[557] genauso seinen Platz wie die vornehme alte Dame aus hadrianischer Zeit, in deren mit deutlichen Alterszügen charakterisierter Darstellung Hans Jucker die «republikanische Renaissance» des 2. Jahrhunderts n. Chr. verkörpert sieht *(Abb. 66)*.[558]

Das 3. Jahrhundert n. Chr. schließlich war nicht nur die Epoche der Soldatenkaiser, deren Bildnisse auf das männliche, private Altersbildnis einwirkten, sondern es war – in seinen ersten Jahrzehnten – auch die Zeit der Kaisermütter und Kaisergroßmütter, die bisweilen ein bis dato unbekanntes politisches Gewicht erlangten, wie etwa Iulia Maesa, die Großmutter der Kaiser Elagabal und Severus Alexander. Möglicherweise wirkten sich Bildnisse der alten *Augusta* Iulia Maesa inspirierend auf das weibliche Altersporträt des 3. Jahrhunderts aus, hier vertreten durch drei Bildnisse alter Frauen aus der Mitte des 3. Jahrhunderts n. Chr. *(Abb. 67–69)*.

67 Alte Frau,
Marmor, ca. 250/260 n. Chr.
Privatbesitz.

«An dem überlebensgroßen Kopf überrascht die direkte Art, in der die Alterszüge angegeben werden: Sie zeigen sich vor allem in den krassen Falten auf der rechten Halsseite; etwas weniger in den Tränensäcken, Nasolabialfalten und eingefallenen Wangen;»[559] der Mund ist klein, das Kinn spitz (Abb. 67).

Alle drei Köpfe deuten mit der recht ungeschminkten Altersdarstellung darauf hin, daß nun auch fortgeschrittenes Alter von Frauen positiv konnotiert wurde, wobei man auf das bewährte ikonographische Repertoire zurückgriff.

Wenig Neues hinsichtlich der Motive und bezüglich der Ausdrucksformen des hohen Alters bieten die kaiserzeitlichen Sarkophag- und Grabreliefs. Die seit griechischer Zeit geradezu topischen Figuren des alten Lehrers und der alten Amme begegnen auch noch auf den römischen Sarkophagen sowohl mit mythologischen Darstellungen[560] wie mit nichtmythologischen Szenen, und zwar auf den sogenannten *vita privata*-Sarkophagen. Diese zeigen recht häufig *curricula vitae*, Szenen aus dem Lebenslauf des Verstorbenen, etwa

68 Bildnis einer alten Römerin,
Marmor, Mitte 3. Jahrhundert n. Chr.
Berlin, Staatliche Museen zu Berlin –
Antikensammlung

69 Reliefkopf einer alten Römerin,
Marmor, Mitte 3. Jahrhundert n. Chr.
Berlin, Staatliche Museen zu Berlin –
Antikensammlung

Lese- und Badeszenen, auf denen die alte Amme und der alte Lehrer des Toten zu sehen sind, wie zum Beispiel auf einem (hier nicht
abgebildeten) Sarkophag in Agrigent (ca. 120/130 n. Chr.):[561] Der
dort erkennbare alte *paidagogós* mit Halbglatze, Bart und griechischem Himation erinnert an die Intellektuellenbildnisse des 2. Jahrhunderts n. Chr. und spiegelt somit ebenfalls den bis in die einfachen
Bevölkerungsgruppen eingedrungenen Bildungskult des hohen Prinzipats. Erinnert sei dabei nur an die Freigelassenengrabstätte unter
Sankt Peter in Rom (S. 174), womit wir auf die kaiserzeitlichen
Grabdenkmäler zu sprechen kommen.

Diese Denkmäler «waren in erster Linie Ehrenmonumente, nicht
nur für die Toten, sondern oft mehr noch für ihre lebenden Angehörigen.»[562] Aber nicht alle Mitglieder der Gesellschaft nutzten die Grabmäler in dieser Weise – «in der Regel waren es vor allem die ‹Aufsteiger›, diejenigen, die es als erste ihrer Familie zu Wohlstand und
Ansehen gebracht hatten, Freigelassene und Veteranen, Handwerker
und Händler, die sich um die Grabrepräsentation besonders bemüh-

ten.»[563] Seit der augusteischen Zeit finden wir reliefierte Grabstelen, Grabhäuser und Grabädikulen (Kapellchen) in nahezu unübersehbarer Zahl an den Ausfallstraßen der Städte nicht nur in Rom und in Italien, sondern auch in den westlichen und östlichen Reichsprovinzen. Man erkennt auf diesen Bildnissen sowohl gezielte Hinweise auf die Individualität der Verstorbenen – «alle diese Individuen mit ihren alten oder jungen, fetten oder hageren Gesichtern, ja selbst mit ihren Warzen und individuellen Hinterköpfen sagen ‹Ich›»[564] – als auch Indizien für ihrer aller Streben, sich dem Typus des Bürgers zuzuordnen, denn viele der Dargestellten sind *togati*, tragen also das begehrte Bürgergewand.

Daneben kommen aber auch andere Bildformen auf, die ebenfalls auf die Selbstvergewisserung des erreichten sozialen und ökonomischen Status abzielen und diesen zugleich dem Beobachter mitteilen, wie etwa Klinendarstellungen, auf denen sich zum Beispiel Veteranen in griechischer Symposiastenmanier vorstellen, mit Trinkgefäßen in der Hand und von Sklaven bedient.[565] Hinsichtlich der Altersdarstellung auf derartigen Denkmälern gilt das bereits Ausgeführte auch hier. Von geradezu drastischer Wirklichkeitsnähe bis hin zu einer am Kaiserporträt orientierten, idealisierenden Kaschierung von Altersmerkmalen erstreckt sich das – freilich nicht eben abwechslungsreiche – Spektrum der Ausdrucksformen, wie die folgenden Belegstücke zeigen.

Wenn zunächst einige Exemplare aus augusteischer Zeit den Anfang bilden, so schließen diese unmittelbar an die oben abgebildeten spätrepublikanischen Porträts und Reliefs an *(Abb. 57–59)*, und es sei nochmals darauf hingewiesen, daß, im Grunde genommen, wegen der kaum bestehenden Möglichkeiten exakter Datierungen hier eine relativ homogene Denkmälergruppe vorliegt, deren Scheidung in republikanische und (früh-)kaiserzeitliche Stücke keineswegs über alle Zweifel erhaben ist.

Das ausgezeichnet gearbeitete Kastengrabrelief *(Abb. 70)* zählt zu den schon mehrfach angesprochenen, von Paul Zanker ausführlich interpretierten Grabmälern römischer Freigelassener.[566] Es gehörte einst laut der Inschrift CIL VI 2171 zu einer größeren Grabanlage einer Gruppe von *liberti*, doch nur dieses (augusteische) Relief ist erhalten, und die erhaltene Inschrift (CIL VI 2170) belehrt uns über die Personen, die in den muschelförmigen, von Lorbeerkränzen umgebenen Medaillons abgebildet sind: «Lucius Antistius Sarculo, Sohn des Gnaeus, aus der Tribus Horatia, Priester der Salier aus Albanum und Magister der Salier. Antistia, Freigelassene des Lucius, Plutia. Der Freigelassene Rufus und der Freigelassene Anthus haben die Bildnisse (*imagines*) auf eigene Kosten für ihren Patron und ihre Patrona wegen deren Verdiensten anfertigen lassen.» Der römische Bürger Lucius Antistius Sarculo, Mitglied in der wenig bedeutenden Priesterschaft der albanischen Salier, hatte also seine ehemalige Sklavin nach deren ihm zu verdankender Freilassung geheiratet. Antistia Plutia erscheint nun mit matronaler Frisur im Stile einer Bürgerin, eine würdevolle Ehefrau ihres mit kantiger Physiognomie gezeichneten Gatten; «die veristische Darstellung der beiden Alten ist durch die fein bewegte Wiedergabe des Inkarnats stark gemildert.»[567]

Direkter noch auf republikanische Vorbilder rekurriert hingegen ein Grabrelief von der Via Appia in Rom *(Abb. 71)*. Der Mann – seine Frau scheint erheblich jünger zu sein – wird in seiner Individualität auch mit Blick auf sein Alter ausgesprochen wirklichkeitsnah porträtiert: «Kraß wirken die tief eingeschnittenen Falten und vor allem die eingefallene Mundpartie. Schließlich sind in photographisch anmutender Genauigkeit noch zwei Warzen über dem linken Auge und auf der rechten Wange angegeben.»[568]

Ähnlich ungeschminkt erscheint die veristische Alterszeichnung auf Porträtstelen aus Oberitalien, die in die Zeit von 50 bis 75 n. Chr. gehören, wie der hier abgebildete Stein *(Abb. 72)*.[569] Drei Altersstufen werden hier in unterschiedlicher Weise bildlich charakterisiert, im oberen Bildfeld findet sich der älteste Mann, zugleich (laut beigefügter Inschrift) der Auftraggeber des Monuments. Für die Alterszeichnung hat man hier wieder einmal auf die etablierten Merkmale – Kahlköpfigkeit, Faltigkeit der eingefallenen Wangen – zurückgegriffen.

Alte Frauen werden in der Regel etwas schonender dargestellt, wie etwa auf einer Mailänder Stele, auf welcher ebenfalls drei Generationen von Frauen vertreten sind *(Abb. 73)*.[570] Die Frauen sind hier weniger nach ihren Gesichtszügen als nach den Frisuren in ihrer jeweiligen Altersstufe zu unterscheiden. Unten ist die jüngste abgebildet (mit Korkenzieherlocken), über ihr (rechts in der Mitte) «eine Person mittleren Alters» und links neben dieser «die älteste, offenbar die (in der

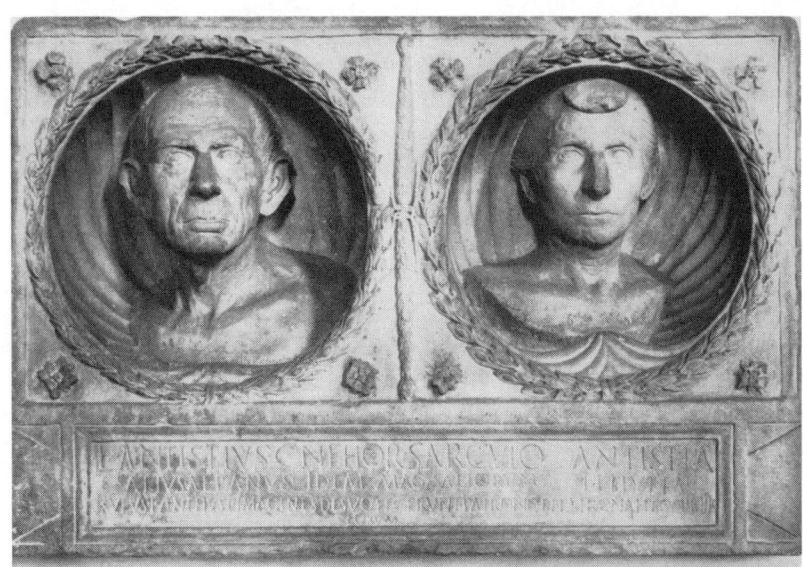

70 Grabrelief des Antistius und
der Antistia aus Rom, Marmor,
frühe Kaiserzeit.
London, British Museum

71 Grabrelief eines Ehepaares,
Marmor, erste Hälfte 1. Jahrhundert
n. Chr. Berlin, Staatliche Museen
zu Berlin –Antikensammlung

72 Stele mit Bildnissen, 3. Viertel des
1. Jahrhundert n. Chr. Ravenna,
Museo Nazionale (mit Ergänzungen)

73 Stele mit Bildnissen, 3. Viertel des
1. Jahrhunderts n. Chr. Mailand,
Porta Nuova

74 Stele mit Bildnissen, zweite
Hälfte 1. Jahrhundert n. Chr.,
Aquileia, Museo Nazionale

Inschrift, H. B.) als Mutter des Stifters bezeichnete Frau mit einer
Schläfenbauschfrisur augusteischer Zeit.»

Anders sieht es wiederum mit dem alten Paar auf dem folgenden
Monument aus der zweiten Hälfte des 1. Jahrhunderts n. Chr. aus, auf
welchem das Alter der Frau etwas stärker physiognomisch betont wird
(Abb. 74).[571]

Ein ehemals fünffiguriges, frühantoninisches Relief aus Rom, dessen fünfte Figur rechts abgeschlagen, aber noch auf einem Stich in den
Monumenti Matthaeiorum zu sehen ist,[572] zeigt hingegen ein gebän-
digtes, harmonisiertes, ja idealisiertes Altersbild *(Abb. 75).* Die Generationenunterschiede werden hier erneut nahezu ausschließlich über
die unterschiedlichen Frisuren vermittelt. Die (einst) mittlere Frauen-
figur (nun die zweite Person von rechts) mit einer dem Vorbild der
Kaiserin Faustina Maior nachempfundenen Frisur ist die Tochter der
rechts von ihr in der *dextrarum iunctio* verbundenen, also mit inein-
andergelegten rechten Händen dargestellten Eltern (von denen der
Vater rechts außen jetzt, wie gesagt, fehlt), während links die uns
eigentlich interessierenden Großeltern in Büstenform zu sehen sind:

75 Einst fünffiguriges Relief, Marmor, erste Hälfte 2. Jahrhundert n. Chr.
Rom, Museo Nazionale Romano

der keineswegs alt anmutende Großvater mit kurzem Bart und früh-
hadrianischer Lockenfrisur und die ebenfalls noch nicht betagt ausse-
hende Großmutter mit einem «Löckchentoupet in spätflavischer Tradition».[573]
Sehr viel einfacher und bescheidener als derartige stadtrömische
Porträtreliefs fallen schließlich die in großer Zahl in dem griechischen
Osten erhaltenen Grabreliefs aus, deren bisweilen inschriftlich beige-
gebene Altersangaben – die freilich auch verdächtig oft runde Zahlen
enthalten[574] – die häufig nur grob dargestellten Personen für die Betrachter erst als Greise kenntlich machen.[575] Hinsichtlich der ikonographischen und kompositorischen Einzelheiten bieten auch diese
Denkmäler nichts Neues; beliebt sind wieder einmal vor allem Darstellungen, welche die Verstorbenen als Mitglieder des kultivierten
Bürgertums ausweisen sollen.
Das traditionelle Spektrum von Möglichkeiten, dem hohen Alter
künstlerischen Ausdruck zu verleihen, scheint folglich in der Kaiserzeit weitgehend ausgeschöpft, aber kaum nennenswert erweitert worden zu sein. Dies zeigt abschließend auch die folgende Tonstatuette

76 Sitzende Alte,
Ton, spätes 2. Jahrhundert n. Chr.
München, Staatliche Antiken-
sammlungen und Glyptothek

aus Nordafrika, eine Weinkanne in Gestalt einer sitzenden alten Frau, welche an den hellenistischen Typus der trunkenen Alten (S. 108) er- innert: Die Alte hält eine Weinkanne fest umklammert, ihr Kopf ist nach oben gewendet, und wiederum – wie bei dem hellenistischen Vorbild – deuten Bekleidung, Schmuck und die sorgfältige Frisur dar- auf hin, daß die Frau schon bessere Zeiten gesehen hat *(Abb. 76).*

Es stellt sich nun die Frage, ob denn die Spätantike, als deren her- ausragendes Merkmal gemeinhin die Durchsetzung des Christentums gilt, neue Wege und Formen der Altersdarstellung gefunden und ge- boten hat.

VI. Die Spätantike

1. Die Alten in der Welt der Spätantike

Zu Beginn dieses letzten Kapitels über die Zeit der Spätantike, die gemeinhin durch die Regierungs- und Lebensdaten Diokletians einerseits und Justinians andererseits (284 bis 565 n. Chr.) fixiert wird, muß freilich nicht auf das Neue, sondern auf die Kontinuität zur vorhergehenden Epoche, der Kaiserzeit, hingewiesen werden. Denn lange Jahre hat man in der altertumswissenschaftlichen Forschung das Trennende zu sehr betont und allzu stark bereits den Fall Roms im Auge gehabt und dementsprechend Krisen, Niedergang und Verfall des römischen Staates und der römischen Gesellschaft herausgestrichen. Demgegenüber haben die intensiven Studien der letzten Jahrzehnte zur Spätantike den genuin antiken Charakter auch der spätrömischen Epoche herausgestellt – die Welt der Spätantike blieb eine antike Welt, und demgemäß dürften sich auch die sozialen, politischen und ökonomischen Rahmen- und Lebensbedingungen für die alten Menschen nicht fundamental geändert haben.[576] Dies gilt insbesondere auch für die soziale Grundeinheit der römischen Gesellschaft, die Familie.[577] Vor allem spätantike Grabinschriften belegen nämlich die Fortexistenz der römischen Kleinfamilie mit ihrer charakteristischen «power and authority of the elders»[578] – dieser Familientypus dominierte unangefochten in der römischen Gesellschaft von der spätrepublikanischen bis zum Ausgang der spätantiken Zeit.[579]

Eine Einschränkung ist bei aller gebotenen Betonung der Kontinuitätslinien allerdings schon jetzt zu machen. Die Christianisierung, die freilich erst im 5. Jahrhundert n. Chr. einen größeren Teil der Reichsbevölkerung tatsächlich erfaßt haben dürfte, und die damit wachsende soziopolitische Bedeutung von christlicher Kirche und christlichem Mönchswesen einerseits sowie die ebenfalls erst ab dem späten 4. bzw. frühen 5. Jahrhundert in größerem Ausmaß auf dem Gebiet des Imperium Romanum stattfindenden Invasionen nichtrömischer Völkerschaften andererseits haben gewiß das gesamte gesellschaftliche Leben und damit auch die Existenzbedingungen der alten

Menschen spürbar beeinflußt und vor allem in den von militärischen Auseinandersetzungen betroffenen Gebieten nachhaltig verändert.

Der Versuch, diese Bedingungen näher zu beschreiben, stößt leider erneut auf die schon hinlänglich bekannten Schwierigkeiten, zumal nun auch die epigraphischen Zeugnisse zahlenmäßig deutlich zurückgehen. Die wesentlichen demographischen Daten dürften sich freilich im Vergleich zur Kaiserzeit nicht grundlegend geändert haben,[580] das heißt, es kann weiterhin mit einem Anteil alter Männer und Frauen (über 60 Jahren) an der Gesamtbevölkerung von ca. fünf Prozent gerechnet werden. Auch die durchschnittliche Lebenserwartung wird sich – zum Beispiel nach Ausweis von Skelettuntersuchungen[581] – nicht fundamental verändert haben, sie könnte im Durchschnitt ca. 30 Jahre betragen haben.

Tod, Todesfurcht und Todeserwartung waren allgegenwärtig, keineswegs nur im Denken alter Menschen. Krause verweist hier zu Recht auf das in den 30er Jahren des 4. Jahrhunderts n. Chr. entstandene, astrologische Handbuch des Firmicus Maternus, in welchem die Fragen des Überlebens von Kindern und des Verlustes von Gatten und Geschwistern breiten Raum einnehmen.[582] Dies mag nicht zuletzt damit zusammenhängen, daß – trotz der später noch näher zu behandelnden fürsorgerischen Bemühungen seitens der christlichen Kirche – das soziale und ökonomische Los alter Menschen weiterhin in der Regel überaus prekär war und Kinder immer noch die wesentliche Absicherung für die letzten Lebensabschnitte bildeten. Stellvertretend für viele andere Zeugnisse sei als Beleg dafür eine wohl aus diokletianischer Zeit stammende Inschrift aus Nordafrika angeführt:[583] Der unglückliche Vater Sulpicius beklagt den frühen Tod seines Sohnes, der sich gerade angeschickt hätte, die Schwelle zum Erwachsenenalter zu überschreiten. Mit besten Anlagen versehen, stets voller Hochachtung und Verehrung seinen Eltern gegenüber, habe er berechtigten Anlaß zu den schönsten Hoffnungen geboten – doch ein grausames und unwürdiges Schicksal habe all dem ein trostloses Ende bereitet, denn der junge Mann sei gestorben und habe «den Vater seiner Stütze im verlassenen Alter beraubt» (Z. 9): ... *orbatque patrem baculo destituta senecta*. Die Formel der *destituta senecta* beleuchtet schlaglichtartig das auch weiterhin fortbestehende Hauptproblem alter Menschen, nämlich die ökonomische und soziale Unsicherheit ihres Lebensabends und, damit verbunden, die Aufrechterhaltung menschlicher Bindungen und des Gefühls von Geborgenheit und Zugehörigkeit.

Den trotz der schwierigen Quellenlage bislang umfassendsten Versuch, eine Gesellschafts- und Wirtschaftsgeschichte der spätantiken und frühbyzantinischen Zeit mit besonderem Blick auf die Armutsproblematik zu schreiben, hat vor Jahren Evelyne Patlagean unternommen.[584] Sie gelangt dabei im wesentlichen zu Ergebnissen, welche die oben bereits skizzierten Kontinuitätslinien zwischen Kaiserzeit und Spätantike betonen. Eine allgemeine Pauperisierung dürfte es demnach in der Spätantike nicht gegeben haben, auch wenn gerade die christlichen Quellen in ihrem verbreiteten Bestreben, den säkularen Teil des Lebens abzuwerten oder gar zu perhorreszieren und einer Welt der ‹wahren Werte› des christlichen Denkens und Glaubens gegenüberzustellen, häufig ein anderes, nämlich negativ überzeichnetes Bild vermitteln. Krankheit, Kinderlosigkeit und hohes Alter sind weiterhin die von den spätantiken Autoren bevorzugt genannten Ursachen für Armut.[585] Hungerkrisen, Epidemien und Naturkatastrophen – wie etwa das Erdbeben mit anschließender Überflutung im ägyptischen Alexandria vom Jahr 365[586] oder das Erdbeben im syrischen Antiochia des Jahres 526[587] – betrafen in ihren verheerenden Konsequenzen vor allem – nicht anders als heutzutage in den sogenannten Krisengebieten – die schwächsten Glieder der Gesellschaft: Arme, Kranke, Kinder, Witwen und Waisen sowie die Alten.[588] Freilich ist selbst gegenüber vermeintlich eindeutigen Begriffen in den Quellen Vorsicht geboten: «Armut bezeichnet auch in der Spätantike lediglich die Notwendigkeit, durch tägliche Arbeit für seinen Lebensunterhalt zu sorgen. Im einzelnen können mit diesem Terminus höchst unterschiedliche Vermögensverhältnisse bezeichnet sein.»[589] Wenn bei spätantiken Autoren davon die Rede ist, daß überwiegende Teile der städtischen Bevölkerung arm waren, so muß relativierend also immer diese Bedeutungsbreite der (spät-)antiken Armutsvorstellung in Rechnung gestellt werden.

Die Städte blieben – trotz vieler anderslautender Meinungsäußerungen in der modernen gelehrten Literatur – auch in der Spätantike die politischen, ökonomischen und soziokulturellen Kernelemente des römischen Reiches.[590] Und selbstverständlich bildeten auch die Alten einen unübersehbaren Teil der spätantiken Stadtbevölkerung, und die ärmsten unter ihnen hofften gerade dort auf die Möglichkeit, durch Betteln, Gelegenheitsarbeiten oder Inanspruchnahme anderer Zuwendungen ihr Los ein wenig aufzubessern.[591] Gelegentliche Versuche der Kaiser, das Betteln besonders in den großen Städten einzudämmen,[592] scheinen wenig effektiv gewesen zu sein, denn immer wieder erfahren wir von Armen, Kranken und Alten, welche die Straßenränder säumten und von den Passanten Almosen erbaten.[593]

Ohne Zweifel dürften die vermehrten Kriege und Invasionen in der Spätantike gerade auch die Lage der alten Menschen verschärft haben. Die Quellen berichten uns von zum Teil hohen Zahlen in Kriegsgefangenschaft geratener oder zu Tode gekommener Römer, deren Angehörige, ihres Ernährers beraubt, zwangsläufig verelendeten. Selbstverständlich waren insbesondere auch alte Frauen betroffen, die sich dann in die Schlangen der Bettelnden einreihen mußten. So berichtet der Kirchenvater Hieronymus (347–417/20 n. Chr.) an einer Stelle, daß eine Greisin von einer reichen Dame in der römischen Peterskirche körperlich gezüchtigt wurde. Sie hatte sich nämlich, nachdem sie schon eine Geldspende erhalten hatte, ein zweites Mal angestellt, um noch ein weiteres Geldstück zu ergattern.[594] Vornehmlich für Konstantinopel verfügen wir über einschlägige Informationen, nicht zuletzt deswegen, weil Johannes Chrysostomos (349–407 n. Chr.), einer der produktivsten Schreiber und Redner unter den Kirchenvätern, mehrere Jahre lang als Bischof in Konstantinopel tätig war und seine Predigten und Pamphlete mit Alltagserfahrungen würzte. So standen nach seinen Worten vor den Kirchentüren der Stadt «scharenweise schwache, verstümmelte Greise in zerlumpter Kleidung, die sich kaum auf den Füßen halten» konnten.[595]

Doch nicht nur die armen Alten zog es in die Städte. Denn alle Attraktionen urbanen Lebens – von dem Glanz öffentlicher Bauten und Plätze, den Annehmlichkeiten der Thermen und Gymnasien bis hin zu den aufwühlenden und mitreißenden Vorstellungen in Amphitheater und Circus – wurden selbstverständlich auch von Alten goutiert. So schildert etwa der spätantike Historiker Ammianus Marcellinus (ca. 330–ca.395 n. Chr.) in seinem berühmten, zweiten Rom-Exkurs folgende Szene, die sich vor dem Circus Maximus abspielt: «Darunter lärmen die, die schon am Ende des Lebens stehen und durch ihr Alter an Ansehen überlegen sind, unter Hinweis auf ihre grauen Haare und

Runzeln, der Staat könne keinen Bestand haben, wenn beim nächsten Wettrennen nicht der, auf den er gerade wette, als erster vom Start wegkomme…»[596] Nicht einmal die Alten also, die es eigentlich besser wissen müßten, behielten, so kritisiert Ammian, angesichts der grassierenden Circus-Manie kühlen Kopf. Doch sind dies nicht die einzigen Passionen und Schwächen alter Menschen, von denen Ammian zu berichten weiß. Die schon aus republikanischen und kaiserzeitlichen Quellen sattsam bekannte «alte Vettel» (*vetus lupa*) kennt er genauso wie leicht zu beeinflussende Greise, die von Erbschleichern zur Abfassung eines sie begünstigenden Testaments gedrängt werden.[597] Auch das letztgenannte, etwa in der römischen Komödie wegen seines Komikpotentials weidlich ausgenutzte Motiv ist natürlich ein tatsächlich zeitloses Phänomen, und aus heidnischen wie christlichen Quellen der Spätantike erhalten wir zahlreiche Hinweise, daß sowohl alte Witwer wie auch gutbetuchte Witwen hohen Alters die Zielscheibe derartiger Aktivitäten bildeten.[598]

Die städtischen Führungsschichten dürften weitgehend sowohl den traditionellen Comment im Sinne einer aristokratisch-kultivierten *senectus otiosa* wie auch tatsächlich die wirtschaftlichen und sozialen Möglichkeiten, einen angenehmen Lebensabend zu verbringen, zumindest bis ins 5. Jahrhundert n. Chr. hinein bewahrt haben. Denn von einer Verelendung der lokalen Eliten – der Kurialen und der *honorati* – in größerem Ausmaß kann trotz häufig anzutreffender anderslautender Meinungen nicht die Rede sein,[599] und der oft beträchtliche Reichtum spätantiker Senatoren wurde auch weiterhin vor allem in der Landwirtschaft erzielt. Nicht anders als etwa der ciceronische Cato oder der Freund des Plinius, Vestricius Spurinna,[600] wird ein gutbetuchter und gebildeter spätantiker Senator seinen letzten Lebensabschnitt mit besonderer Vorliebe in einer seiner Landvillen verbracht haben. Laut Ammianus Marcellinus wurde «überall das graue Haar der Senatoren geehrt», und deren Besitzungen erstreckten sich ‹vom Sonnenaufgang bis zum Sonnenuntergang›.[601] Stellvertretend für viele seien hier nur Symmachus (ca. 345–402 n. Chr.) oder sein Freund und ‹Bruder im Geiste› (als Bewahrer heidnischen Gedankengutes), P. Vettius Agorius Praetextatus (ca. 320–384 n. Chr.), genannt. Beide verfügten über Streubesitz in verschiedenen Teilen Italiens und der Provinzen, und beide lebten im geistig-kulturellen Milieu

der römischen Klassik und römischen Tradition. Letzteres gilt auch für
Decimus Magnus Ausonius aus Bordeaux, um 310 n. Chr. geboren
und als über Achtzigjähriger 393/94 n. Chr. gestorben. Ausonius, ver-
sierter Lehrer für Grammatik und Rhetorik, avancierte zum Erzieher
des künftigen Kaisers Gratian, erlangte die höchsten Reichsämter und
verbrachte seinen Lebensabend auf seinen Landgütern in der Nähe
seiner Heimatstadt Bordeaux, wo er sich ganz der kultivierten Muße
widmen konnte.

Ein nicht geringer Teil dieser senatorischen Elite in der Spätantike
überlebte auch die endgültige Durchsetzung des Christentums und
das Ende des römischen Reiches relativ unbeschadet und erhielt sich
seine soziopolitische und soziokulturelle Führungsposition, indem er
die höchsten Posten der neuen, nunmehr kirchlichen Hierarchie bekleidete, in erster Linie die Bischofssitze.[602] Vor allem aus dem spätantiken Gallien kennen wir dafür zahlreiche Beispiele, und gerade in
diesen Kreisen bewahrte sich nachweislich das herkömmliche aristo-
kratische Lebens- und Altersideal, nun auch im christlichen Kontext,
allerdings neben wirkungsmächtigen neuen Normen wie etwa dem
Askesegebot, dem nicht wenige reiche, senatorische *nobiles* ihren
Reichtum opferten. Aus senatorischem Geschlecht stammte etwa der
513 in Genf geborene Nicetius, der im September 552 den Bischofs-
stuhl von Lyon erklomm und dieses Amt bis zu seinem Tode 573 in-
nehatte.[603] Ein noch höheres Alter erlangte der aus vornehmem Hause
stammende, um 469/70 geborene Caesarius, über den eine bald nach
seinem Tode (542 n. Chr.) verfaßte Vita aus der Feder gallischer Kleri-
ker Auskunft gibt. Nach einer Zeit strengster Askese im südgallischen
Kloster von Lérins bestieg Caesarius mit Zustimmung des Westgo-
tenkönigs Alarich II. im Jahre 502 den Bischofstuhl von Arles und
spielte in den folgenden vier Jahrzehnten seines Episkopats eine aktive
Rolle in der großen Politik.

Von diesen exponierten Vertretern der spätantik-frühmittelalterli-
chen Kirche, die zum Teil nur aufgrund ihres beträchtlichen persönlichen Vermögens karitative Aufgaben wahrnehmen oder finanzieren
konnten, ist nun der Blick zurückzulenken auf eine Gruppe alter Menschen, die in besonderem Maße auf diese, zum Teil von seiten der
Bischöfe betriebene kirchliche Fürsorge angewiesen waren: die alten,
verwitweten Frauen. Diese Gruppe alter Menschen kann aufgrund der

schon mehrfach gewürdigten Forschungen von Jens-Uwe Krause im folgenden etwas näher beschrieben werden. Aus den vor allem aus christlicher Feder stammenden, reichlich fließenden Quellen der Spätantike könnte sich auf den ersten Blick der Eindruck ergeben, daß es arme, alte, verwitwete Frauen in der spätrömischen Zeit in weit größerer Zahl gegeben hätte als zu früheren Zeiten, aber dies wäre gewiß ein unzutreffender Eindruck. Vielmehr wird man die starke Berücksichtigung dieser Personengruppe in den besagten Texten auf deren spezifische Besonderheiten zurückzuführen haben, denn zum Beispiel in der moralisierenden Erbauungs- und Predigtliteratur, in der zu gottgefälligem Leben, Mildtätigkeit und Mitmenschlichkeit aufgefordert wird, firmieren die Armen, Alten, Kranken, Witwen und Waisen als geradezu topisch verwendete Gruppe der Bedürftigen. Verläßliche quantitative Aussagen über den gesamtgesellschaftlichen Anteil der Witwen lassen sich auf der Grundlage derartiger Texte denn auch kaum treffen.[604] Wenn etwa Johannes Chrysostomos für das syrische Antiochia von 3000 seitens der Kirche unterstützten Witwen und Jungfrauen spricht,[605] so stellt sich erstens überhaupt die Frage nach der Zuverlässigkeit einer solchen, natürlich von interessierter Seite gern besonders hoch angesiedelten Zahlenangabe, und zweitens bleibt die Altersstruktur unklar, denn es gab – nicht nur in der Spätantike – auch sehr viele junge Witwen. Aus vereinzelten literarischen und epigraphischen Angaben erfahren wir, daß eine jahrzehntelange Witwenschaft gewiß kein seltenes Los darstellte:[606] Die in jungen Jahren verwitwete Schwester des schon genannten Dichters und exponierten Politikers Ausonius kehrte nach dem Tod ihres Mannes in das Elternhaus zurück und starb dort nach langer Witwenschaft im Alter von sechzig Jahren;[607] fünfundachtzig Jahre alt wurde Gaudentia, die nach dreißigjähriger Ehezeit noch siebenunddreißig Jahre lang als Witwe zugebracht hatte,[608] während die achtzigjährig verstorbene Regina gar sechzig Jahre lang als Witwe gelebt haben soll.[609] Inschriftlich sind weitere Fälle zwanzig-, dreißig-, fünfzig- und sechzigjähriger Witwenschaft bezeugt.[610] Mit zunehmender Dauer des Witwendaseins verschärften sich natürlich die sozialen und wirtschaftlichen Schwierigkeiten dieser Frauen, und zugleich sanken die Chancen einer Wiederverheiratung, die auch ökonomische und soziale Sicherheit hätte bieten können. Darüber hinaus dürften die massiven kirchlichen Vorbehalte und Widerstände gegen eine erneute Heirat nicht wenige Witwen von einem derartigen Schritt abgehalten haben.[611]

Ein weiteres in der spätrömischen Zeit zusehends an Bedeutung gewinnendes Phänomen, die Neigung zur Askese, konnte ebenfalls zu direkten wirtschaftlichen und gesellschaftlichen Folgen vor allem für alte Menschen, insbesondere auch für alte und/oder verwitwete Frauen, führen. Denn Kinder, die sich vom weltlichen Leben verabschiedeten und auf Besitz und Vermögen verzichteten, waren später selbstredend nicht mehr in der Lage, ihre alten Eltern zu versorgen; auch daraus erklärt sich der mehrfach belegte, energische Widerstand von Eltern gegen asketische Bestrebungen ihrer Söhne und Töchter. So erlangte etwa die jüngere Melania erst am Sterbebett ihres Vaters dessen Erlaubnis, eine Leben in völliger Enthaltsamkeit zu führen.[612]

In aller Regel wird die wirtschaftliche Situation alter, vor allem verwitweter Frauen stets prekär gewesen sein. Denn zu eigener, den Lebensunterhalt sichernder Tätigkeit waren sie wohl nur in den seltensten Fällen fähig;[613] in der Landwirtschaft trifft man sie gar nicht an, die meisten der wenigen Belege betreffen noch das Textilgewerbe. Alte Ammen gehörten dagegen auch noch in der Spätantike meistens dem Sklavenstand an,[614] und Ähnliches gilt für alte Haushälterinnen;[615] aus unschwer zu erratenden Gründen rät etwa Hieronymus einem Asketen, sich für die trotz aller Lebensferne offenbar noch verbliebenen haushälterischen Aufgaben nicht etwa eine junge, sondern eine alte Frau ins Haus zu holen[616] – die Entscheidung zu einem bedürfnislosen Leben sollte schließlich irreversibel sein, und jede Anfechtung sollte tunlichst vermieden werden. Auch im Gaststätten- und Hotelwesen könnten alte Frauen jedenfalls vereinzelt ein Auskommen gefunden haben; so soll der Kaiser Theodosius I. (379–395 n. Chr.) unerkannt in der Herberge einer alten Frau Unterkunft genommen haben[617] – selbst wenn die Anekdote erfunden sein sollte,[618] so belegt sie doch, daß man mit Derartigem rechnen und es folglich auch der Leserschaft anbieten konnte. Und schließlich treffen wir auch noch in dieser Zeit alte Frauen in dem zeitlosen Geschäft mit der Liebe an – laut Johannes Chrysostomos war die Kuppelei für alte Frauen, denen er überdies sinnlose und beschämende kosmetische Anstrengungen vorwirft, stets eine lukrative Betätigung.[619]

Ungeachtet derartiger, isolierter Aussagen werden in den uns zur Verfügung stehenden Texten alte Frauen und Witwen meist als Synonym für Bedürftigkeit und Mittellosigkeit begriffen. Alte, in Lumpen gekleidete Bettlerinnen, die auf dem Markt oder vor der Kirchentüre um milde Gaben bitten, werden immer wieder von christlichen Autoren als Exempel für die moralische Verkommenheit und Rücksichtslosigkeit der Gesellschaft zitiert. So prangert Ambrosius gut gekleidete, gepflegte Kinder an, die den Gottesdienst besuchen, während ihre im Stich gelassenen, verwitweten Mütter vor dem Kirchenportal als Bettlerinnen ihr Auskommen suchen müssen.[620] Manche dieser Witwen mögen durchaus einmal bessere Zeiten gesehen haben, denn sozialen Abstieg gab es, nicht anders als heutzutage, selbstverständlich auch in der Spätantike; beispielsweise war eine alte Frau aus dem Kurialenstand offensichtlich in derartige Armut geraten, daß der Kaiser Justinian ihr laut Prokop eine regelmäßige Rentenzahlung gewährte.[621]

Von staatlicher Seite hatten die Alten generell ansonsten genausowenig zu erwarten wie alte Witwen im besonderen. Zwar wurden teilweise Steuerbefreiungen (von der gewöhnlichen Kopfsteuer) für diese Personengruppen ausgesprochen,[622] doch erwecken andere, freilich nicht über alle Zweifel an ihrer Glaubwürdigkeit erhabene Texte den Eindruck, als habe der an möglichst hohen Steuereinnahmen interessierte Fiskus versucht, am Lebensalter orientierte Steuerbefreiungen zu minimieren bzw. sogar zu ignorieren. In diesem Sinne polemisiert etwa der christliche Autor Laktanz im zweiten Dezennium des 4. Jahrhunderts n. Chr. gegen die Steuerpolitik Diokletians und seiner Mitregenten sowie gegen ihre Steuerschätzer: «Es gab keine Rücksicht auf das Lebensalter oder den Gesundheitszustand. Kranke und Schwache wurden herbeigezerrt, das Alter jedes einzelnen geschätzt, kleinen Kindern wurden Jahre hinzugefügt, Alten Jahre abgezogen. Alles war voll von Jammer und Elend...»[623]

Eklatantes Unrecht – wie zum Beispiel eine widerrechtliche Heranziehung zur Steuerzahlung – hätten betroffene alte Menschen theoretisch auf dem Klagewege zu korrigieren versuchen können, doch *in praxi* bot auch die spätrömische Justiz kaum effektiven Schutz vor Willkür oder Gewalt jeglicher Art, insbesondere sofern einfache, weitgehend mittellose, alte Menschen von ihr betroffen waren. Denn schon die kostenträchtige Fahrt zu einem entfernter gelegenen Ge-

richtsort dürfte nicht wenige Alte von dem Beschreiten des Klage-
weges abgehalten haben, von mangelnder Rechtskenntnis oder fehlenden rhetorischen Fähigkeiten potentieller Kläger und Klägerinnen
ganz zu schweigen. Suchten alte Menschen, vor allem auch alleinstehende und häufig verwitwete Frauen, Schutz vor Repressionen, materielle Hilfe sowie ein Umfeld sozialer Geborgenheit, so bot sich in der
Spätantike vor allem eine Institution an, die es in früheren Zeiten
nicht bzw. nur in der Illegalität gegeben hatte: die christliche Kirche.

2. Neue Ideale?
Die Christen und das Greisenalter

Das Thema ‹Christentum und Greisenalter› ist, im Grunde genommen, zu vielschichtig, um hier in einem kurzen Unterkapitel angemessen behandelt zu werden. Denn zunächst müßte eigentlich im Rückgriff auf die frühe und hohe Kaiserzeit sowie vor allem auf das 3. Jahrhundert n. Chr. die reiche christliche Literatur ausgewertet werden. Hier kann dies nicht geleistet und statt dessen nur auf einschlägige Arbeiten anderer Gelehrter verwiesen werden, deren Ergebnisse freilich deutlich machen, daß sowohl im Judentum wie auch im frühen Christentum (besonders im Neuen Testament) dem Greisenalter in der Regel hohe Wertschätzung zugewiesen wurde. Nach dort herrschender Auffassung erweist sich Gottes Gunst (auch) in der Gewährung eines langen Lebens, Alte verdienen Respekt und Ehre, sie sind weise und erfahren, und sie benötigen wegen ihrer zahlreichen körperlichen Gebrechen Hilfe und Beistand.[624]

Ferner muß die Haltung der Christen bezüglich der Rolle und der Einschätzung alter Menschen auf mehreren Ebenen betrachtet werden: Welche Funktionen nahmen die Alten in den innerkirchlichen Strukturen und Organisationen ein? Wie behandelte die Kirche als Institution alte Menschen? Wie bewerteten die maßgeblichen christlichen Autoren der Spätantike – die Kirchenväter – das Greisenalter? All diesen Fragen soll nun kurz nachgegangen werden, und am Beginn steht – im Anschluß an das vorhergehende Kapitel – die Rolle der Alten innerhalb und außerhalb der christlichen Kirche als politisch-rechtlicher Organisation und sozialer Einrichtung.

Die christliche Kirche gewann seit der von Konstantin dem Großen begonnenen und von seinen Nachfolgern vollendeten Christianisierung von Staat und Gesellschaft eine immense politische, wirtschaftliche und soziokulturelle Bedeutung. Wesentliche Voraussetzung vor allem mit Blick auf die beiden erstgenannten Aspekte war die Etablierung der Kirche als rechtsfähige Körperschaft, denn erst auf diesem

Wege wurde die Kirche im vermögensrechtlichen Sinne besitzfähig, konnte in Testamenten oder Schenkungsakten als Begünstigte eingesetzt und eigenständig tätig werden. Die entscheidenden Schritte in diese Richtung unternahm bereits Konstantin der Große, der von 306 bis 337 n. Chr. römischer Kaiser war: Mit einem Gesetz vom Jahre 321 ermöglichte er es der Kirche, Eigentümerin von Besitz und Vermögen sowie Vermächtnisnehmerin zu sein.[625] Zugleich begann er damit, der Kirche direkte Zuflüsse in Geld und/oder Naturalien zukommen zu lassen, und legte auf diese Weise die Basis für die weitere Prosperität der *ecclesia christiana*, der christlichen Kirche, und damit auch für deren Fähigkeit, Kranke, Alte und Bedürftige zu versorgen.

Zunächst einmal bot die Kirche, nicht zuletzt wegen ihrer generellen Hochschätzung des Greisenalters, nicht wenigen alten Menschen auf direkte Weise Arbeit, Amt und Auskommen. Von diversen Bischöfen – für deren Amtsausübung (anders als heute) in der Antike keine Altersgrenzen existierten – wissen wir, daß sie bis ins achte oder gar neunte Lebensjahrzehnt ihre Funktion ausübten (S. 216), ja, hohes Alter galt geradezu als wichtiges Qualifikationsmerkmal, wie Christian Gnilka unter Verweis auf zwei spätantike Texte hervorgehoben hat:[626]

In seiner im Jahre 421 erschienenen *Vita Ambrosii*[627] schildert Paulinus eine Unterhaltung, die in der Nähe des Sterbebetts des Mailänder Bischofs Ambrosius über dessen Nachfolge geführt worden sein soll. Als der Name eines potentiellen Kandidaten gefallen sei, habe Ambrosius, dem Tode nicht mehr fern, von seinem Bett aus folgenden Kommentar über den in Rede stehenden Mann abgegeben: *senex, sed bonus*; dreimal habe er diese Formel wiederholt, die mit Gnilka wie folgt zu übersetzen ist: «Ein Greis, und zwar ein guter!»[628] Offensichtlich, so legt der Ausspruch des Ambrosius nahe, bedeutete hohes Alter allein noch keine Gewähr für die vorbildliche Erfüllung bischöflicher Aufgaben, doch in Verbindung mit charakterlichen Vorzügen (*bonitas*) bot *senectus* augenscheinlich eine besonders gute Voraussetzung für den Episkopat. Nicht anders als etwa für den idealen Alten ciceronischer Provenienz kommt es für die Christen weniger darauf an, daß man überhaupt alt geworden ist, als vielmehr darauf, wie man diesen langen Weg bewältigt hat. Diesen Aspekt betont denn auch Johannes Chrysostomos, wenn er dem in der profanen Welt in den Hintergrund getretenen Greisenalter die kirchliche Welt mit den ihr eigenen

Anschauungen und Wervorstellungen entgegenhält: Alte Soldaten, Matrosen oder Bauern würden ins Abseits geschoben, in der Kirche hingegen käme es allein darauf an, ob einer in Tugend gelebt habe und alt geworden sei, «denn nicht Straffheit des Fleisches, sondern Spannkraft des Glaubens wird verlangt.»[629] Der Biograph des Ambrosius hat folglich nicht nur einen offensichtlich unter Christen weitgehend unumstrittenen Grundgedanken formuliert, sondern sich zugleich ganz im Sinne seines Helden geäußert, der selbst an einer Stelle die *bona senectus* von der indifferenten *longa senectus* abgrenzt und apodiktisch feststellt: «Nur jener wird auf gute Weise alt, der in anständiger Weise denkt und sich äußert» – nicht auf die grauen Haare auf dem Kopf komme es an, sondern auf die innere Haltung.[630]

Dieser Grundgedanke eines «guten Greisenalters» hat sich vor allem im 5. und 6. Jahrhundert im christlichen Gedankengut etabliert und sogar in die Formeln von Grabinschriften Eingang gefunden.[631] Eindeutig ist dabei stets die rein spirituelle Qualifizierung des *senex bonus*: Nicht etwa materielles Wohlergehen zeichnet diesen aus, sondern ein gottgefälliges Leben, Demut, Hingabe und Bedürfnislosigkeit. Derartige *kalógeroi* bzw. *senes boni* galten als Idealbesetzung für Bischofsstühle, aber auch unterhalb dieser höchsten Führungsebene dürften ‹treffliche Alte› in besonderem Maße als qualifiziert gegolten haben und in Ämter der Kirche gelangt sein. Dies gilt etwa für die *presbýteroi*, deren Funktionsbezeichnung – vom griechischen Wort *présbys* (alt) abgeleitet – schon einen klaren Hinweis auf die Hochschätzung der *senectus* gibt.[632]

Frauen jeglichen Alters stand eine vergleichbare innerkirchliche Ämterlaufbahn nicht offen, gleichwohl konnten auch sie immerhin in begrenztem Maße in der Kirche ein Betätigungsfeld finden, wobei alte Witwen bevorzugte Berücksichtigung fanden. Eine gewisse Rolle spielte dabei auch in der Spätantike noch «die konkrete Altersvorschrift 1 Tim. 5, 9 ..., die einzige, die es im Neuen Testament überhaupt gibt: sechzig Jahre soll das Mindestalter der Witwen betragen.»[633] Witwen wurden in einer eigenen kirchlichen Liste erfaßt, und diesem *ordo viduarum*, dem Witwenstand, sollten nur Frauen jenseits der 60 angehören.[634] Insbesondere als Diakonissen zählten sie im weiteren Sinne zum christlichen Personal und leisteten in dieser Funktion Hilfsdienste im Rahmen von Kranken- und Altenpflege, der

Frauentaufe sowie bei weiteren karitativen Aktivitäten. An Kandida-
tinnen für solche Tätigkeiten herrschte augenscheinlich kein Mangel;
im Jahre 390 n. Chr. sah sich die kaiserliche Zentrale daher zum Erlaß
einer gesetzlichen Verordnung veranlaßt, derzufolge nur Frauen, welche die 60 überschritten hatten, Diakonissen werden sollten.[635]

Auch in anderer Hinsicht bot die Christianisierung der spätantiken Welt alten Menschen neue Perspektiven und Sinnstiftung für
ein ansonsten nicht selten als nutzlos und sinnlos empfundenes irdisches Dasein, freilich um den Preis eines weitgehenden Verzichts auf
die Freuden und Annehmlichkeiten, die ein solches Dasein in der
Regel bereithielt. Trotz dieser gewiß nicht leicht zu erfüllenden Vor-
bedingung besaß die Askese eine hohe Anziehungskraft in der
Spätantike, gerade auch für alte Menschen.[636] Denn immerhin räum-
ten sogar spätantike Autoren und Protagonisten der Askese alten
Menschen wegen ihrer nur begrenzten körperlichen und gesund-
heitlichen Belastbarkeit Sonderbedingungen bei der Einhaltung der
ansonsten rigiden Askesegebote ein; so durften Greise etwa in
Maßen Wein trinken, und Fastengebote wurden für sie gelockert.[637]
Hielten alte Menschen dennoch auch strengster Askese stand, so
steigerte dies naturgemäß ihr Ansehen in besonderer Weise: Der
heilige Antonius, der eigentliche Begründer des spätantiken Mönch-
tums, soll selbst im hohen Alter nicht von der konsequentesten Enthaltsamkeit abgewichen sein,[638] und ein zweiter Gründungsvater der
spätantiken monastischen Bewegung, der Ägypter Pachomius, soll
noch als Greis Jüngere an asketischem Rigorismus übertroffen
haben.[639]

Mit Antonius und Pachomius sowie dem Stichwort Askese sind bereits zwei weitere wesentliche Neuerungen des spätantiken kirchlichen und christlichen Lebens angesprochen, Mönchtum und Kloster-
wesen. Monastisches Leben konnte in völliger Isolation der Einzelnen
(Eremiten- bzw. Anachoretendasein), in städtischen Kleingruppen
oder in koinobitischer Form, das heißt in Klostergemeinschaften, praktiziert werden. Die Ursprünge dieser klösterlichen Lebensformen liegen in Ägypten, sie breiteten sich dann über Syrien und Kleinasien
nach Westen aus und faßten dort über Gallien und Italien ab dem späten 4. Jahrhundert n. Chr. rasch Fuß. Zwar darf man sich von dem
Ausmaß dieser monastischen Bewegung keine übertriebenen Vorstel-

lungen machen, doch mit einigen Zehntausenden von männlichen und weiblichen Klosterbewohnern ist gewiß zu rechnen.

Für die Bewertung und Behandlung der verschiedenen menschlichen Altersstufen innerhalb der Klöster dürfte grundsätzlich das zutreffen, was eben bereits für das Greisenalter im kirchlichen Leben generell formuliert worden ist:[640] Hohes Alter bedeutet noch nicht per se charakterliche Exzellenz, aber wenn Tugendhaftigkeit, Weisheit und Gottgefälligkeit bei einem Greis oder einer Greisin in hohem Maße vertreten sind, dann stellt dies eine ideale Kombination dar. Gleichwohl besitzt in der klösterlichen Vorstellungswelt auch die Jugend ihren Eigenwert, und so fordert denn die Regel des heiligen Benedikt explizit, «die Alten zu verehren und die Jüngeren zu lieben.»[641] Idealiter fungieren die Alten und Erfahrenen in den Klöstern für die Jüngeren als Vorbild,[642] sie verdienen Gehorsam und Respekt und geben dafür an diese ihre Weisheit und ihre Kenntnisse weiter. Allerdings zeugen die Quellen davon, daß es auch in Klöstern, nicht anders als im profanen Leben, zu Generationenkonflikten kam: Jüngere verachteten die Alten und wollten die Verhältnisse ändern,[643] die Alten wiederum ließen die Jungen ihren Stolz und deren Unerfahrenheit spüren.[644] Vom vorbildhaften (heiligen) alten Antonius hingegen ist zu lesen, er habe stets fruchtbaren Austausch mit den Jüngern gepflegt und betont, wie sehr beide Seiten von ihren wechselseitigen Kenntnissen, Eigenschaften und Erfahrungen profitieren könnten.[645] Auch soll Antonius selbst durch das Vorbild eines in einem benachbarten Weiler wohnenden, alten Asketen zu seinem Leben in gottgefälliger Bedürfnis- und Genußlosigkeit gelangt sein.[646]

Klöster boten alten Menschen nicht nur in spiritueller, sondern auch in profaner, materieller Hinsicht eine Heimstatt, und diese spätantike Neuerung dürfte zumindest in gewissem Grade die, wie wir gesehen haben, stets schwierige und prekäre Altersversorgung der Hochbetagten im Vergleich zu früheren Zeiten verbessert haben.[647] Mönche, die zu alt waren, um noch arbeiten zu können, lebten bisweilen in separaten Gebäudetrakten,[648] sie wurden von Klosterbrüdern gepflegt und versorgt, gegebenenfalls auch gefüttert. Die unerwünschte Kehrseite solcher klösterlichen Fürsorge bestand freilich darin, daß alte Novizen ohne jede innere Berufung, sondern allein mit dem Ziel einer derartigen Alterssicherung ins Kloster eintraten.[649]

Bisweilen war den Klöstern ein Heim angegliedert (*Xenodocheion*), welches auch greise Nichtmitglieder des Klosters aufnahm, und so ist generell die Institution der Hospitäler und Altersheime ebenfalls eine spätantike Innovation seitens christlicher Würdenträger und der christlichen Kirche gewesen.[650] Der Bruder von zweien der ‹drei Kappadokier› – Gregor von Nyssa und Basilius von Caesarea –, Naukratios, sorgte jahrelang mit eigener Hände Arbeit für das Auskommen bedürftiger Greise,[651] Basilius seinerseits – sie stammten nämlich aus einer reichen Grundbesitzerfamilie – finanzierte als Bischof von Caesarea aus eigener Tasche die Errichtung von Xenodochien, Hospitälern und Armenhäusern.[652] Als besondere Spielart dieser «charité chretienne», der christlichen Barmherzigkeit, die in der Tradition der «génerosité antique», der antiken Freigebigkeit, steht,[653] entstanden spezielle Altersheime (*Gerokomeia*, *Gerontokomeia*), ebenfalls auf Initiative und unter Führung des Bischofs und staatlicherseits mit steuerlichen Privilegien ausgestattet.[654] Im griechischen Osten, auf den diese Sonderform der ‹Hospitälerbewegung› weitgehend beschränkt blieb, wurde es – selbst im Kaiserhaus – geradezu ‹chic› für die Reichen, solche Heime zu stiften, die in weit größerer Zahl, als es uns die bekannten, circa dreißig Gründungen bezeugen, existiert haben müssen (unter anderem in Konstantinopel, Jerusalem, Antiochia und Caesarea).[655]

Der erkennbar hohen Aufmerksamkeit, welche folglich den alten Menschen im kirchlichen Alltagsleben zuteil wurde, korrespondiert die große Zahl christlicher Reflexionen und Äußerungen zum Greisenalter in der spätantiken christlichen Literatur.[656] Der reichen, antiken, vorchristlichen Literatur *de senectute* entsprach zwar keine unmittelbar vergleichbare christliche Variante – etwa ein christliches Gegenstück zum ciceronischen *Cato maior* –,[657] aber versuchsweise läßt sich auch ein spätantik-christlicher Altersdiskurs rekonstruieren. Leitender Gedanke dieses Diskurses ist der Gegensatz zwischen den äußeren Lebensverhältnissen und der inneren Verfassung alter Menschen. Glaubensstärke, seelische Reife und asketische Festigkeit der alten Christen werden der körperlichen Schwäche, dem grauen Haar und der Arbeitsunfähigkeit gegenübergestellt; in dieser Weise entwickelt etwa Johannes Chrysostomos in seiner Rede über den greisen Abraham ein dichotomisches Altersbild.[658]

Besonders zahlreiche Äußerungen zum Greisenalter bieten die Schriften des Kirchenvaters Hieronymus.[659] Ähnlich wie bei Johannes Chrysostomos, wenn auch drastischer und schonungsloser, stellt Hieronymus dem körperlichen Verfall im hohen Alter die innere, seelische Stärke gegenüber, und bezeichnenderweise treffen wir die aus der Literatur der vorherigen Jahrhunderte bekannten, physischen Defizite hohen Alters bei Hieronymus ebenfalls, nun freilich im christlichen Gewande, an:

«Fast alle Fähigkeiten des Körpers lassen bei den Alten nach; nur die Weisheit wächst, alle anderen Fähigkeiten nehmen ab: Fasten, Schlafen auf nacktem Boden, Hin- und Herlaufen, Aufnahme der Reisenden, Schutz der Armen, Ausdauern beim Stehen im Gebet, Krankenbesuche, Handarbeit, um Almosen gewähren zu können, kurzum: alles, was man mit Hilfe des Körpers vollbringt, wird weniger, wenn die Körperkraft gebrochen ist.»[660]

Mag man in dieser Aufzählung bereits Einflüsse der in Ciceros Schrift *de senectute* gegen das hohe Alter vorgebrachten Einwände erkennen,[661] so wird an anderer Stelle noch deutlicher, wie sehr spätantike Christen dem klassischen Bildungs- und Literaturkanon verbunden sind und sich dieses Schatzes an Motiven, Ideen und Sprachschöpfungen in ureigener christlicher Absicht bedienen.[662] Hieronymus bedenkt in seinem Prolog zum zweiten Buch seines Amos-Kommentars[663] Vor- und Nachteile des Greisenalters und gelangt dabei zu folgender Gegenüberstellung: Positiv zu verbuchen seien das Nachlassen der körperlichen Begierden[664] und der Zuwachs an Weisheit sowie der Fähigkeit zum Erteilen guter Ratschläge; negativ schlügen hingegen allein die physischen Defizite zu Buche: körperliche Gebrechen wie nachlassende Sehkraft, ein übersäuerter Magen, zitternde Hände, ausfallende Zähne, Gicht an Händen und Füßen. Alle diese Motive sind aus der einschlägigen griechischen und lateinischen Literatur hinlänglich bekannt, und sie begegnen immer wieder auch in den christlichen Texten der Spätantike. Augustinus nennt als Altersmerkmale gebeugte Glieder, runzlige Haut, graues Haar, allgemeine physische Schwäche, Zahnlosigkeit und – damit einhergehend – Artikulationsschwierigkeiten.[665] Doch was zähle, so fährt Augustinus fort, all dies schon gegenüber den wahren Aufgaben, Werten und Zielen menschlichen Lebens?

Von derartigen Überlegungen bedarf es keines großen Schrittes mehr, um dem irdischen Dasein überhaupt eine irgendwie geartete, höhere Sinnhaftigkeit zu bestreiten, und folgerichtig treffen wir diesen Gedanken auch bei Hieronymus an: Wie eine Spinne Tag für Tag ihr Netz spinne, gewiß mit großer Anstrengung, aber letztlich ohne jedes brauchbare Ergebnis, so verbrächten auch die Menschen ihr Leben; sie strebten nach Besitz und Reichtum, zeugten Kinder, arbeiteten, erlangten gar das Königtum, doch verstünden sie nicht, daß dies alles nichts anderes als Spinnweben sei.[666] Daher läßt sich gutes Alter in den Augen der Christen nicht von säkularen Verführungen blenden, sondern zeichnet sich allein durch christliche Tugenden aus: Weisheit in der Gotteserkenntnis, Frömmigkeit, Keuschheit, Ausrichtung am ewigen Leben. Schlechtes Alter hingegen erweist sich in den hinlänglich bekannten Lastern:[667] Geschwätzigkeit, Trunksucht, Verdrießlichkeit, Wollust und Vergnügungssucht, die sich in Circus- und Theaterbesuchen äußert.

Bevorzugte Beachtung sollte man von den spätantiken Christen einem beherrschenden Aspekt hohen Alters gegenüber erwarten dürfen, der Furcht vor dem nahenden Tod.[668] Denn auf diesem Feld befanden sich die Christen mit ihrer Jenseitsgewißheit in deutlichem Vorteil im Vergleich zu den Anhängern der herkömmlichen Kulte, denen – wie etwa dem ciceronischen Cato – nicht recht klar war, ob der Tod das gänzliche Verlöschen der Seele oder deren Überführung an einen Ort ewigen Lebens bedeuten würde.[669] Demgegenüber waren sich die Christen ihrer Haltung, ihres Weges und ihrer Zukunft gewiß, wie zum Beispiel Palladius (ca. 363/364–ca. 430 n. Chr.) hervorhebt, indem er die unterschiedlichen Reaktionen zunächst des Christen und dann des Heiden auf den nahenden Tod beschreibt:[670] «Klopft der Tod an die Tür seines schwachen Leibes, dann ruft er, noch bevor er ihn sehen kann: ‹Laßt uns fortgehen von hier!› und stimmt zugleich den Psalm an: ‹Wehe, lang geworden ist mein Aufenthalt in der Fremde!› Und wäre es nicht der Herr, der den Tod geschickt hat, so würde er ihn zur Rechenschaft ziehen, weil er gar zu langsam komme.»

Dem Heiden fehlt diese beruhigende Jenseitsgewißheit: «Stößt der Tod ihn an, dann gibt er alles hin, damit er nur noch ein bißchen lebt, denn er hängt am Leben ... Er zittert unaufhörlich wie ein Blatt und will nicht alt werden. Es ergeht ihm so wie den törichten Greisen: Er fürchtet den Tod wie Gott, Gott aber ist ihm die irdische Welt.»

Die Reihe christlicher Belegstellen für die Christianisierung des Altersideals ließe sich noch ein gutes Stück fortsetzen, ohne daß dabei wesentlich neue Erkenntnisse erzielt würden; nur auf einen besonderen Aspekt sei gesondert hingewiesen, nämlich auf das «puer senex»-Ideal.[671] Zwar kennt etwa auch schon die römische Konsolationsliteratur den tröstlichen Gedanken, daß selbst jung Verstorbene bereits in den Besitz von Vorzügen des Greisenalters (zum Beispiel der *senilis prudentia*, der Altersweisheit) gelangt seien,[672] «ihren eigentlichen Siegeszug begann die Idee des ‹puer senex› aber erst mit dem Christentum.»[673] Stellvertretend für die weite Verbreitung des Gedankens sei ein Passus aus einer Predigt des (spätestens seit 398 n. Chr. amtierenden) Bischofs Maximus von Turin (er starb zwischen 408 und 423 n. Chr.) zitiert:[674] «Wie gesagt also: es gibt bestimmte Altersstufen der Tugenden; einerseits nämlich findet sich moralisches Greisenalter bei Kindern, andererseits trifft man auf die Unschuld der Kinder bei Greisen. Denn weil es bei jungen Menschen gewissermaßen ein Greisenalter der Tugend gibt, sagt der Prophet: ‹Denn ehrenvolles Alter ist nicht das hochbetagte, und nicht wird es bemessen nach der Jahre Zahl; vielmehr ist Einsicht für die Menschen weißes Haar›.»

Erneut zeigt sich hier, daß die christliche Altersauffassung und insbesondere das christliche Altersideal in vielerlei Hinsicht an die klassischen Wurzeln und Vorbilder anknüpfen, diese aber im Sinne christlicher Intentionen abändern, weiterentwickeln oder auch umfassend neugestalten. Es stellt sich nun abschließend die Frage, ob Entsprechendes auch für die Poesie und bildende Kunst der christlichen Spätantike zu beobachten ist.

3. Neue Bilder?
Alter und Jenseitsnähe

Insbesondere im Blick auf die naturgemäß überaus häufigen Apostel-
und Heiligenbildnisse des 4. bis 6. Jahrhunderts n. Chr. läßt sich die
eben zum Schluß des vorhergehenden Kapitels gestellte Frage eindeutig bejahen. Denn diese Bildnisse und Darstellungen «orientieren sich
am traditionellen Repertoire der Intellektuellenikonographie. Charakteristisch sind vor allem die traditionellen Bartformen und Glatzen,
aber auch die angestrengten Denkermienen.»[675] Als Beleg für diese
Beobachtung kann Zanker etwa eine Elfenbeinpyxis aus dem frühen
5. Jahrhundert n. Chr. anführen, welche den lehrenden Christus im
Beisein von Aposteln zeigt; der (vom Betrachter aus gesehen) links
neben Christus sitzende Paulus weist dabei deutliche Affinitäten zum
traditionellen Sokrates-Typus auf *(Abb. 77).*

Eine ähnliche Bildkomposition begegnet auf einem Elfenbeindipty-
chon, welches aus Konstantinopel stammt *(Abb. 78).* Petrus und Paulus sind mit «gefurchten ‹Altersporträts›» dargestellt, und bemerkenswerterweise gilt dies auch für Christus, denn sein «langhaariges
Antlitz mit herabwallendem und spitz zulaufendem Vollbart weist
greisenhaft strenge Züge auf.»[676]

In den Altersdarstellungen christlicher Couleur dominiert regelmäßig der Aspekt der Würde und Erhabenheit, was sich besonders gut
an der nahezu stereotypen Ikonographie der Apostel Petrus und Paulus zeigen läßt.[677] Petrus ist stets als Greis mit weißem Haar und
weißem Bart gezeichnet, Paulus als älterer Mann mit Stirnglatze und
Bart sowie schmalem Gesicht. Auf dem hier abgebildeten Apsismosaik
von SS. Cosma e Damiano (6. Jahrhundert n. Chr.) in Rom führt Paulus (links) den heiligen Damian und Papst Felix IV., (rechts) Petrus die
heiligen Cosmas und Theodorus auf den in der Mitte vom Himmel
herabsteigenden Christus zu *(Abb. 79).*

Nicht nur für die Apostelfürsten, sondern generell setzt sich das
bärtige Altersporträt nun als kanonische Gestaltungsform für die

77 *Elfenbeinpyxis, nach 400 n. Chr. (?)*
Berlin, Staatliche Museen zu Berlin –
Museum für Spätantike und Byzan-
tinische Kunst

78 *Diptychon: Christus und Apostel,*
Elfenbein, 6. Jahrhundert n. Chr. Berlin,
Staatliche Museen zu Berlin – Museum
für Spätantike und Byzantinische Kunst

79 *SS. Cosma e Damiano, 6. Jahr-*
hundert n. Chr., Rom. Apsismosaik

80 Tafelbild des Apa Abraham
(Oberägypten, Nähe Luxor),
Temperamalerei auf Akazien-
holz, ca. 590–620 n. Chr.
Berlin, Staatliche Museen zu
Berlin – Museum für Spätan-
tike und Byzantinische Kunst

81 Friessarkophag (Rom),
Marmor, Mitte 4. Jahrhundert
n. Chr. Berlin, Staatliche
Museen zu Berlin – Museum
für Spätantike und Byzan-
tinische Kunst

christlichen Heiligen durch. Ein instruktives Beispiel dafür bietet das Tafelbild des Apa Abraham, der zwischen 590 und 620 n. Chr. in Oberägypten als Abt und Bischof wirkte *(Abb. 80)*. Über die Individualität des prominenten Klerikers gibt das Bild keinerlei Aufschluß, denn es «besteht aus einer Anzahl normierter Formeln, die zusammengenommen ein Idealbildnis ergeben, das gleichsam als Synonym für ‹Heiligkeit› galt.»[678] Für veristische Altersdarstellungen in republikanischer Tradition ist in einem derartigen Bildverständnis natürlich kein Platz mehr, insofern findet ein wesentlicher Aspekt der in den schriftlichen christlichen Quellen greifbaren Altersvorstellung – die Armut, das Elend, die Würdelosigkeit und die ungeschminkte Wirklichkeitsverarbeitung – keinen bildlichen Ausdruck.

Für die Sarkophage der christlichen Spätantike ergibt sich ein vergleichbarer Befund, denn auch dort dominieren die würdigen Greise. Zunächst sei wieder ein Beispiel für die stereotype Zeichnung von Petrus und Paulus vorgestellt *(Abb. 81)*. Auf dem Fragment des spätantiken Friessarkophages sind neben der ursprünglich weiblichen, aber nachträglich in eine männliche Gestalt umgearbeiteten Figur eines Betenden links (mit Stirnglatze) Paulus und rechts (mit reichem Vollbart) Petrus dargestellt.[679]

82 Sarkophag des Iunius Bassus, Marmor,
Mitte 4. Jahrhundert n. Chr. Rom, Vatikanische Museen

Ungleich prominenter als dieses (Berliner) Stück ist ein stadtrömischer Sarkophag *(Abb. 82)*. Der Sarkophag des 359 n. Chr. im Alter von zweiundvierzig Jahren gestorbenen Stadtpräfekten von Rom, Iunius Bassus, ist ein Meisterwerk christlich-spätantiker Sarkophagkunst.[680] In der oberen Bildfolge ist im mittleren Abschnitt Christus zu sehen, flankiert von zwei alten Aposteln,[681] zu seinen Füßen der als alter Mann personifizierte Himmel; ganz links (vom Betrachter aus gesehen) erscheint der alte Abraham, der seinen Sohn zum Opferaltar führt. Im unteren Teil finden sich (links) der alte Hiob und ganz rechts

83 Diptychon mit Hirschjagd, Elfenbein, früheres 5. Jahrhundert n. Chr. Liverpool, Merseyside County Museums

84 Statue eines Magistrats, Marmor, um 400 n. Chr. Rom, Konservatorenpalast

der Apostel Paulus, der zum Martyrium geführt wird. Bart und Glatze fungieren hier wiederum als die wichtigsten Altersindizien.

Letzteres gilt nun für die männlichen Greisenbildnisse der Spätantike überhaupt, denn «die christliche Kunst stellt in der Regel vollgewandete Personen dar; darum gibt es Greisenköpfe, aber kaum je Greisenkörper...»[682] Auf einem Diptychon aus dem ersten Viertel des 5. Jhs n. Chr., welches im unteren Teil eine Hirschjagd abbildet, ist der älteste der drei oben sitzenden Würdenträger, der (vom Betrachter aus gesehen) links hinter der Balustrade plaziert ist, durch sein langes Gesicht und ebenfalls durch Bart sowie Stirnglatze als Greis identifizierbar *(Abb. 83)*.[683]

Anders ist dies wiederum bei dem bekannten Magistrat aus Rom (um 400 n. Chr.), dessen Altersbestimmung schwierig und letztlich nicht eindeutig zu klären ist – ist es nur ein älterer[684] oder schon ein alter Mann?[685] Der mit Tunica, Toga und Stiefeln *(calcei)* bekleidete und eine *mappa*, das Starttuch bei Circusrennen, in der Hand haltende Mann ist mit runzliger Denkerstirn und hohem Haaransatz als Intellektueller in fortgeschrittenem Alter gezeichnet, seine Benennung als Symmachus[686] freilich hypothetisch *(Abb. 84)*.

Die bei dem Magistrat nicht zur Darstellung gekommenen, ansonsten kanonischen spätantiken Attribute hohen Alters – Bart und Glatze – konnten bei der bildlichen Bezeichnung alter Frauen naturgemäß keine Anwendung finden, und es stellt sich daher die Frage, ob und inwiefern in der spätantiken Kunst, die – zumindest auch – «retrospektive Bildnisse» hervorbrachte,[687] an die überkommene Altersikonographie kaiserzeitlicher Frauenbilder angeknüpft worden und bzw. oder ein bestimmbarer ‹Altersdiskurs› im spätantiken Frauenporträt zu erkennen ist.[688] Betrachtet man die wenigen einschlägigen Stücke, so ist doch deutlich erkennbar, daß das weibliche Altersporträt der Spätantike noch stärker als die männlichen Altersbildnisse auf die Drastik früherer Zeiten fast völlig verzichtet. Besonders deutlich ist dies bei dem Porträt der Mutter Konstantins des Großen, der Augusta Helena *(Abb. 85)*.[689] Das wahrscheinlich in die Zeit nach ihrer Erhebung zur Augusta (324/25 n. Chr.) zu datierende Porträt der folglich fast siebzigjährigen Frau – sie ist um 257 n. Chr. geboren worden – läßt jegliche Hinweise auf ihr hohes Alter vermissen, vielmehr ist es «als eine idealisierende und bewußte Stilisierung (zu) verstehen, der

85 *Porträt der Helena, Marmor,*   86 *Kopf einer Kaiserin, Marmor,*
ca. 325–330 n. Chr. Rom, Vatikani-   *Mitte 5. Jahrhundert n. Chr. Rom,*
sche Museen   *Museo dell' Alto Medioevo*

es vor allem auf die Zurschaustellung kaiserlicher Hoheit und des dy-
nastischen Prinzips ankam.»[690]

Anders verhält es sich hingegen mit einem (hier nicht abgebildeten)
Frauenkopf aus der Mitte des 4. Jahrhunderts n. Chr., aus lunensi-
schem Marmor gefertigt.[691] In diesem Fall liegen deutlichere, wenn
auch noch nicht als naturalistisch zu klassifizierende Altersindizien
vor, vor allem die von den Mundwinkeln ausgehenden Falten. Von diesem Stück aus lassen sich wiederum Verbindungslinien ziehen zu dem
vielleicht am stärksten realistischen Exemplar der erhaltenen spätantiken Frauenköpfe *(Abb. 86)*.[692] Die vornehme alte Dame, von einigen
Gelehrten mit der Tochter Theodosius' I. und Mutter Valentinians III.,
der zwischen 425 und 450 den Titel einer Augusta führenden Galla
Placidia identifiziert, weist eine bemerkenswerte Fülle von Altersmerkmalen auf: Tränensäcke, Falten im naso-labialen Bereich, eingefallene Wangen, Schmallippigkeit und ein Doppelkinn.

Von dem ungeschminkten Verismus (spät-)hellenistischer Frauengestalten ist eine derartig gemäßigte Wirklichkeitsorientierung frei-

87 Justinian und Gefolge:
Ravenna, San Vitale. Seitenmosaik
(6. Jahrhundert n. Chr.) in der
Westapsis

88 Theodora und Gefolge:
Ravenna, San Vitale. Seitenmosaik
(6. Jahrhundert n. Chr.) in der
Westapsis

lich noch ein gutes Stück entfernt, und eine noch deutlichere Alterszeichnung von Frauen in der spätantiken Kunst läßt sich denn auch
nicht nachweisen. Signifikant sind in dieser Hinsicht ebenfalls die
Darstellungen auf spätantiken Mosaiken, etwa auf dem berühmten
Wandschmuck in S. Vitale (Ravenna) *(Abb. 87/88)*. Während zum Gefolge des Kaisers Justinian der Bischof Maximian gehört – mit Glatze
und hagerem Gesicht unverkennbar als alter Mann gezeichnet –,
scheint die Kaiserin Theodora nur von jungen Frauen oder Damen im
besten Alter umgeben zu sein.[693]

In dieser christlichen temperierten Bilderwelt hat der Realismus
hellenistischer oder republikanischer Couleur bestenfalls noch als Bil-
dungszitat und Kulturgut seinen Platz. Wir wissen, daß Mitglieder der
kultivierten, spätrömischen Oberschicht, mögen sie auch mehr oder
weniger stark christianisiert gewesen sein, im klassischen Bildungswe-
sen beheimatet waren und beheimatet blieben, Homer, Plato, Horaz
und Vergil lasen, die alten Philosophen statuarisch oder im Mosaik
bildlich in ihren Villen vergegenwärtigten und ganze Bildergalerien
und Statuensalons anlegten, mit Kaiserporträts und Götterdarstellun-
gen.[694] In einem derartigen Ambiente, das neuerdings durch den kürzlich von Marianne Bergmann gründlich untersuchten Skulpturen-
schmuck der spätrömischen Villa im südfranzösischen Chiragan
besonders eindringlich dokumentiert worden ist, pflegte man auch die
Erinnerung an vergangene Kunststile, wie ein in Chiragan gefundener
Fischertorso aus schwarzem Marmor zeigt *(Abb. 89)*.

«Es ist eine Wiederholung des bekannten hellenistischen Fischer-
typus mit magerem Oberkörper, faltiger Haut und stark hervortretenden Adern am Hals.»[695] Mit dieser Beobachtung kehren wir erneut
zurück zu der bereits am Ende des vorhergehenden und eingangs dieses Kapitels festgehaltenen Erkenntnis: Auch die (christliche) Spätantike bezog ihre wesentlichen Bildungsquellen und künstlerischen Aus-
drucksmöglichkeiten aus der (heidnischen) griechisch-römischen
Tradition, versah diese jedoch mit neuen Akzenten und Elementen.
Dies gilt auch und gerade für einen weiteren zentralen Bereich der
Kultur, dem abschließend noch einige knappe Bemerkungen gewidmet
seien, nämlich für die Poesie.

Christian Gnilka hat hervorgehoben, daß der Kirchenvater Gregor
von Nazianz in seinen Gedichten Altersklagen mit unverkennbaren

Anklängen etwa an homerische Formulierungen und euripideisches Gedankengut in Worte faßt, diese jedoch mit genuin christlichen Vorstellungen und Wortschöpfungen verbindet.[696] Noch stärker in der vorchristlichen Poesie verwurzelt ist das Klagelied, welches Boethius (ca. 480 bis 524 n. Chr.) an den Beginn des ersten Buches seiner *Philosophiae Consolatio* (*Trost der Philosophie*) stellt. Dieses – neben dem augustinischen *Gottesstaat* und den ebenfalls augustinischen *Confessiones* (*Bekenntnisse*) – vielleicht prominenteste und wirkungsmächtigste Buch der Spätantike entstammt der Feder des Konsuls, hohen Würdenträgers und Mitglieds der patrizischen *gens Anicia*, der aus den höchsten Würdenstellungen unter Theoderich dem Großen stürzte und in der Haft, auf den Vollzug des über ihn verhängten To-

89 Torso eines alten Fischers, schwarzer Marmor, 4. Jahrhundert n. Chr. (?). Toulouse, Musée Saint-Reymond

desurteils wartend, diese Trostschrift in Form eines Dialogs mit der personifizierten Philosophie verfaßte.[697] Es ist bemerkenswert, daß in diesem Werk des christlichen Neuplatonikers Boethius keinerlei explizite Bezüge zum Christentum enthalten sind, und dies gilt folglich auch für die bereits angesprochene, in elegischen Distichen abgefaßte Klage eingangs des *Trostes der Philosophie*:

> «Der ich Gesänge vordem in blühendem Eifer vollendet,
> Wehe, wie drängt das Geschick traurige Weisen mir auf.
> Also schreiben mir vor voll Schmerz die verwundeten Musen,
> Tränen von echtestem Leid haben ihr Antlitz genetzt.
> Konnte doch sie allein der Schrecken nimmer besiegen,
> Als Gefährten nur sie folgten allein meinem Pfad.
> Was die Zierde einst war glückselig blühender Jugend,
> Ist dem trauernden Greis Trost jetzt in schlimmem Geschick.
> Unvermutet erschien vom Leide beschleunigt das Alter,
> Und es verkündigt' der Schmerz, daß seine Zeit nun genaht.
> Von dem Scheitel zu früh ergrauend wallen die Locken,
> Schlaff erzittert und welk mir am Leibe die Haut.
> Seliger Tod, der sich nicht drängt in die Freuden der Jugend,
> Der dem Trauernden nur, häufig gerufen, erscheint.
> Ach er wendet sein Ohr verschlossen dem Flehen der Armen,
> Grausam weigert er stets Ruhe dem weinenden Aug'.
> Als noch das treulose Glück mir flüchtige Güter gespendet,
> Hätt' eine traurige Stunde fast in den Tod mich versenkt.
> Jetzt da es wolkenverhüllt das trügende Antlitz gewendet,
> Da mir das Leben verhaßt, schleppt sich unselig die Zeit.
> Warum prieset ihr einst mich oft so glücklich, o Freunde?
> Wer so stürzte, der stand niemals auf sicherem Fuß.»[698]

Die stark an die *Tristia* Ovids aus dem pontischen Exil erinnernde Elegie des Boethius bedient sich der bekannten Motive der Altersklage, da der Dichter sich als früh gealterten Greis stilisiert, der, allein von tröstenden Musen noch begleitet, auf die Todesstunde wartet. So sieht sich der gerade erst jenseits der vierzig Angelangte bereits als Alten, mit grauem Haar, schlaffer und welker Haut, erfüllt von Todessehnsucht. Mit Recht hebt Paola Pinotti[699] hervor, daß Boethius' Altersklage frei von jeglicher Originalität ist und ganz aus dem poetischen Vorrat der vorhergehenden Jahrhunderte schöpft, und nicht anders verhält es sich mit dem letzten Elegiker, der hier zu Wort kommen soll, mit dem Italiker Maximianus.⁷⁰⁰ Maximianus, trotz letztlich nicht völlig auszuräumender Unklarheiten wohl mit einiger Berechtigung ins 6. Jahrhundert n. Chr. zu datieren, beruft sich in seiner dritten Elegie (vv. 47 f.) explizit auf Boethius und tituliert ihn als «vorzüglichen Erforscher der größten Zusammenhänge.» Mit Boethius verbindet Maximianus, der ebenfalls zur oberen Gesellschaftsschicht zu zählen ist und offenbar in Rom gelebt hat, nicht nur der Verzicht auf christliches Gedankengut in seinen Werken, sondern auch die starke Verwurzelung in der antiken literarischen Tradition, wobei in diesem Fall erneut besonders auf Ovid hinzuweisen ist, ferner auf Catull, Vergil und Ausonius: «Almost every line in his poems parallels, echoes or imitates some word, phrase, or line in another author.»⁷⁰¹ Maximianus besingt nun allerdings nicht etwa – wie die lateinischen Elegiker der frühen Kaiserzeit (S. 176 ff.) – die Wonnen der Jugend und der erfüllten Liebe, sondern er verfaßt explizit als alter Mann Klagelieder, in denen das Versagen von Liebesfähigkeit und Leidenschaftlichkeit ungeschminkt benannt und auch nicht verschwiegen wird, wie der alte Dichter von seiner enttäuschten Gefährtin schmählich verlassen wird. Vorzüge des Alters werden gar nicht erst erwogen – Askese und Weltflucht, Tugendhaftigkeit und Jenseitsgewißheit hielt der greise Maximianus erkennbar weder für erstrebenswert noch dürfte er geglaubt haben, darin irgendeinen Trost finden zu können:

> «Mißgünstiges Alter, was zögerst du, mein Ende herbeizuführen?
> Warum kommst du so langsam in diesen erschöpften Körper?
> Befreie, bitte, dies elende Leben aus solchem Kerker:
> Tod bedeutet jetzt Ruhe, Leben Strafe mir.
> Nicht bin ich, der ich einst war: der größte Teil von mir ist vergangen;
> und das, was übrig ist, besitzen Krankheit und Schauder.
> Tageslicht ist beschwerlich in der Trauer, Licht willkommen nur zu Zeiten
> der Freude,
> und übler noch als jeder Tod ist der Wunsch zu sterben.»⁷⁰²

Gegen diese Düsternis helfen weder Musen noch Trostschriften *de senectute*, ohne Hemmungen bejammert Maximianus, was er alles eingebüßt hat (1,9 ff.): Ansehen als Redner und Dichter sowie als Prozeßredner, Schönheit, Treffsicherheit im Jagen und sportliche Lei-

stungsfähigkeit. Alle einst von Ciceros Cato referierten Vorbehalte gegen das Greisenalter – es behindere jegliche Aktivität, schwäche den
Körper, lasse keine Genüsse und Freuden zu und stehe an der Schwelle
zum Tod[703] – werden von Maximianus nicht nur nicht entkräftet, sondern mit ganzem Herzen und poetischem Nachdruck bekräftigt, so
daß Pinotti sein Elegiencorpus mit Recht als *Anticato de senectute*
qualifiziert.[704] Doch am Ende mag der alte Dichter nicht einmal mehr
lamentieren: «Beende, ich bitte dich, geschwätziges Alter, die elenden
Klagen!»[705] Alle Menschen müßten denselben Weg zum Tode gehen,
wenn auch die Art des Lebensausganges nicht für alle dieselbe sei. Und
immerhin weiß der Dichter sich gegenüber seinen vielen Leidensge-
nossen in einer Hinsicht im Vorteil: Mag er auch tot sein, in seiner
Kunst wenigstens wird er weiterleben.[706]

Epilog

Am Ende eines langen, wenn auch häufig notgedrungen kursorischen oder gar oberflächlichen *tour d'horizon* über die griechische und lateinische Literatur, Philosophie, Poesie, Geschichtsschreibung und Kunst sind wir, im Grunde genommen, an den Ausgangspunkt unserer Überlegungen zurückgekehrt: Nahezu gleichzeitig vernehmen wir auch am Ende der Antike Alterslob und Altersklage; der göttlich begnadete Weise des homerischen Epos, Nestor, fand seinen Frieden wie der selbst- und weltgewisse ciceronische Cato oder schließlich auch der von Hieronymus zitierte Christ. Und der Trostlosigkeit des Klageliedes eines Mimnermos entspricht noch mehr als tausend Jahre später die Bitternis der maximianischen Elegien.

Wie die vielen zitierten und besprochenen Texte zeigen, war den Menschen in der griechisch-römischen Antike der Gedanke stets präsent, «was es heißt, befristet in der Welt zu sein», was es bedeutete, «die Eselslast der Zeit» zu tragen.[707] Insofern darf die antike Literatur auch noch in einer Zeit wie der unsrigen, da allerorten über das Altern reflektiert und räsoniert wird, Aufmerksamkeit beanspruchen. ‹Belesenheit schützt vor Neuentdeckungen›, so lautet das bekannte Bonmot eines Mediävisten aus dem 20. Jahrhundert, und so bewahrt auch der Blick in die Antike uns und unsere Zeitgenossen davor, die Befindlichkeiten und Bedingungen unserer Gegenwart für allzu unvergleichlich und das Nachdenken über dieselbe für allzu originell zu halten. Was Siegfried Lenz für die Literatur von Shakespeare über Brecht und Hemingway, von Fontanes altem Dubslav im *Stechlin* zum alten Konsul Buddenbrook, von Brechts *Unwürdiger Greisin* bis hin zu André Gide aufweist, gilt nicht minder für die Gedichte, Tragödien und Komödien, Traktate und Satiren der griechisch-römischen Antike: «Das Alter ist ein so vieldeutiges Phänomen, es ereignet sich auf so vielfache Weise, es läßt sich unter so verschiedenen Gesichtspunkten bewerten, daß auch die Literatur nicht im Stande ist, es in all seinen Dimensionen erschöpfend zu bestimmen. Was sie vermag, ist lediglich dies: einige Erscheinungsformen, einige Aspekte ins Bild zu bringen und den Wandel der Beziehungen zur Welt zu veranschaulichen, den das Alter mit sich bringt.»[708]

Und nichts anderes ließe sich auch über die bildlichen Altersdarstellungen sagen: Vom häßlichen, zahnlosen Alten bis zum spätantiken *Kalógeros*, von der abgehärmten Landfrau bis zur würdevollen Matrone haben die antiken Künstler zahlreichen Erscheinungsformen alter Menschen bildlichen Ausdruck verliehen, die Wirklichkeit des Alters rezipiert, gedeutet, neugestaltet oder auch beschönigt, kaschiert und manipuliert. Sollte dieses Buch es wenigstens annähernd vermocht haben, neben der häufig kaum noch greifbaren Realität des Altersschicksals in der Antike auch dessen Widerhall und Verarbeitung im Denken, Dichten und künstlerischen Schaffen dieser Zeit zu verdeutlichen und zu veranschaulichen, so hätte es seinen Zweck erfüllt.

Anhang

Anmerkungen

1 Die literarischen Quellen und (wenigen) archäologischen Denkmäler zu Tithonos sind zusammengestellt bei A. Kossatz-Deissmann, Art. *Tithonos,* in: Lexicon Iconographicum Mythologiae Classicae (LIMC) VIII 1, Düsseldorf 1997, 34 ff.

2 Preißhofen, 17.

3 Vgl. H. King, *Tithonos and the Tettix,* in: Falkner/de Luce, 68–89 (mit Quellennachweisen, vor allem aus den Homer-Scholien).

4 In dem vom «Kuratorium Deutsche Altershilfe» (KDA) herausgegebenen Band *Rund ums Alter* (München 1996) finden sich diverse Lemmata, zu denen aus der Antike erhellende und aufschlußreiche Informationen beizubringen sind, etwa zu «Generationenbeziehungen und Sozialkontakten», «politische Teilhabe und gesellschaftliches Engagement» u. a. m.

5 Ebd. 9.

6 Gnilka, *Greisenalter,* 996–1001; M. I. Finley, *The Elderly in Classical Antiquity,* in: Falkner/de Luce, 1 ff.

7 Vgl. u. S. 41 ff.

8 J. Bleicken, *Die athenische Demokratie,* 2. Aufl., Paderborn 1994, 119.

9 Sol. frgm. 19 D (übersetzt von E. Preime) vv. 17 f.: «Wem aber Gott das zehnte Jahrsiebent zur Neige vollendet, ihn ereilt dann der Tod wohl zu schicklicher Zeit.»

10 E. Eyben, *Die Einteilung des menschlichen Lebens im römischen Altertum,* RhM 116, 1973, 172 ff. (dort auch zu abweichenden Einteilungen Varros).

11 Finley, *The Elderly,* in: Falkner/de Luce, 6 ff.; vgl. jetzt ferner die treffenden Bemerkungen von Parkin, 19 ff.

12 Einen glänzenden, für ein allgemeines Publikum verständlichen Überblick bietet J. Latacz, *Homer. Der erste Dichter des Abendlands,* 2. Aufl., München 1989, 32–90; die deutschen Übersetzungen im folgenden nach H. Rupé (Ilias) und A. Weiher (Odyssee).

13 J. Assmann, *Das kulturelle Gedächtnis. Schrift, Erinnerung und politische Identität in frühen Hochkulturen,* München 1992, 273.

14 Frühe griechische, bildliche Darstellungen mit gezielter Abbildung von Altersmerkmalen sind kaum auf uns gekommen; zu den frühesten gehören vielleicht spätminoische Fresken aus Thera (nach 1600 v. Chr.), auf denen nach neuester Interpretation von E. N. Davis alte Frauen durch große, schlaff herabhängende Brüste und rote Streifen in den Augen (als Indiz für rotgeä-

derte oder blutunterlaufene Augen alter Frauen) charakterisiert werden: E. N. Davis, *Youth and Age in the Thera Frescos,* AJA 90, 1986, 399–406.

15 Die Beschreibung nach Zanker, *Maske,* 23.

16 So aber S. Byl, *Lamentations sur la vieillesse chez Homère et les poètes lyriques du VIIeme et VIeme siècles,* LEC 44, 1976, 234 f.

17 W. Schadewaldt, *Lebenszeit und Greisenalter im frühen Griechentum,* Die Antike 9, 1933, 286 f.

18 Vgl. O. Fuà, *La dignità dell'anziano negli scrittori greci fino al IV secolo d. C.,* AIV 138, 1979/80, 397–414.

19 Vgl. Preißhofen, 28.

20 Vgl. Zanker, *Maske,* 23 f.

21 Preißhofen, 33. Vgl. auch R. Thomas, *Alt und ‹Häßlich›? Vom Umgang der Antike mit dem Alter,* in: *Altersbildnisse,* 42 f. und die um 490 v. Chr. entstandene Hydria, welche (den durch weißes Kopf- und Barthaar als alt gezeichneten) Phoinix zusammen mit Odysseus bei Achill zeigt: ebd. 77 Kat.-Nr. 12.

22 Schadewaldt (o. Anm. 17) 291.

23 Ebd.

24 S. Latacz, *Homer* (o. Anm. 12) 86 ff.

25 So etwa B. Zucchelli, *I poemi e gli inni omerici,* in: *Senectus* I, 24 ff.

26 So Preißhofen, 39–41.

27 Ebd. 39.

28 Vgl. Pfisterer-Haas, 20 f.; Schulze, 63.

29 C. Ulf, *Die homerische Gesellschaft. Materialien zur analytischen Beschreibung und historischen Lokalisierung* (Vestigia 43), München 1990, 70 ff.

30 Ulf, ebd. 74. 77.

31 Vgl. etwa Il.4, 343 ff. und allgemein dazu R. Fercia, *Prestigio e crisi del ruolo dell'anziano nella poesia greca da Omero al V secolo (lettura di Hes. frgm. 321 M.-W.),* Lexis 14, 1996, 41 ff., bes. 42.

32 A. Lesky, *Geschichte der griechischen Literatur,* Bern 1957/58, 86 ff.

33 Das folgende nach Zanker, *Maske,* 146 ff. Zur Diskussion um die Zuschreibung des Porträts s. zuletzt noch Schefold (266 ff. 521 f.), der den Kopf auf Aristophanes beziehen möchte.

34 Vergil, ecl. 6,70: «Ascraeus senex».

35 Lesky, *Geschichte* (o. Anm. 32) 87.

36 Vgl. Preißhofen, 42 ff. sowie ferner T. A. Falkner, *Slouching towards Boeotia: Age and Age Grading in the Hesiodic Myth of the Five Races,* ClAnt 8, 1989, 42–60.

37 F. Brommer, *Herakles und Geras,* AA 1952, 60–73; G. Hafner, *Herakles – Geras – Ogmios,* JRGZ 5, 1958, 139–153; ferner s. jetzt – mit allen literarischen und archäologischen Nachweisen – H. A. Shapiro, Art. *Geras,* LIMC (s. o. Anm. 1) IV 1, 1988, 180–182.

38 Gnilka, *Greisenalter,* 1016.

39 Schulze, 64.

40 Preißhofen, 6 ff.; ebenso J. Linea, *Esiodo,* in: *Senectus* I, 59–68; die Übersetzung wieder – wie auch im folgenden – nach T. von Scheffer.

41 Fercia (o. Anm. 31) 41 ff.

42 Schadewaldt (o. Anm. 17) 292.

43 M. L. West, *Melos, Iambos, Elegie und Epigramm,* in: E. Vogt (Hg.), *Griechische Literatur* (Neues Handbuch der Literaturwissenschaft), Wiesbaden 1982, 73.

44 Zanker, *Maske,* 142.

45 S. (gegen die ältere Frühdatierung ins 7. Jahrhundert v. Chr.) jetzt Latacz, 214.

46 Preißhofen, 91.

47 Latacz, 215/217.

48 Vgl. E. Stein-Hölkeskamp, *Adelskultur und Polisgesellschaft. Studien zum griechischen Adel in archaischer und klassischer Zeit,* Stuttgart 1989.

49 A. Dierichs, *Erotik in der Kunst Griechenlands,* Mainz 1993, besonders 56 ff.

50 Preißhofen, 92 f.

51 Zusammengetragen von Dierichs (o. Anm. 49).

52 S. etwa Dierichs, ebd., 111 Abb. 195 a.

53 Im Anschluß an die in der Gräzistik übliche Periodisierung (vgl. den Band von Latacz) beschließen wir die Zeit der archaischen Lyrik erst mit Pindar und Bakchylides, also erst in der Mitte des 5. Jahrhunderts v. Chr.; ebenso verfahren G. Burzacchini, *Lirica arcaica (I). Elegia e giambo. Melica monodica e corale (dalle origini al VI secolo a. C.),* in: *Senectus* I, 69–124; J. Linea, *Lirica arcaica (II) (Pindaro, Simonide, Bacchilide),* in: *Senectus* I, 125–144.

54 Latacz, 160 ff.; ausführlich und grundlegend ders., *Kampfparänese, Kampfdarstellung und Kampfwirklichkeit in der Ilias, bei Kallinos und Tyrtaios,* München 1977; die deutschen Übersetzungen im folgenden nach Latacz.

55 Preißhofen, 53.

56 Tyrt. frgm. 9 D 39 f.: «Und alternd zeichnet er sich aus unter den Städtern – keinen kommt der Gedanke an, zu mindern ihn an Achtung oder Recht».

57 Dazu s. nur M. Clauss, *Sparta,* München 1983, 127–130; K.-W. Welwei, *Die griechische Polis,* Stuttgart 1983, 136–139. Näheres s. u. S. 43 ff.

58 C. F. Stibbe, *Das andere Sparta,* Mainz 1996.

59 Frgm. 94 D (Übersetzung: Latacz, 333/335); vgl. dazu vor allem Preißhofen, 48 ff.; Burzacchini, *Lirica Arcaica (I),* in: *Senectus* I, 106 ff.

60 Ob es der Dichter selbst ist, der hier spricht, vermögen wir angesichts fehlender exakter Daten über Leben und Werk Alkmans nicht mit Sicherheit zu behaupten.

61 Preißhofen, 56.

62 Latacz, 396.

63 Latacz, 399.

64 Übersetzung: M. Treu, *Sappho*. Griechisch und Deutsch, 7. Aufl., München 1987, 59.

65 So die Deutung von Preißhofen (62 ff.), über Schadewaldt (o. Anm. 17) 293 f. hinausgehend.

66 Schadewaldt, ebd., 294.

67 Latacz, 177.

68 Schadewaldt (o. Anm. 17) 293.

69 Mimnermos, frgm. 4.5 Diehl, Übersetzung: Latacz, 183.

70 Ebd.

71 Mimnermos frgm. 1 Diehl, Übersetzung: Latacz, 181/183; vgl. Preißhofen, 86 ff.

72 Übersetzung: Latacz, 183.

73 Frgm. 395 PMG – Übersetzung: Latacz, 445.

74 Frgm. 22,14 Diehl, Übersetzung: Latacz, 209.

75 Schadewaldt (o. Anm. 17) 284: «Solon war gewiß ein gut Stück über die Sechzig hinaus, als er diese Verse schrieb.» Vgl. Preißhofen, 85.

76 Schadewaldt, ebd., 284.

77 Frgm. 19 D, in der Übersetzung von Latacz, 207/209.

78 Minois, 43–77: «The Greek World: Sad Old Age.»

79 Ebd. 62: «The Old Man in Greek Society and Institutions: A Diminished Role.»

80 M. Stahl, *Solon F 3 D: Die Geburtsstunde des demokratischen Gedankens,* Gymnasium 99, 1992, 385–408.

81 Plut. Sol. 22,1.

82 Minois, 65.

83 Dazu (vor allem zu Platon und Aristoteles) siehe das folgende Unterkapitel.

84 Corvisier, 58, geht von einem Altenanteil zwischen 5 und maximal 10 Prozent aus.

85 Das folgende nach Bleicken, *Die athenische Demokratie* (o. Anm. 8) 84 f.

86 Xen. Memorab. 3,1,15.

87 Aristot. AP 53,2–4.

88 Vgl. dazu A. Maffi, *Legislazione e retorica della Grecia classica,* in: *Senectus* I, 265 ff.; R. Garland, *The Greek Way of Life. From Conception to Old Age,* Ithaca 1990, 261 ff.

89 Demosth. Contra Aristog. 1,24 ff. (= or. 25,776 f.).

90 Thuk. 6,18.

91 Xen. Laked. Pol. 10,1–2 (Übersetzung: S. Rebenich).

92 Zu diesem Komplex s. jetzt die umfassende Darstellung von K.-J. Hölkeskamp, *Schiedsrichter, Gesetzgeber und Gesetzgebung im archaischen Griechenland* (Historia Einzelschriften 131), Stuttgart 1999.

93 Einen soliden Überblick bietet David.

94 David, 18 f.

95 Plat. Nom. 634 d–e (Übersetzung: K. Schöpsdau).

96 Plut. Lyk. 16,1.

97 Plut. Lyk. 16,9.

98 David, 40 f.

99 Aristot. pol. 1269 b 31–34.

100 Ebd. 1270 a 24 f.

101 David, 62 f. 71 ff.; E. Baltrusch (*Sparta. Geschichte, Gesellschaft, Kultur*, München 1998, 80–87) klammert in seinem Kapitel «Frauen in Sparta» die alten Frauen leider völlig aus.

102 Vgl. David, 87 ff.

103 Cic. sen. 63.

104 Vgl.Finley, *The Elderly*, in: Falkner/de Luce, 14.

105 Garland (o. Anm. 88) 255 ff. Die Geriatrie der Antike war kaum entwickelt, s. P. Lüth, *Geschichte der Geriatrie. Dreitausend Jahre Physiologie, Pathologie und Therapie der alten Menschen*, Stuttgart 1965; selbst aus dem Corpus Hippocraticum «ist eine aktive Geriatrie nicht abzuleiten»: Lüth, ebd., 56; vgl. auch H. Orth, ‹Diaita geronton›. *Die Geriatrie der griechischen Antike*, Centaurus 8, 1963, 19–47. Zu den typischen Alterskrankheiten s. die Zusammenstellung bei Corvisier, 67 ff.; dazu sind etwa zu zählen: Erblindung, häufige Knochenbrüche, Zahnverlust, Altersdemenz u. ä.

106 Richardson, 231 ff.; J. L. Angel, *The Length of Life in Ancient Greece*, Journal of Gerontology 2, 1947, 18 ff.; Garland (o. Anm. 88) 245 ff., Corvisier, 55–57. Die kürzere Lebenserwartung der Frauen ist zweifellos auf die höheren Gesundheitsrisiken aufgrund häufiger Schwangerschaften und Geburten zurückzuführen.

107 Richardson, 215–224.

108 Eine Liste einschlägiger Inschriften mit Altersangaben bietet Richardson, 277– 360. Große Skepsis gegenüber derartigen Zahlen äußert Corvisier, 55 ff.

109 Meyer, 50 (mit Nachweisen in Anm. 5); s. ferner u. S. 80 ff. und Abb.-Nr. 28.

110 Hier können natürlich nicht in aller Ausführlichkeit die mannigfaltigen Unterschiede öffentlicher und privater Rollenverteilung zwischen Frauen und Männern im griechischen Altertum beschrieben werden, die größtenteils wahrscheinlich auch für alte Frauen und alte Männer gültig bleiben. Eine erste Orientierung bietet W. Schuller, *Frauen in der griechischen Geschichte*, Konstanz 1985.

111 C. Schnurr-Redford, *Frauen im klassischen Athen. Sozialer Raum und Bewegungsfreiheit*, Berlin 1996; B. Patzek, *Quellen zur Geschichte der Frauen. Band 1: Antike*, Stuttgart 2000, 65–79; J. N. Bremmer, *The Old Women of Ancient Greece*, in: J. Blok/P. Mason (Hgg.), *Sexual Asymmetry*, Amsterdam 1987, 191.

112 Bremmer, ebd. 192 f.

113 Hypereid. (ed. Kenyon) frgm. 205.

114 Bremmer, *Old Women* (o. Anm. 111) 197 (mit Stellennachweisen).

115 Vgl. Lys. contra Philon 18; vgl. Corvisier, 65; Bremmer, *Old Women* (o. Anm. 111) 197 f.

116 Richardson, 42 (mit Nachweisen in Anm. 99).

117 Menand. frgm. 178 Körte-Thierfelder.

118 Thuk. 8,1,3; vgl. Aristot. AP 29,2.

119 Laut Platon (Nom. VI 759 d) sollten Priesterinnen und Priester nicht jünger als 60 Jahre sein. In Dodona waren es alte Frauen, die als Priesterinnen Orakelbescheide erteilten, und auch in Hermione genossen allein alte Frauen das Privileg, im Demetertempel rituelle Schlachtungen zu vollziehen und die Statue der Göttin zu sehen (Paus. 2,35,7 f.).

120 L. Alscher, *Griechische Plastik II: Klassik*, Berlin 1982, 327.

121 Einen guten Überblick bietet R. Tosi, *Il pensiero greco dai Presocratici al Peripato*, in: *Senectus* I, 193–229.

122 Thras. frgm. B 1 Z. 15 ff. (ed. Diels, *Fragmente der Vorsokratiker*).

123 Grundlegend: H. Herter, *Demokrit über das Alter*, WJA 1, 1975, 83–92. Auf die schwierigen Fragen nach der Authentizität der Demokrit zugeschriebenen Fragmente kann hier natürlich nicht eingegangen werden.

124 Nach den Überlegungen von W. Gauer (*Die griechischen Bildnisse der klassischen Zeit als politische und persönliche Denkmäler*, JDAI 83, 1968, 166) zeigt ein Münzporträt (ebd. 162 Abb. 30) den etwa 50-jährigen Demokrit, also noch vor der Schwelle zum Greisenalter.

125 Vgl. Herter (o. Anm. 123) 86.

126 Beispiele und Nachweise bei A. J. L. van Hooff, *From Autothanasia to Suicide. Self-Killing in Classical Antiquity*, London 1990, 36.

127 O. Primavesi hat dazu eine hübsche Deutung angeboten, die auf die Seelenwanderungslehre des Vorsokratikers Empedokles abhebt: «Könnte nicht eine Heilslehre, in der die Erlösung des Dämons gleichbedeutend ist mit seiner Heimkehr zur Erdmitte, einen Spötter zu der Vorstellung gereizt haben, daß Empedokles diese Erlösung nicht durch reinen Lebenswandel zu erreichen hoffte, sondern einfach durch einen Sprung?»: O. Primavesi, *Empedokles*, in: K. Brodersen (Hg.), *Große Gestalten der griechischen Antike*, München 1999, 223.

128 Gnilka, *Greisenalter*, 1000 ff.

129 Zanker, *Maske*, 72.

130 Zanker, ebd. 77 mit Abb. 44 a–d.

131 Plat. Pol. 328 c–331 d (Übersetzung: F. Schleiermacher).

132 Einschlägig ist immer noch A. Stein, *Platons Charakteristik der menschlichen Altersstufen*, Diss. Bonn 1966, besonders 65–77.

133 S. Byl, *Platon et Aristote ont-ils professé des vues contradictoires sur la vieillesse?*, LEC 42, 1974, 113–126; vgl. auch Tosi, *Pensiero greco*, in: *Senectus* I, 218.

134 Einschlägig und grundlegend bleibt Dyroff, besonders 15–35; s. ferner P. Roussel, *Essai sur le principe d'ancienneté dans le monde hellénique du V siècle av. J.-C. à l'époque romaine*, Paris 1933, 196 ff.

135 Dyroff, 32 f. (mit Nachweisen).

136 Aristot. Oecon. 1343 b 21 ff.

137 Meier, 39.

138 So der Titel des von S. Bertram herausgegebenen Buches: *The Conflict of Generations in Ancient Greece and Rome*, Amsterdam 1976.

139 Vgl. Meier, 64 f.

140 Lesky, *Geschichte* (o. Anm. 32) 253.

141 Meier, 75.

142 Zur Interpretation vgl. Meier, 76–93.

143 Die Übersetzungen sind der folgenden Ausgabe entnommen: O. Werner, *Aischylos, Tragödien und Fragmente*, Reinbek 1966.

144 S. ferner besonders vv. 546 f., 580–585.

145 Vgl. Meier, 117–156.

146 Die Übersetzung wieder nach Werner (o. Anm. 143).

147 Meier, 117; vgl. auch Ag. vv. 83–103. 259–264. 489–492.

148 Lesky, *Geschichte* (o. Anm. 32) 242.

149 Vgl. Meier, 123 ff.

150 Lesky, *Geschichte* (o. Anm. 32) 239.

151 Meier, 146 f.

152 Meier, 142.

153 Meier, 154 f.

154 Vgl. dazu auch J. M. Freyman, *The Generation Gap in Aeschylus' ‹Agamemnon›*, in: Bertman, 65–73.

155 So Paganelli, *La Tragedia*, in: *Senectus* I, 154.

156 Lesky, *Geschichte* (o. Anm. 32) 276.

157 Th. van Nortwick, *«Do not go gently...» ‹Oedipus at Colonus› and the Psychology of Aging*, in: Falkner/de Luce, 1989, 132: «A stranger arrives, is recognized by certain telltale signs, and dies.»

158 Nach der Übersetzung von K. B. Solger (1808), in: *Sophokles. Die Tragödien*, München 1977.

159 vv. 1211–1223 (Chor): «Wer stets längeres Lebensziel heischt, unachtend geringren Laufs Anteil, eitelen Sinn gewißlich zu bewahren eracht ich solchen. Dieweil lange gedehnter Frist Tagezahl mit Bekümmernis stets nur dichter umschließt; und freudvoll erscheinet ja nichts, sobald in mehr Begier der Mensch verfällt, als gebühret, bis an den Hades nimmer gestillt, wenn drängendes Geschick auch Hymens und der Leier und der Reigen entblößet und den Beschluß der Tod macht.»

160 vv. 1044–1047 (Chor): «O wär' ich im Kampfgewühl, wo glühender Männer Schar des ehernen Ares Ruf mengt...»

161 van Nortwick, in: Falkner/de Luce, 132 ff.

162 van Nortwick, ebd. 138.

163 Vgl. D. G. Harbsmeier, *Die alten Menschen bei Euripides*, Göttingen 1968; Gnilka, *Greisenalter*, 1005 f.; Paganelli, *La tragedia*, in: *Senectus* I, 156 f.

164 Zanker, *Maske*, 57 ff.

165 Eur. Her. vv. 637–701; vgl. P. Hohnen, *Die Altersklage im «Heracles» des Euripides und die Wertschätzung des Greisenalters bei den Griechen*, Diss. Bonn 1952, besonders 1–24.

166 Übersetzung: D. Ebener. Ähnlich düster klingt der Jammer des greisen Iphis in den *Hiketiden* (vv. 1105 ff.): «Bergt mich in einem dunklen Winkel! Ohne Nahrung soll dort mein greiser Leib verschmachten. Wozu brauche ich die Gebeine meines Sohnes noch zu sammeln? O Altersbürde, unentrinnbar, mir verhaßt – wie alle, die ihr Leben zu verlängern und durch Speis und Trank und Zauberei des Daseins Rinnsal aus seinem Bett zu lenken suchen, fort vom Tode! Die sollten sterben, wenn sie keinen Nutzen mehr der Welt zu bieten haben, und der Jugend weichen!»

167 Hor. Sat. 1,4,1; vgl. V. Ehrenberg, *Aristophanes und das Volk von Athen. Eine Soziologie der altattischen Komödie*, Zürich 1968, 26; B. Zimmermann, *Die griechische Komödie*, Darmstadt 1998; zur von der Alten Komödie zu scheidenden Mittleren Komödie, der noch der *Plutos* von Aristophanes zuzurechnen ist, s. etwa H. J. Newiger, *Die griechische Komödie*, in: Vogt (o. Anm. 43) 210–216.

168 Ehrenberg, ebd. 26.

169 Vgl. Newiger, *Die griechische Komödie* (o. Anm. 167) 187 ff.

170 Ehrenberg (o. Anm. 167) 45.

171 Vgl. die grundlegenden Hinweise von Ehrenberg, ebd. 42–48.

172 Einen allgemeinen Überblick über einschlägige Stellen und Motive bieten S. Byl, *Le vieillard dans les comédies d'Aristophane*, AC 46, 1977, 52–75, und V. Tammaro, *La commedia*, in: *Senectus* I, 169–191. Inwieweit und auf welche Weise diese Alten auch in der bildenden Kunst vertreten sind, läßt sich bequem ermitteln bei T. B. L. Webster, *Monuments illustrating Old and Middle Comedy*, 3. Aufl., (hg. von J. R. Green), London 1978.

173 Das folgende im Anschluß an T. K. Hubbard, *Old Men in the Youthful Plays of Aristophanes*, in: Falkner/de Luce, 90–113.

174 Übersetzung (auch im folgenden): L. Seeger (1845–48), in: H.-J. Newiger (Hg.), *Aristophanes. Sämtliche Komödien*, München 1976.

175 Vgl. dazu K. J. Reckford, *Father-beating in Aristophanes' ‹Clouds›*, in: Bertman, 89–118.

176 Vgl. Ehrenberg (o. Anm. 167) 212–216.

177 Aristoph. Thesmoph. v. 413: «Des greisen Freiers Herrin ist die Frau.»

178 Grundlegend: H. G. Oeri, *Der Typ der komischen Alten in der griechischen Komödie*, Diss. Basel 1948, 7–33; ferner: J. Henderson, *Older Women in Attic Old Comedy*, TAPhA 117, 1987, 105–129.

179 Wie eine Illustration der Alten in diesem Text wirkt die Terrakottastatue einer alten, in ihren Mantel gewickelten Frau, die mit eingefallenenen Wangen, vorstehenden Backenknochen und Stumpfnase gezeichnet ist: M. Bieber, *The History of the Greek and Roman Theatre*, 2. Aufl., Princeton 1961, Abb. 105.

180 Dazu s. Oeri (o. Anm. 178) 78ff.

181 Ehrenberg (o. Anm. 167) 42.

182 Henderson (o. Anm. 178) 106: «The naming of respectable women in public was therefore allowable only after their death (in epitaphs) or in connection with the public cults;» vgl. ferner o. S. 47

183 Henderson (o. Anm. 178) 121.

184 Ehrenberg (o. Anm. 167) 210.

185 So T. Hölscher in seinem eindringlichen Aufsatz *Formen der Kunst und Formen des Lebens*, in: *Positionen zur Gegenwartskunst* Bd. 1, Ostfildern-Ruit 1995, 11.

186 So der Titel des einschlägigen Buches von N. Himmelmann, Berlin 1994.

187 R. Förtsch, *Die Nichtdarstellung des Spektakulären: Griechische Bildkunst und griechisches Drama im 5. und frühen 4. Jahrhundert v. Chr.*, Hephaistos 15, 1997, 55.

188 Hölscher, *Formen der Kunst* (o. Anm. 185) 16.

189 Zu einer neuen Gesamtdeutung des klassischen Realismus und, damit verbunden, einer neuen Periodisierung realistischer bzw. idealisierender Stilentwicklungen s. Himmelmann, *Realistische Themen*, 1–22; vgl. dazu L. Giuliani, Gnomon 70, 1998, 628ff. Neuerdings hat sich Himmelmann erneut ausführlich zu diesem Thema geäußert, in: *Die private Bildnisweihung bei den Griechen. Zu den Ursprüngen des abendländischen Porträts*, Wiesbaden 2001, passim. Der in dieser Debatte zentrale Realismusbegriff ist natürlich vieldeutig und dementsprechend unscharf und problematisch – die umfangreiche Diskussion kann hier nicht nachgezeichnet werden. Dezidiert kritisch äußert sich Schefold (460): «Die Geschichte der griechischen Kunst ist nicht eine fortschreitende Nachahmung, sondern ein fortschreitendes Begreifen der Natur ... Man sollte also Worte wie ‹Realismus› und ‹Naturalismus› in der Kunstgeschichte vermeiden.» Versteht man unter ‹Realismus› hingegen weniger Mimesis als vielmehr die produktive, schöpferische Auseinandersetzung mit der Lebenswelt, scheint mir der auch in anderen geisteswissenschaftlichen Disziplinen unverzichtbare Terminus durchaus brauchbar und legitim zu sein.

190 F. Villard, *Malerei und Keramik*, in: J. Charbonneaux/R. Martin/F. Villard, *Das klassische Griechenland 480 bis 330 v. Chr.* (= *Die griechische Kunst*

III), München 1977, 231 ff.; I. Scheibler, *Griechische Malerei der Antike*, München 1994, 116 ff.

191 Zusammenstellungen des Materials bei Richardson, 81–120, und (knapper) Gnilka, *Greisenalter*, 1017 f.

192 Grundlegend für das folgende: Pfisterer-Haas.

193 A. Oettel, in: *Altersbildnisse*, 67 f.; weitere Pädagogenbildnisse auf Vasen bei Schulze, 147 ff.

194 Pfisterer-Haas 10.

195 Ebd. 23 ff.; vgl. zu diesem Volutenkrater des Niobidenmalers auch M. Prange, *Der Niobidenmaler und seine Werkstatt. Untersuchungen zu einer Vasenwerkstatt frühklassischer Zeit*, Frankfurt a.M. 1989, 180 Nr. N 1.

196 Zusammengestellt bei Pfisterer-Haas, 113–116; vgl. auch Schulze, 21 ff.

197 Pfisterer-Haas, 30.

198 Grundlegend für das folgende: J. Charbonneaux, *Plastik*, in: *Das klassische Griechenland* (o. Anm. 190) 99–228; Fittschen, *Einleitung*, passim, und jetzt ferner Himmelmann, *Bildnisweihung* (o. Anm. 189).

199 Instruktiv zu diesem Thema: Fittschen, ebd. 5 ff.

200 Energisch für eine gesonderte Betrachtung regionaler Entwicklungen plädiert W. Gauer, *Bildnisse* (o. Anm. 124) 118–179.

201 So Himmelmann, *Realistische Themen*, 1–22; ferner wichtig: Fittschen, 15 ff. sowie jetzt erneut Himmelmann, *Bildnisweihung* (o. Anm. 189). Für relativ müßig halte ich angesichts der ohnehin bestehenden Datierungsprobleme die Suche nach «der ersten erhaltenen Darstellung einer alten Person in der Plastik», die R. Thomas (in: *Altersbildnisse*, 43) auf dem reliefierten sogenannten ‹Bostoner Thron› (ca. 470/60 v. Chr.) gefunden zu haben glaubt.

202 Zanker, *Maske* (27) grenzt den Homerkopf vom stärker idealen Kopf des Sehers in Olympia ab – meines Erachtens läßt sich auch Vergleichbares betonen.

203 Zanker, ebd.

204 S. nur H. Sichtermann, *Der Themistokles von Ostia*, in: Fittschen, 302–336; gegen die Interpretation vom ‹Realismus› des Porträts jetzt wieder Himmelmann, *Bildnisweihung* (o. Anm. 189), besonders 6 f., 62 ff.

205 Fittschen, 14.17.; s. ferner Bergemann, 116, und vor allem Himmelmann, *Realistische Themen*, 1994, 74–79. Schefold (104 f.) schreibt das Porträt dem skythischen Fürsten und Weisen Anacharsis zu.

206 Beschreibung und Deutung nach Zanker, *Maske*, 29–38.

207 Ebd. 46–79.

208 Ebd. 56 f.

209 Ebd. 57.

210 Gauer, *Bildnisse* (o. Anm. 124) 158 ff.; Zanker (*Maske*, 325 f. Anm. 19) qualifiziert den (keineswegs erst von Gauer ersonnenen, sondern schon seit langem erwogenen) Vorschlag der Zuschreibung vielleicht etwas harsch als

«völlig hypothetisch»; vorsichtige Zustimmung signalisiert hingegen Fittschen, 18, 34 Anm. 102. Die Beschreibung erfolgt nach Gauer, s. ferner Helbig, Bd. 2 (1966) Nr. 1365 (H. von Heintze).

211 Pfisterer-Haas, 7.

212 Ebd. 93; vgl. Fittschen, 17.

213 Pfisterer-Haas, 101–105; ferner Thomas (in: *Altersbildnisse*) 45 f. Abgebildet ist hier nicht das (bessere) Bildnis aus dem British Museum in London – s. Fittschen Taf. 25,2 –, sondern das etwas schlechtere Stück aus dem Thermenmuseum in Rom.

214 Vgl. o. S. 48 f.

215 Vgl. o. S. 72.

216 Pfisterer-Haas, 36 ff.; Schulze, 50 ff.

217 Pfisterer-Haas, 55 ff.

218 Anthologia Graeca XI 66, zitiert bei Zanker, *Die trunkene Alte*, 38.

219 Das folgende zum Teil nach Zanker, ebd. 24 ff.

220 Zur Einführung: B. Schmaltz, *Griechische Grabreliefs*, 2. Aufl., Darmstadt 1993, besonders 189–222; grundlegend jetzt: Himmelmann, *Grabreliefs*; alle Details und reiche Abbildungen bei C. W. Clairmont, *Classical Attic Tombstones*, 6 Bde., 1993.

221 N. Himmelmann, «*Aufruf zum Totengedächtnis.*» *Zur religiösen Motivation attischer Grabreliefs*, AW 30, 1999, 21.

222 Gnilka, *Greisenalter*, 1019.

223 Meyer, 49–82; Bergemann, 97–116.

224 Meyer, 50; ferner jetzt Himmelmann, *Bildnisweihung* (o. Anm. 189) 19 f. Um die Deutung der von Meyer ebenfalls aufgeführten Merkmale Langhaarigkeit, Stirnfalten, hochgezogene Brauen gibt es eine hier nicht im Detail zu erörternde Diskussion, s. zuletzt Bergemann, ebd.

225 Schmaltz (o. Anm. 220) 219.

226 Sohn: so Schmaltz, ebd., 219; Bruder: so Meyer, 71.

227 Schmaltz, ebd. Taf. 20 (Athen, Nationalmuseum, Inv.-Nr. 4796).

228 Himmelmann, *Aufruf* (o. Anm. 221) 29; vgl. dens., *Grabreliefs*, 84 ff.

229 N. Himmelmann, *Studien zum Ilissos-Relief*, Berlin 1956; Meyer, 63; Bergemann, 104 f. 112.

230 Meyer, 55; Abbildung bei C. W. Clairmont, *Gravestone and Epigram*, London 1970, Taf. 26 f.

231 Meyer, 55; vgl. ebd. 59.

232 S. Pfisterer-Haas, *Ältere Frauen auf attischen Grabdenkmälern*, MDAI (A) 105, 1990, 179–196; dies., *Ältere Frauen auf attischen Grabdenkmälern des 4. Jahrhunderts v. Chr.*, in: *Altersbildnisse*, 60–66; Bergemann, 98 ff.

233 Pfisterer-Haas, *Ältere Frauen* (o. Anm. 232), 179; skeptisch hingegen Bergemann, 115.

234 Übersetzung: D. Ohly; vgl. Pfisterer-Haas, ebd., 179.

235 Bergemann, 100.

236 Vgl. dazu die neuesten diesbezüglichen Überlegungen von Bergemann, 106–116, die allerdings von Himmelmann (*Grabreliefs*, 97–128) vehement kritisiert werden; zu dieser Kritik s. jetzt wiederum J. Bergemann, Gnomon 73, 2001, 693–699. Dezidierte Altersmerkmale von Frauen deutet B. Schmaltz «im Sinne von Trauer und Anteilnahme»: ders., *Zur Weiter- und Wiederverwendung klassischer Grabreliefs Attikas*, MDAI (A) 113, 1998, 184.

237 Bergemann, 114.

238 Bergemann, 116; vgl. dazu aber die Kritik von Himmelmann, *Grabreliefs*, 116 f. u. ö.

239 Als Einführung in diesen hochkomplizierten Strukturwandel ist besonders zu empfehlen H.-J. Gehrke, *Geschichte des Hellenismus*, München 1990.

240 Roussel (o. Anm. 134) 164 f.

241 Zu allen genannten Personen s. die einschlägigen Artikel in der RE, im Kleinen Pauly bzw. im Neuen Pauly sowie (teilweise) in: K. Brodersen (Hg.), *Große Gestalten der griechischen Antike*, München 1999.

242 Syll.³ 671 B Zeile 21.

243 Vgl. Gehrke (o. Anm. 239) 73 f.

244 Gnilka, *Altersversorgung*, 269 ff. (mit Quellennachweisen); zu den familien- und erbrechtlichen Aspekten s. H. J. Wolff, *Hellenistisches Privatrecht*, ZRG 90, 1973, 65 ff.

245 Minois 67.

246 Einen Überblick gibt Gehrke (o. Anm. 239) 88–99.

247 Das folgende nach Dyroff, 35–45.

248 Zum folgenden s. vor allem Dyroff, 29 ff.; Lüth (o. Anm. 105) 59 ff. und G. Pisi, *La medicina greca antica*, in: *Senectus* I, 447–487.

249 Lüth (o. Anm. 105) 52.

250 Ebd. 59.

251 Ebd. 67.

252 Lüth, ebd., 68; Pisi, *La medicina*, in: *Senectus* I, 477 ff.

253 Giuliani, *Krüppel*, 704 ff. B. Andreae (*Schönheit des Realismus. Auftraggeber, Schöpfer, Betrachter hellenistischer Plastik*, Mainz 1998, 20) datiert die Statuette ins 3. Jahrhundert v. Chr.

254 A. Oettel, in: *Altersbildnisse*, 70.

255 Giuliani, *Krüppel*, 706 (mit Abbildung).

256 Dazu s. Giuliani, ebd. 711 ff., ferner – mit weiteren Beispielen – R. Thomas, *Griechische Bronzestatuetten*, Darmstadt 1992, 137 ff.: «Der neue subjektive Realismus».

257 C. Schneider, *Kulturgeschichte des Hellenismus I*, München 1967, 49 ff.

258 Ebd. 50 f.

259 Ebd. 70 f.

260 B. Schmidt, *Der Selbstmord der Greise von Keos,* Neue Jahrbücher für das Klassische Altertum 11, 1903, 617–628.

261 Menander, frgm. 797 Körte/Thierfelder (= Strab. 10,5,6).

262 Einen umfassenden Überblick bietet M. G. Albiani, *La poesia ellenistica ed epigrammatica,* in: Senectus I, 277–359. Einschlägige Epigramme finden sich vor allem in der *Anthologia Graeca,* einer in 15 Bücher gegliederten Sammlung von ca. 3700 Gedichten (von den Anfängen bis in die Spätantike).

263 Anthol. Graeca V 13 (Übersetzung: H. Beckby).

264 Anthol. Graeca V 204 (Übersetzung: H. Beckby, mit Abänderungen des Verfassers).

265 Hinweise bei Amedick, 149 f.

266 C. Habicht, *Athen. Die Geschichte der Stadt in hellenistischer Zeit,* München 1995, 108.

267 Newiger, *Die griechische Komödie,* in: Vogt (o. Anm. 43) 216 f.

268 Habicht (o. Anm. 266) 107.

269 Lesky, *Geschichte* (o. Anm. 32) 593.

270 A. Körte/A. Thierfelder, *Menander. Fragmente,* 2. Aufl., Leipzig 1959, Testimonium 32; vgl. Lesky, *Geschichte* (o. Anm. 32) 605 mit Anm. 30; s. zu Menander jetzt ferner H.-D. Blume, *Menander,* Darmstadt 1998.

271 Gnilka, *Greisenalter,* 1025.

272 Oeri (o. Anm. 178) 36. Die verschiedenen Typen sind – mit reichen Illustrationen und Tafeln – zusammengestellt bei T. B. L. Webster, *Monuments illustrating New Comedy,* 3. Aufl., (hg. v. J. R. Green und A. Seeberg), London 1995.

273 Newiger, *Die griechische Komödie,* in: Vogt (o. Anm. 43) 218.

274 Menander, Fragment 66 Körte/Thierfelder.

275 Zu den alten Männern in den menandrischen Stücken s. T. MacCary, *Menander's Old Men,* TAPhA 102, 1971, 303–325.

276 Tammaro, *La commedia,* in: Senectus I, 185; allerdings weist MacCary (ebd., 322 f.) darauf hin, daß die alten Männer Menanders – anders als etwa die «senes» der plautinischen Komödien (dazu u. S. 133 ff.) – nicht allein durch Stupidität, Naivität und groteske Überzeichnung auffallen, sondern in diversen Fällen durchaus ihre menschliche Würde bewahren.

277 Menander, Fragment 644 Körte/Thierfelder.

278 Newiger, *Die griechische Komödie,* in: Vogt (o. Anm. 43) 225.

279 Zur Realismus-Debatte s. o. Anm. 189, ferner jetzt noch Andreae, *Schönheit des Realismus* (o. Anm. 253) 19 ff.

280 Vgl. etwa die knappen, instruktiven Bemerkungen von Fittschen zum hellenistischen Porträt (21–27).

281 Zanker, *Maske,* 91 ff.

282 Das folgende nach Zanker, *Maske,* 98 ff.; vgl. ferner Fittschen, 26 mit Tafel 134.; Andreae, *Schönheit des Realismus* (o. Anm. 253) 95 ff.

283 Andreae, ebd., 97.

284 Zanker, *Maske*, 171 ff.; Schefold, 252; Helbig, Bd. 4 (1972) Nr. 3274 (H. von Heintze).

285 Zanker, *Maske*, 172.

286 Zanker, *Maske*, 161 ff.; vgl. zu Homer jetzt O. R. Deubner, *Homerbildnisse*, AA 1998, 489–498; s. ferner noch R. von den Hoff, *Philosophenporträts des Früh- und Hochhellenismus*, München 1994.

287 Zanker, *Maske*, 174 ff. (mit einleuchtenden sozialgeschichtlichen Erläuterungen).

288 Grundlegend: Laubscher; anders jetzt freilich C. Kunze, *Vertraute Götterfreunde. Zu Deutung und Funktion hellenistischer Genreskulpturen*, MDAI (R) 106, 1999, 43–82.

289 Erhalten sind sie freilich fast ausschließlich in römischen Kopien.

290 Vgl. Laubscher, 12 ff., 99 ff.; Helbig, Bd. 1 (1963) Nr. 544 (W. Fuchs); «mit bislang 25 nachweisbaren Kopien und Umbildungen erweist sich dieses Werk als die mit Abstand beliebteste ‹Genreskulptur› der Antike»: Kunze (o. Anm. 288) 53 f.

291 Kunze (o. Anm. 288) 54 ff. Kunze meint (61), «die vorgestreckte Rechte kann nur als Geste des Anbietens oder, besser, des Darreichens des dort gehaltenen Gegenstandes verstanden werden.»

292 Laubscher, 32 ff.; vgl. Zanker, *Die trunkene Alte*, 15 f. Amedick (154) plädiert nun gar für die frühe Kaiserzeit (claudisch), was freilich (sollte dies zutreffen) auch damit erklärt werden könnte, daß die vorliegende Figur eine Kopie eines hellenistischen Originals darstellte. Neuerdings bekräftigt auch B. Ridgway (*Hellenistic Sculpture II. The Style of ca. 200–100 B. C.*, Wisconsin 2000, 282) ihre Auffassung, laut welcher die vermeintlich hellenistischen Originale der in Rede stehenden Skulpturen alter Frauen sämtlich in die spätrepublikanische oder gar frühaugusteische Zeit gehören, während Kunze (o. Anm. 288, 58) nun wieder meint, das Werk sei «wohl im mittleren 1. Jahrhundert v. Chr. entstanden.»

293 Amedick, 153 ff.; ähnlich Kunze (o. Anm. 288) 58: «Der Festschmuck des Efeukranzes, den die Figur trägt, deutet bereits an, zu welchem Zweck diese Waren hier herbeigetragen wurden: als Gaben in ein Heiligtum.»

294 Vgl. den Katalog bei Laubscher, 98 ff.

295 Laubscher, 45. Modifizierungen der Ausführungen und Interpretationen Laubschers bietet L. Giuliani an (*Krüppel*, 713 ff.).

296 Laubscher, 85 ff.

297 I 39–44; Übersetzung: D. Ebener, *Theokrit. Sämtliche Dichtungen*, Leipzig 1983, 29.

298 Kunze (o. Anm. 288) bes. 64 ff.

299 Kunze, ebd., 65.

300 Kunze, ebd.

301 Zur Abgrenzung von Genre und Karikatur s. Laubscher, 69 ff.
302 Laubscher, 8.
303 Grundlegend für das Folgende: Zanker, *Die trunkene Alte*; s. ferner Helbig, Bd. 2, 1966, Nr. 1253 (H. von Steuben) und jetzt Kunze (o. Anm. 288) 69 ff.
304 H. Wrede, *Matronen im Kult des Dionysos*, MDAI (R) 98, 1991, 163 ff.
305 S. o. Anm. 303.
306 Amedick, 145 ff.
307 Kunze (o. Anm. 288) 72.
308 Kunze (o. Anm. 288) 79.
309 Laubscher, 8. Daran ist m. E. trotz Kunzes Einwänden (o. Anm. 288, 75–79) festzuhalten.
310 Amedick, 146 f. Als Beleg führt sie beispielsweise eine Terrakotta des 3. Jahrhunderts v. Chr. an, die eine Greisin mit Kopftuch (und Anubisstatuette) darstellt (AW 25, H. 1, 1994, 39 Abb. 9).
311 Diese Figurenzeichnung konzentriert sich im übrigen nicht nur auf alte Frauen – es gibt auch Groteskfiguren alter Männer, zum Beispiel unter den Terrakotten aus der Nekropole von Tarent: D. Graepler, *Tonfiguren im Grab. Fundorte hellenistischer Terrakotten aus der Nekropole von Tarent*, München 1997, 233.
312 Pfisterer–Haas, 40 ff.; Schulze, 53.
313 Pfisterer-Haas, 78 ff.; vgl. A. Kossatz-Deißmann, *Figurenvase in Gestalt einer Trunkenen Alten*, AA 1995, 527–536; W. J. Schneider, *Metamorphose einer ‹anus ebria›*, Philologus 143, 1999, 87–100.
314 Pfisterer-Haas, Nr. V 20; s. auch – aus dem 3. Jahrhundert v. Chr. – das Oberkörperfragment von einer fetten alten Frau, die sich ein Trinkgefäß umgeschnallt hat: ebd. Nr. V 12 Abb. 143.
315 Pfisterer-Haas, 153 (Kat.-Nr. VI 53). «Vermutlich stellt sie eine Dienerin dar» (ebd. 92).
316 Zu diesen s. Scheibler (o. Anm. 190) 122–128; immerhin gibt es diverse hellenistische Grabmalereien und Gemälde, die freilich auch stark an dem Figurenarsenal der Komödie orientiert sind (Scheibler, ebd., 171 f.).
317 Schmaltz (o. Anm. 220) 238.
318 Schmaltz, ebd., 238 f. Zu entsprechenden Beobachtungen gelangt Zanker für die Philosophenporträts des 2. und 1. Jahrhunderts v. Chr. Sie zeichnen sich nun durch eine Verbürgerlichung aus, die eine ungeschminkte, veristische Altersdarstellung, wie wir sie im 3. Jahrhundert v. Chr. antreffen, nicht mehr zuläßt: Zanker, *Maske*, 174 ff.
319 Die Beschreibung nach Helbig, Bd. 2, 1966, Nr. 1721 (H. von Steuben).
320 Bemerkenswert an dem um 70 v. Chr. entstandenen Porträt des Alten «ist die dezidiert klassizistische Stilisierung, fast aufdringlich in den ‹polykletischen› Haarlocken» (Zanker, *Maske*, 179).

321 Schneider (o. Anm. 257) 49 f. Ein weiteres instruktives Dokument dieses
    psychologisierenden Altersverständnisses ist das Kentaurenpaar aus der
    Hadriansvilla in Tivoli, die kaiserzeitliche Kopie eines bronzenen, helleni-
    stischen Vorbildes: Ein gefesselter, alter Kentaur wird einem ausgelassenen
    jungen Kentauren gegenübergestellt; der (auf anderen Kopien besser, hier
    nur noch in Spuren erhaltene) Eros zeigt, daß es offenbar «die Liebe war,
    die den jungen Kentaur so vergnügt macht und seinen vom Alter gefessel-
    ten Genossen – so haben wir die gebundenen Hände zu verstehen – pei-
    nigt»: H. von Steuben, in: Helbig, Bd. 2 (1966) Nr. 1398.

322 S. o. S. 43 ff.

323 Cic. sen. 19 (Übersetzung: H. Merklin). Bis in die Spätantike hinein hat man
    diese Herleitung des Begriffes Senat immer wieder formuliert, die Stellen
    bei Bonnefond, 175 f. Anm. 56.

324 Florus 1,1,15; vgl. ferner Macrob. Saturn. 1,12,16, laut welchem diese
    Maßnahmen des Romulus bereits in den Fasten des Fulvius Nobilior im
    frühen 2. Jahrhundert v. Chr. überliefert wurden, s. Bonnefond, 177 mit
    Anm. 6.

325 Letzteres gilt vor allem für die jüngsten entsprechenden Bemühungen von
    B. Linke, *Von der Verwandtschaft zum Staat. Die Entstehung politischer
    Organisationsformen in der frührömischen Geschichte,* Stuttgart 1995.

326 Linke, ebd. 40 f.

327 M. Bettini, *Familie und Verwandtschaft im antiken Rom,* Frankfurt a. M.
    1992, 17 ff.; Linke, ebd., 70 ff.

328 D. Liebs, *Römisches Recht,* 2. Aufl., Göttingen 1982, 120.

329 J. Bleicken, *Die Verfassung der römischen Republik,* 2. Aufl., Paderborn
    1978, 108.

330 Zur Quellenproblematik für die frühere römische Geschichte s. nur J. Bleicken,
    Geschichte der römischen Republik, 4. Aufl., München 1992, 105 ff.

331 Dazu und zum folgenden s. v. a. P. Soverini, ‹Senectus› e ‹res publica›: la sto-
    riografia romana, in: Senectus II, 240–258.

332 Vgl. Bonnefond, 195 ff.

333 Liv. 4,13,12 f. (Übersetzung: H.-J. Hillen).

334 Schweitzer, 115.

335 Liv. 6,22,7–24,7.

336 ILS 1 (Übersetzung: Th. Mommsen).

337 E. Eyben, *Youth and Politics during the Roman Republic,* RBPh 50, 1972,
    besonders 60 ff.; Bonnefond, 217 ff.

338 Cic. sen. 20.

339 Cic. Cael. 42.

340 Sall. ep. ad. Caes. 1,5,5 (Übersetzung: W. Eisenhut).

341 Vgl. die Hinweise bei Schweitzer, 17 ff.; K.-J. Hölkeskamp, ‹Oratoris ma-
    xima scaena›: Reden vor dem Volk in der politischen Kultur der Republik,

in: M. Jehne (Hg.), *Demokratie in Rom? Die Rolle des Volkes in der römischen Republik*, Stuttgart 1995, 30 ff.

342 S. Schweitzer, ebd.; H. Drerup, *Totenmaske und Ahnenbild bei den Römern*, MDAI (R) 87, 1980, 81–129; G. Lahusen, *Zur Funktion und Rezeption des römischen Ahnenbildes*, MDAI (R) 92, 1985, 261–289; Balty, 5 ff.; H. Flower, *Ancestor Masks and Aristocratic Power in Roman Culture*, Oxford 1996; M. Sehlmeyer, *Stadtrömische Ehrenstatuen der republikanischen Zeit*, Stuttgart 1999, 45 ff.

343 Bettini, *Familie* (o. Anm. 327), 145; den literarischen *locus classicus* zu Ahnenmasken und Leichenfeiern bietet Polybios 6,53 f.

344 Helbig, Bd. 2 (1966) Nr. 1615 (H. von Heintze); Balty, 7; M. Hofter, *Porträt*, in: *Kaiser Augustus*, Kat.-Nr. 192. Neuerdings wird – ohne durchschlagende Gründe – bezweifelt, daß hier Ahnenmasken dargestellt sind, vgl. die Hinweise bei Sehlmeyer (o. Anm. 342) 45 Anm. 1.

345 So auch dezidiert Lahusen, *Ahnenbild* (o. Anm. 342) 280 f.

346 W. Kierdorf, *Laudatio Funebris. Interpretationen und Untersuchungen zur Entwicklung der römischen Leichenrede*, Meisenheim 1980, 68.

347 F. Münzer, *Römische Adelsparteien und Adelsfamilien*, Stuttgart 1920, 105 f., 424 f.

348 Cic. sen. 1,1.

349 Cic. sen. 1,2 (nach der auch im folgenden benutzten Übersetzung von H. Merklin, Stuttgart 1998).

350 M. Fuhrmann, *Cicero und die römische Republik*, 2. Aufl., München 1994, 230.

351 Cic. sen. 1,3.

352 Vgl. die einleitenden Bemerkungen H. Merklins zu seiner zweisprachigen Reclam-Ausgabe (Stuttgart 1998, 13 f.) und E. Hübener, *Ciceros «De senectute» in gerontologischer Schau*, Altertum 3, 1957, 46–52, ferner Parkin, 22 ff.

353 Dieses von Platon zitierte Bonmot des alten Sophokles führt Cicero erneut sen. 47, und dieses Mal im Wortlaut, an.

354 Das folgende vor allem nach M. Fuhrmann, *Cato – die altrömische Tradition*, in: J. Schmidt (Hg.), *Aufklärung und Gegenaufklärung in der europäischen Literatur, Philosophie und Politik von der Antike bis zur Gegenwart*, Darmstadt 1989, 72–92; s. ferner H.-J. Gehrke, *Römischer mos und griechische Ethik*, HZ 258, 1994, 599 f.

355 Cic. sen. 3; Plut. Cat. 2,3.

356 Einen knappen Abriß des Inhalts bietet F. de Martino, *Wirtschaftsgeschichte des alten Rom*, 2. Aufl., München 1991, 105–112.

357 Fuhrmann, *Cato* (o. Anm. 354) 80.

358 Vgl. das Kapitel «Vater und Sohn» bei I. Opelt, *Die lateinischen Schimpfwörter und verwandte sprachliche Erscheinungen. Eine Typologie*, Heidelberg 1965, 54–58.

359 M. C. Ryder, *The ‹senex amator› in Plautus*, G &. R 31, 1984, 181–189.

360 S. den Überblick bei M. S. Haynes, *The supposedly Golden Age for the Aged in Ancient Rome*, Gerontologist 3, 1963, 28–30; ferner Gnilka, *Greisenalter*, 1024 f. und jetzt vor allem A. Minarini, *La palliata*, in: *Senectus* II, 1995, 1–30.

361 Plaut. Aulul. vv. 60–66 (nach der – auch im folgenden benutzten – Übersetzung von W. Hofmann, *Titus Maccius Plautus. Komödien*, Leipzig 1987).

362 Plaut. Menaechmi vv. 753–760.

363 Vgl. o. Anm. 359.

364 J. M. Cody, *The ‹senex amator› in Plautus' Casina*, Hermes 104, 1976, 456–476.

365 Gnilka, *Greisenalter*, 1025.

366 Minarini, *La palliata*, in: *Senectus* II, 1995, 17; zu dem hier aus Platzgründen weitgehend ausgeklammerten Werk des Terenz s. ebenfalls Minarini, 20–31.

367 A. Gosling, *A rather unusual old man. Hegio in Plautus' ‹Captivi›*, AClass 26, 1983, 53.

368 Pol. 6,53,1–7.

369 S. o. S. 125 sowie ferner J. D. Breckenridge, *Origins of Roman Republican Portraiture: Relations with the Hellenistic World*, ANRW I 4, 1973, 826 ff. und Lahusen, *Ahnenbild* (o. Anm. 342), 286 mit Anm. 173, wo weitere neue, einschlägige Arbeiten mit Blick auf die «kunsthistorischen Verabredungsbegriffe ‹Realismus›, ‹Naturalismus›, ‹Verismus›» genannt und knapp kommentiert werden.

370 Balty, 7 ff.

371 Genannt sei hier nur K.-J. Hölkeskamp, *Exempla und mos maiorum. Überlegungen zum kollektiven Gedächtnis der Nobilität*, in: H.-J. Gehrke/A. Möller (Hgg.), *Vergangenheit und Lebenswelt*, Tübingen 1996, 301–338.

372 Hölkeskamp, ebd. 326.

373 Vgl. zum folgenden vor allem L. Giuliani, *Bildnis und Botschaft. Hermeneutische Untersuchungen zur Bildniskunst der römischen Republik*, Frankfurt a. M. 1986, 190 ff.

374 Eingehende Beschreibung nicht dieses Pariser, sondern des im vatikanischen Braccio Nuovo bewahrten Kopfes, einer Kopie aus flavischer Zeit, in: Helbig, Bd. 1 (1963) Nr. 429 (H. von Heintze).

375 U. W. Hiesinger, *Portraiture in the Roman Republic*, ANRW I 4, 1973, 812 mit Anm. 17, 817.

376 Von Poulsen und anderen, s. Breckenridge (o. Anm. 369) 846.

377 Giuliani, *Bildnis* (o. Anm. 373) 191.

378 Anstelle von zahlreichen Literaturtiteln verweise ich hier allein auf Helbig, Bd. 2 (1966) Nr. 1449 (T. Dohrn) und W. H. Groß, *Zum sogenannten Brutus*, in: Zanker, *Hellenismus*, 564–575.

379 B. Andreae, *Römische Kunst*, Freiburg 1973, 45.

380 So T. Dohrn, in: Helbig, Bd. 2 (1966) Nr. 1449.

381 So Groß (o. Anm. 378).

382 Schweitzer, 7; Breckenridge (o. Anm. 369) passim.

383 Plin. n. h. 34, 20–32; vgl. Breckenridge, ebd., 830 ff. und allgemein Sehl-meyer (o. Anm. 342).

384 Vgl. Breckenridge, ebd., 834 ff.

385 Optimistischer beurteilt dagegen G. Lahusen (*Die Bildnismünzen der römi-schen Republik*, München 1989, 32 ff. 75 ff.) die Bedeutung der republikani-schen Münzen für die Erfassung der republikanischen Bildniskunst.

386 P. Zanker, *Zur Rezeption des hellenistischen Individualporträts in Rom und in den italischen Städten*, in: Zanker, *Hellenismus*, 584.

387 Vgl. Zanker, ebd., 586 ff.

388 Hiesinger (o. Anm. 375) 812.

389 Schweitzer, 73; Balty, 7; Zanker (*Zur Rezeption*, in: Zanker, *Hellenismus*, 603) will den Torlonia-Kopf hingegen dem außerstädtisch-munizipalen Raum zuweisen.

390 Schweitzer, 73.

391 Balty, 7.

392 Vgl. Balty, ebd., und Zanker, *Zur Rezeption*, in: Zanker, *Hellenismus*, 593.

393 Beschreibung nach Helbig, Bd. 1 (1963) Nr. 359 (H. von Heintze).

394 Von Heintze, ebd.

395 Ausführlich dazu: Kockel, 182 f. (L 9).

396 Kockel, 183; s. ferner Zanker, *Zur Rezeption*, in: Zanker, *Hellenismus*, 593 f.; ders., *Grabreliefs*, 306.

397 Helbig, Bd. 1 (1963) Nr. 346 (H. von Heintze).

398 Zanker, *Zur Rezeption*, in: Zanker, *Hellenismus*, 597 ff.

399 M. Borda, *I ritratti repubblicani di Aquileia*, MDAI (R) 80, 1973, 35–57.

400 Borda, ebd., 51.

401 Balty, 10.

402 M. Marini Calvani (Hg.), *Aemilia. La cultura romana in Emilia Romagna dal III secolo a. C. all'età costantiniana*, Bologna 2000, 314.

403 Helbig, Bd. 2 (1966) Nr. 1481 (H. von Steuben); Abbildung bei M. Bieber, *The Sculpture of the Hellenistic Age*, 2. Aufl., New York 1969, 141 Abb. 591.

404 Helbig, Bd. 3 (1969) Nr. 2298 (H. von Heintze); Helbig, Bd. 4 (1972) 3100 (H. von Heintze).

405 Einschlägig sind H. G. Frenz, *Untersuchungen zu den frühen römischen Grabreliefs*, Diss. Frankfurt a. M. 1977; E. K. Gazda, *Etruscan Influence in the Funerary Reliefs of Late Republican Rome: A Study of Roman Ver-nacular Portraiture*, ANRW I 4, 1973, 855–870; und jetzt vor allem die Mo-nographie von Kockel. Als heuristische Grenze zwischen spätrepublikani-scher und frühaugusteischer Zeit könnte das Ende der dreißiger Jahre

v. Chr. gelten, das heißt Kockels Reliefs der Gruppen A–G gehörten nach dieser Sichtweise noch in die spätrepublikanische Phase.

406 Zanker, *Grabreliefs*, besonders 311 mit Anm. 157 und Abb. 52.

407 Die Beschreibung nach Kockel, 100 (B 8). Kockel datiert das Relief etwas später als die übrigen um 50 v. Chr. anzusetzenden Stücke der Gruppe B.

408 Zanker, *Grabreliefs*, 312.

409 G. Lahusen hat mit m. E. guten Gründen die Auffassung vertreten, daß die Freigelassenenreliefs in ihrer Ikonographie, Komposition und Aussageabsicht deutlich von den Ahnengalerien der aristokratischen Familien beeinflußt worden sind: Lahusen, *Ahnenbild* (o. Anm. 342) 282 ff.

410 Die Beschreibung nach Kockel, 97 f. (B 4).

411 Die Beschreibung wieder nach Kockel, 106 (C 6).

412 Balty, 9 f.

413 So ist es kein Zufall, daß in dem vorzüglichen Artikel von C. Gnilka, *Greisenalter*, 1034–1039, jegliche Ausführungen zum ‹wirklichen› Leben alter Menschen in republikanischer Zeit fehlen.

414 Selbst für die Kaiserzeit stellen sich der demographischen Forschung kaum lösbare Probleme, siehe nur M. Clauss, *Probleme der Lebensalterstatistiken aufgrund römischer Grabinschriften*, Chiron 3, 1973, 395–417 sowie ferner unten S. 158 f.

415 A. Degrassi, *L'indicazione dell'età nelle iscrizioni sepolcrali latini*, in: ders., *Scritti vari di antichità*, Bd. 3, Padua 1967, 211–241, besonders 218.

416 Vgl. Cic. sen. 37 (über Appius Claudius Caecus): «Vier kräftigen Söhnen, fünf Töchtern, einem entsprechend großen Hauswesen und einer großen Zahl von Schutzbefohlenen stand Appius vor, der blind und hochbetagt war… Er verstand es, nicht nur seine Autorität, sondern auch die Befehlsgewalt über die Seinen zu behaupten. Die Sklaven fürchteten, die Kinder respektierten und alle liebten ihn. Es herrschte die Zucht des Vaters in jenem Haus» (Übersetzung: H. Merklin).

417 Gnilka, *Altersversorgung*, 271; T. Parkin, *Out of sight, out of mind: Elderly members of the Roman Family*, in: B. Rawson/P. Weaver (Hgg.), *The Roman Family in Italy*, Oxford 1997, 131 ff.

418 Gnilka, *Altersversorgung*, 273 f.

419 Nachweise (freilich vor allem für die Kaiserzeit) bei T. Wiedemann, *Servi Senes: the Role of Old Slaves at Rome*, POLIS 8, 1996, 275–293.

420 Wiedemann, ebd., 279 f.; allgemein zur Position von Sklaven in der römischen Gesellschaft s. jetzt L. Schumacher, *Sklaverei in der Antike. Alltag und Schicksal der Unfreien*, München 2001, 239 ff.

421 Zanker, *Grabreliefs*, 267–315.

422 Kockel, 62 ff.

423 Borda (o. Anm. 399) 35–57.

424 van Hooff (o. Anm. 126) 30 ff. 122 f.

425 A. Wacke, *Der Selbstmord im römischen Recht und in der Rechtsentwicklung*, ZRG 97, 1980, 46. Vgl. zu einzelnen Seneca-Stellen: K. A. Geiger, *Der Selbstmord im klassischen Altertum*, Augsburg 1888, 18 ff. und F. F. Schwarz, *Der Mensch gehört wesentlich sich selbst. Seneca und Jean Améry über ‹Freiheit und Tod›*, Gymnasium Beiheft 9, 1988, 244–260, besonders 249 ff. zu Sen. ep. 30,2. 58,33–35.

426 Zum Alterssuizid in Antike und Moderne siehe nur die Studie von van Hooff (o. Anm. 126) sowie die einschlägigen Seiten in dem berühmten Buch von S. de Beauvoir, *Das Alter*, Reinbek bei Hamburg 1972, 235 f.

427 Nachweise bei Gnilka, *Greisenalter*, 1035 f.

428 Gnilka, ebd.

429 Vgl. Clauss, *Lebensalterstatistiken* (o. Anm. 414) 395–417.

430 Auf der Basis von A. Chansa Saéz, *Veteranos en el Africa romana*, Barcelona 1997.

431 Clauss, *Lebensalterstatistiken* (o. Anm. 414) 411.

432 Vgl. zur demographischen Analyse von Dig. 35,2,68 B. W. Frier, *Roman Life Expectancy: Ulpian's Evidence*, HSCPh 86, 1982, 213–251.

433 R. S. Bagnall/B. W. Frier, *The Demography of Roman Egypt*, Cambridge 1994; vgl. ferner diess./C. Rutherford, *The Census Register P. Oxy 984: The Reverse of Pindar's Paeans (Papyr. Bruxell. 29)*, Brüssel 1997, besonders 100, sowie W. Scheidel, *Measuring Sex, Age and Death in the Roman Empire. Explorations in Ancient Demography* (JRA Supplement 21), Ann Arbor 1996.

434 Krause I: *Verwitwung und Wiederverheiratung*, 17 ff.

435 S. dazu vor allem Wiedemann (o. Anm. 419) und neuerdings Schumacher (o. Anm. 420).

436 Suet. Claud. 25,2; Dio 61,29,7.

437 Schumacher (o. Anm. 420) 242 ff.

438 H. Chantraine, *Außerdienststellung und Altersversorgung kaiserlicher Sklaven und Freigelassener*, Chiron 3, 1973, 307–330.

439 Ebd. 313 ff.

440 CIL VI 9019. VIII 3289. 12654. 12915. 12926. 24747.

441 ILS 1583.

442 Vgl. Mart. 11,70.9 f.

443 Diocl. Ed. pret. 31 (ed. S. Lauffer, Berlin 1971, mit Erläuterungen auf S. 280).

444 Gnilka, *Altersversorgung*, 273 f.

445 Stat. silv. 2,1,69: «tu domino requies portusque senectae.»

446 Vgl. allgemein K. Christ, *Geschichte der römischen Kaiserzeit von Augustus bis zu Konstantin*, München 1988, 352 ff.

447 ILS 1980 (Übersetzung: L. Schumacher, *Römische Inschriften*, Stuttgart 1988, 271).

448 Ausgewählte Zeugnisse bespricht P. Donati Giacomini, *La documentazione epigrafica*, in: *Senectus* II, 323–337.

449 CLE-Nr. 1515, ebenfalls aus Nordafrika.

450 Zum folgenden siehe H.-A. Rupprecht, *Die Sorge für die Älteren nach den Papyri*, in: *The Care of the Elderly in the Ancient Near East*, Leiden 1998, 223 ff.

451 Krause I–IV. Krause hat das antike Quellenmaterial erschöpfend ausgewertet, auf – bei ihm leicht aufzufindende – Einzelnachweise wird daher im folgenden weitgehend verzichtet.

452 Krause, I, 77 f.

453 Tac. ann. 3,76.

454 P. Oxy XXXVIII p. 38; 2837. 2843; vgl. Krause I, 83.

455 Krause II, 17 ff.

456 Krause II, 105.

457 Krause IV, 6 ff. Näheres siehe unten S. 217 ff.

458 Krause II, 148.

459 Krause II, 232 ff.

460 Vgl. knapp Gnilka, *Altersversorgung*, 271 f. und ausführlicher D. Dalla, *Le fonti giuridiche*, in: *Senectus* II, 287–321.

461 Dig. 50,6,6 (5) praef.

462 Dig. 28,2,6.

463 CJ 8,53(54),16.

464 Dig. 48,19,22.

465 Dig. 47,21,2.

466 Diese Altersgrenze erklärt sich mit der antiken Überzeugung, daß Frauen jenseits der 50 nicht mehr gebären könnten und daher der eigentliche Heiratszweck entfiele, vgl. nur Plin. n. h. 7,12,61 f.

467 Näheres bei Dalla, *Le fonti giuridiche*, in: *Senectus* II, 300.

468 Zum folgenden siehe Dalla, ebd. 310 ff.

469 Dig. 50,6,6 (5) praef.

470 Dig. 50,5,8 praef.; 50,5,2,1.

471 Dig. 50,4,6,4; 50,4,3,12; 50,5,1,3.

472 Grundlegend: J. H. Oliver, *The Sacred Gerusia*, Princeton 1941; siehe ferner M. Wörrle, *Stadt und Fest im kaiserzeitlichen Kleinasien. Studien zu einer agonistischen Stiftung in Oinoanda* (Vestigia 39), München 1988, 114. 133 f. (zur Gerusie im lykischen Sidyma).

473 Plin. ep. III 1 (Übersetzung: H. Kasten). Mit Recht betont Parkin (30): «It is the old age of Vestricius Spurinna that is Pliny's true ideal.»

474 Tac. ann. III 31 (Übersetzung: W. Sontheimer).

475 Zum Bild alter Kaiser in der Historiographie s. P. Soverini, *Senectus e res publica* in: *Senectus* II, 258 ff.

476 Tac. hist. I 18,3: «parcus senex», mit dem Kommentar von Soverini, ebenda, 266.

477 Vgl. HA, vita Maximi et Balbini 5–7 und dazu H. Brandt, *Kommentar zur Vita Maximi et Balbini der Historia Augusta*, Bonn 1996, 152 ff. 163 ff.

478 M. Bergmann, *Zum römischen Porträt des 3. Jahrhunderts n. Chr.*, in: *Spätantike und frühes Christentum*, 47.

479 Zanker, *Maske*, 212 ff.

480 Zanker, *Maske*, 210.

481 Zanker, *Maske*, 234.

482 Ebd. 190–242. Einwände gegen Zanker erhebt jetzt W. Fischer-Bossert (*Der Porträttypus des sog. Plotin. Zur Datierung von Bärten in der römischen Porträtkunst*, AA 2001, 152).

483 H. Mielsch, *Die römische Villa*, München 1987, 94 ff. Zu den Folgen, welche die Entpolitisierung der Senatoren für die Historiographie zeitigte, siehe M. Zimmermann, *Enkomion und Historiographie: Entwicklungslinien der kaiserzeitlichen Geschichtsschreibung vom 1. bis zum frühen 3. Jahrhundert n. Chr.*, in: ders. (Hg.), *Geschichtsschreibung und politischer Wandel im 3. Jahrhundert n. Chr.*, Stuttgart 1999, besonders 26 ff.

484 Vgl. dazu auch die Bemerkungen von Zanker, *Maske*, 17 ff.

485 Zanker, ebd. 28.

486 Das folgende wieder nach Zanker, *Maske*, 239–242.

487 Vgl. A. Dihle, *Die griechische und lateinische Literatur der Kaiserzeit. Von Augustus bis Justinian*, München 1988.

488 Vgl. dazu J. Hahn, *Der Philosoph und die Gesellschaft. Selbstverständnis, öffentliches Auftreten und populäre Erwartungen in der hohen Kaiserzeit* (HABES 7), Stuttgart 1989.

489 D. Gall, *Catull*, in: O. Schütze (Hg.), *Metzlers Lexikon antiker Autoren*, Stuttgart 1997, 159, bezeichnet Catull mit Recht als «Vorläufer und Wegbereiter der augusteischen Klassiker, vor allem der Elegiker Properz und Tibull», und sie sieht in seiner Dichtung «einen wichtigen Punkt des Umbruchs in der römischen Literatur.»

490 Cat. c. 61, 151–165 (Übersetzung: R. Helm); vgl. M. Bonvicini, *La lirica latina: Catullo e Orazio*, in: *Senectus* II, 87 f.; V. Broege, *The Generation Gap in Catullus and Lyric Poetry of Horace*, in: Bertman, 175.

491 Zum folgenden s. vor allem P. Pinotti, *Gli elegiaci. L'epica ovidiana*, in: *Senectus* II, 137–182.

492 Prop. c. 2,2,15–16 (Übersetzung: R. Helm, danach auch die folgenden Properz-Übersetzungen).

493 Prop. c. 3,25,9–18 Helm.

494 Prop. c. 3,5,23–32 Helm.

495 Prop. c. 4,5.

496 Tib. c. 1,6,75–86, besonders 85 f. (Übersetzung: R. Helm): «Andere treffe der Fluch! Wir, Delia – laß uns ein Beispiel wirklicher Liebe noch sein, selbst wenn ergraut unser Haar.»

497 Tib. c. 2,5,91–94 Helm; vgl. auch Tib. c. 1,10,39 f. 43 f.

498 Tib. 1,2,91–98 Helm.

499 Tib. c. 1,8,29–32 Helm.

500 Tib. c. 1,6,59–64 Helm.

501 Vgl. zum folgenden auch J. de Luce, *Ovid as an Idiographic Study of Creativity and Old Age*, in: Falkner/de Luce, 195–216.

502 Ov. Met. 12,177–188 (Übersetzung: R. Suchier). In dem Paar der frommen Alten Philemon und Baucis zeichnet Ovid (Met. 8,629–722) ein geradezu rührendes Altersidyll.

503 Vgl. Ov. Fast. 4,377 ff.; 5,57 ff.; 6,399 ff.

504 Vgl. zum Beispiel Ov. Pont. 1,4,1–2. 7–10.

505 M. Martina, Art. *senex*, Enciclopedia virgiliana IV, Rom 1988, 768 ff.

506 E. Riganti, *Virgilio e l'epica postclassica*, in: Senectus II, 53 ff.

507 Verg. Aen. 2,509–511 (Übersetzung – wie auch im folgenden –: J. Götte).

508 Verg. Aen. 2,519–525.

509 Verg. Aen. 2,544–546.

510 Klarer noch wird diese Ethik in der Altersklage des sikulischen Faustkämpfers Entellus (Verg. Aen. 5,394–400):
«‹Nicht Ehrliebe ist mir geschwunden noch Ruhm, von
Furcht verjagt; doch eisig stockt mir im lastenden Alter
träge das Blut, kalt starren erschöpft im Körper die Kräfte.
Blühte mir noch wie einst jene Kraft, auf die dieser Prahler
da triumphierend vertraut, o, blühte mir jetzt noch die Jugend,
nicht des Preises bedurfte es dann, nicht prächtigen Stieres,
daß ich gekommen; mich schiert nicht Geschenk.›»

511 Verg. Aen. 2,645–649.

512 Verg. ecl. 1,51–52 (Übersetzung: J. und M. Götte).

513 Cic. sen. 51 ff., vgl. o. S. 127 ff.

514 E. Burck, *Der korykische Greis in Vergils Georgica* (IV 116–148), in: *Navicula Chiloniensis*. Festschrift F. Jacoby, Leiden 1956, 162 ff.; weitere Deutungen im Sinne Burcks paraphrasiert J. Strauss Clay, *The Old Man in the Garden: Georgic 4,116–168*, in: Falkner/de Luce, 185.

515 R. F. Thomas, *The Old Man Revisited: Memory, Reference and Genre in Virg. Georg. 4, 116–148*, MD 29, 1992, 51.

516 Strauss Clay (o. Anm. 514) besonders 186 f.

517 So auch Pinotti, *Gli elegiaci*, in: Senectus II, 167.

518 P. Hohnen, *Zeugnisse der Altersreflexion bei Horaz*, Gymnasium 95, 1988, 154–172, besonders 156 ff.

519 Hor. c. 1,9,13–18 (Übersetzung – wie auch im folgenden –: B. Kytzler).

520 Noch sehr viel drastischer bedichtet Horaz in epod. 8 die abstoßende Wirkung einer alten, liebeswilligen Frau.

521 Vgl. R. Cuccioli/G. Giardina, *I vari tipi di satira*, in: Senectus II, 34 ff.

522 Hor. sat. 2,2,86–88; 2,3,117 ff.

523 Hor. sat. 2,5,90.

524 Hor. Ars 156/57 (Übersetzung: O. Schönberger).

525 Cuccioli/Giardina, *I vari tipi di satira*, in: *Senectus* II, 43.

526 Iuv. sat. 10,188–209 (Übersetzung: H. C. Schnur).

527 Iuv. sat. 10, 232–236 (wieder nach der Übertragung von H. C. Schnur): «Doch schlimmer als alle Gliederschwäche ist seniler Schwachsinn: er weiß nicht mehr die Namen seiner Diener und erkennt nicht mehr den Freund, bei dem er die Nacht zuvor gespeist hat, noch selbst die Kinder, die er selbst erzeugt und aufgezogen.»

528 Vgl. R. Nauta, *Martial*, in: O. Schütze (Hg.), *Metzlers Lexikon Antiker Autoren*, (o. Anm. 489) 447 f.

529 Vgl. zum folgenden vor allem M. Bonvicini, *L'epigramma latino*, in: *Senectus* II, 113–136.

530 Mart. 4,36 (Übersetzung – wie auch im folgenden –: R. Helm).

531 Mart. 10,83; vgl. etwa noch 3,43.

532 Mart. 12,7.

533 Mart. 12,23; vgl. in demselben Tenor 1,19; 5,43; 6,12.

534 Mart. 10,67; vgl. 9,37, 11,29.

535 Mart. 4,13,9–10.

536 Die einschlägige Quelle ist Lukians Schrift *Über das Lebensende des Peregrinos*.

537 Vgl. Wacke, *Selbtmord* (o. Anm. 425); K. Döring, *Exemplum Socratis. Studien der Sokrates-Nachahmung in der kynisch-stoischen Popularphilosophie und im frühen Christentum*, Wiesbaden 1979; Hahn (o. Anm. 488) bes. 198 f. Von diesem Thema handelt auch Ulrich Huttners Leipziger Habilitationsvorlesung (Juni 2001), die er mir freundlicherweise im Manuskript zur Verfügung gestellt hat: *Sterben wie ein Philosoph. Zur Inszenierung des Todes in der Antike.*

538 Tac. ann. 15,62 ff.

539 Gnilka, *Greisenalter*, 1022–1024.

540 R. Kassel, *Untersuchungen zur griechischen und römischen Konsolationsliteratur*, München 1958, 28 f.

541 Zum folgenden siehe O. Fuà, *Da Cicerone a Seneca*, in: *Senectus* II, 210–238 (dort auch zu den hier übergangenen Tragödien Senecas).

542 Sen. dial. 10,1,3 f.; vgl. zu Seneca jetzt die knappen, aber instruktiven Bemerkungen von Parkin, 27 ff.

543 Sen. dial. 10,7,1.

544 Sen. dial. 10,7,10.

545 Zur damit verbundenen Haltung Senecas zur Selbsttötung, die ihm bisweilen in der gelehrten Literatur die Bezeichnung als ‹Selbstmordapostel› eingetragen hat, siehe nur F. F. Schwarz (o. Anm. 425); zum Selbstmord siehe nur van Hooff (o. Anm. 126).

546 Sen. dial. 6,21,4 f.

547 Sen. ep. 6,58,33 ff.

548 Fuà, *Da Cicerone a Seneca,* in: *Senectus* II, 228 ff. Seneca wird im folgenden nach der Übersetzung von M. Rosenbach zitiert.

549 Sen. ep. 1,12,5; vgl. bereits o. S. 129.

550 Eine Gesamtwürdigung Plutarchs und seiner Schriften findet sich bei Dihle (o. Anm. 487) 201–212.

551 Plut. mor. 789 D.

552 Balty, 15 f.: «Oder sollte man eher ... eine Geschichte des römischen Porträts entwerfen, die gleich einer Pendelbewegung zwischen Realismus und Idealismus schwankt? Ein gewisses Hin und Her läßt sich zumindest beobachten, wenn es auch falsch wäre, von einer echten ‹Periodizität› zu sprechen, wonach der Realismus, der nur in der republikanischen Zeit dominiert hatte, unter der Herrschaft des Vespasian und noch einmal im 3. Jahrhundert wieder erschienen wäre ... Realismus blieb also eine Konstante in der römischen Kunst, auch wenn er seit dem Ausgang der Republik dem Wunsch nach Idealität immer wieder weichen mußte...»

553 Die Beschreibung erfolgt nach dem Katalogtext: *Gesichter,* 63.

554 H. Jucker, in: *Gesichter,* 119 (danach das Folgende).

555 Die Beschreibung wieder nach: *Gesichter,* 199 (Nr. 83); Abbildung des Kopfes ebd. S. 198.

556 K. Schade in einem so betitelten Vortrag an der Humboldt-Universität Berlin am 27. 06. 2001.

557 Ein markantes Beispiel bietet die bejahrte Dame aus dem Liciniergrab in Rom (heute in der Ny Carlsberg Glyptotek in Kopenhagen): Hofter, *Porträt,* in: *Kaiser Augustus,* 318 f. Kat.-Nr. 157.

558 Jucker, in: *Gesichter,* 131. Er betont mit Recht die vom Künstler akzentuierte «Schönheit und Würde» dieser eigentlich «häßlichen alten Dame». Noch wirklichkeitsnäher fällt ein (hier nicht abgebildeter) flavischer Kopf einer alten Dame (Rom, Kapitolinisches Museum) aus: Helbig, Bd. 2 (1966) Nr. 1206 (H. von Heintze). Zweifellos überspitzt ist Amedicks Diktum (170), demzufolge «antike Bilder alter Frauen stets Bilder unwürdiger Greisinnen» seien.

559 M. Krumme, in: *Gesichter,* 195.

560 Schulze, 67. 71 f.

561 Schulze, ebd. 55–60; R. Amedick, *Die Sarkophage mit Darstellungen aus dem Menschenleben. 4. Teil: Vita Privata (= Die antiken Sarkophagreliefs,* hg. v. B. Andreae und G. Koch I 4), Berlin 1991, 65 ff.

562 P. Zanker, *Bürgerliche Selbstdarstellung am Grab im römischen Kaiserreich,* in: H. J. Schalles/H. v. Hesberg/P. Zanker (Hgg.), *Die römische Stadt im 2. Jahrhundert n. Chr.,* Köln 1992, 339.

563 Zanker, ebd.

564 Zanker, ebd. 340.

565 Zanker, ebd. 354 f.

566 Das folgende nach Zanker, *Grabreliefs*, 296 ff. und M. Hofter, *Porträt*, in: *Kaiser Augustus*, 338 ff. Nr. 189 (dort allerdings ein falscher Text mit unkorrekter Übersetzung: «Hor» ist falsch zu «Horatius» aufgelöst, richtig muß – als Tribusangabe – gelesen werden: «Horatia»).

567 Hofter, ebd., 340.

568 A. Oettel, in: *Altersbildnisse*, 74.

569 Pflug, 71 mit Kat.-Nr. 34.

570 Pflug, ebd. 72, Kat.-Nr. 300; die Beschreibung nach Pflug, S. 276.

571 Pflug, ebd. Kat.-Nr. 89.

572 Kockel, 209 f. (N 9).

573 Kockel, 209.

574 S. o. S. 158.

575 Reiches Material und viele Abbildungen bei E. Pfuhl/H. Möbius, *Die ostgriechischen Grabreliefs* (2 Text- und 2 Tafelbände), Mainz 1977–1979.

576 Zum aktuellen Bild der Spätantike siehe etwa H. Brandt, *Geschichte der römischen Kaiserzeit. Von Diokletian und Konstantin bis zum Ende der konstantinischen Dynastie (284 bis 363)*, Berlin 1998, 17 ff.; ders., *Das Ende der Antike. Geschichte des spätrömischen Reiches*, München 2001; J.-U. Krause, *Die Spätantike*, in: H.-J. Gehrke/H. Schneider (Hgg.), *Geschichte der Antike*, Stuttgart 2000, 377 f.

577 B. D. Shaw, *Latin Funerary Epigraphy and Family Life in the Later Roman Empire*, Historia 33, 1984, 457–497; ders., *The Family in Late Antiquity. The Experience of Augustine*, Past and Present 115, 1987, 3–51.

578 Shaw, *Funerary Epigraphy*, ebd., 481.

579 Ebd., 485.

580 A. M. M. Talbot, *Old Age in Byzantium*, ByzZ 77, 1984, 267–278; Krause I, 7–47.

581 Talbot, ebd., 267; Skepsis gegenüber derartigen Untersuchungsergebnissen äußert Krause I, 15 f.

582 Krause I, 13 f.

583 CLE Nr. 526 = CIL VIII 9519 p. 1984.

584 E. Patlagean, *Pauvreté économique et pauvreté sociale à Byzance*, Paris 1977.

585 Patlagean, ebd. 5.

586 Amm. 26,10,15–19.

587 Ioh. Mal. 419 f.; vgl. H. Sonnabend, *Naturkatastrophen in der Antike. Wahrnehmung – Deutung – Management*, Stuttgart 1999, 23–37.

588 Patlagean (o. Anm. 584) 74 ff.

589 Krause, *Spätantike* (o. Anm. 576) 418.

590 F. Kolb, *Die Stadt im Altertum*, München 1984, 238 ff.; besonders für das südwestliche Kleinasien ist dies unübersehbar: H. Brandt, *Gesellschaft und*

Wirtschaft Pamphyliens und Pisidiens im Altertum, Bonn 1992, 171–181; Krause, *Spätantike* (o. Anm. 576) 409 ff.

591 Patlagean (o. Anm. 584) 181 ff.

592 S. etwa CJ 11,26.

593 Einschlägige Stellen bei Patlagean (o. Anm. 584) 191 f.

594 Hier. ep. 22,32.

595 Gnilka, *Altersversorgung,* 284, mit Bezug auf Joh. Chrys. in 2 Cor. 4,13 hom. 3,11 (PG 51,300).

596 Amm. 28,4,30 (Übersetzung: W. Seyfarth).

597 Amm. 28,4,9. 22.

598 Krause I, 134 mit Quellennachweisen und Anm. 10.

599 A. Demandt, *Die Spätantike,* München 1989, 276 ff.; Krause, *Spätantike* (o. Anm. 576) 415 ff.

600 S. o. S. 167 ff. und S. 127 ff.

601 Amm. 14,6,6.10.

602 Grundlegend: K. F. Stroheker, *Der senatorische Adel im spätantiken Gallien,* Tübingen 1948; M. Heinzelmann, *Bischofsherrschaft in Gallien. Zur Kontinuität römischer Führungsschichten vom 4. bis 7. Jahrhundert,* Sigmaringen 1976.

603 CIL XIII 2400; Stroheker ebd., 195 Nr. 259.

604 Krause I, 3 ff.

605 Joh. Chrys., in Matth. hom 66 (67), 3 = PG 58,630.

606 Krause I, 77 ff.

607 Auson. 4 (Parentalia), 12,9–12.

608 ILCV 1737 = CIL IX 5517.

609 ILCV 1581.

610 ICUR NS I 3148. II 4415; ILCV 1745. 4545.

611 Krause I, 64 f. 155 ff.

612 Vita Mel. 7, vgl. Krause II, 6 ff.

613 Krause II, 123 ff.

614 Ambros. ep. 56 (CSEL 82, ed. M. Zelzer p. 97).

615 Paul. Nol. c. 15, 335 ff. (PL 61, p. 476).

616 Hier. ep. 128,3.

617 Zos. 4,48,3 ff.

618 So F. Paschoud in seinem Kommentar ad loc.

619 Joh. Chrys. in epist. I ad Cor. homil. 30,4 (PG 61,255); eine weitere ‹Domäne› alter Frauen war die Quacksalberei, deren Grenzen zur Magie und Hexerei fließend waren; s. etwa Amm. 16,8,2.

620 Ambros., in Luc. 8,76 f. (CSEL 32/4, p. 430 f.); weitere Stellen bei Krause II, 166 f.

621 Prok. HA 29,25. Freilich gab es auch das Gegenteil, die reiche Witwe, siehe etwa Greg. Nyss., Vita Macr. 5,3 ff. (ed. P. Maraval, *Sources chrétiennes* 178, Paris 1971, p. 158/160).

622 Krause II, 223; Demandt, *Spätantike* (o. Anm. 599) 247.

623 Lact. mort. pers. 23; vgl. dazu Brandt, *Kaiserzeit* (o. Anm. 576) 90f.

624 Gnilka, *Greisenalter*, 1043–1057; J. Maier, *Die Wertung des Alters in der jüdischen Überlieferung der Spätantike und des frühen Mittelalters,* Saeculum 30, 1979, 355–364; J. Scharbert, *Das Alter und die Alten in der Bibel,* Saeculum 30, 1979, 338–354.

625 CTh 16,2,4.

626 Ch. Gnilka, *Altersklage,* 9; ders., *Kalogeros,* 5–21.

627 Paulin. Vita Ambros., PL. 14, p. 27–46.

628 Vita Ambros. 46 (PL 14, p. 43); Gnilka, *Kalogeros,* 5 f.

629 Joh. Chrys. or. de. Abr. 1 (PG 50,737).

630 Ambros., Abr. 2,64 (CSEL 32/1, p. 619).

631 Gnilka, *Kalogeros,* 10 ff.

632 Gnilka, *Greisenalter,* 1054 f., 1079–1102.

633 Gnilka, ebd., 1082.

634 Zum folgenden siehe Krause IV, 52 ff.

635 CTh 16,2,27; schon zwei Monate später jedoch wurde diese Maßnahme revidiert: CTh 16,2,28.

636 Demandt, *Spätantike* (o. Anm. 599) 456 ff.; zur Askese von Witwen: Krause IV, 81 ff.

637 Gnilka, *Greisenalter,* 1083 f. (mit Nachweisen).

638 Athanas. vita Anton. 93 (PG 26, p. 973).

639 Vita Pachom., ed. Hagg. Bolland. ex rec. Fr. Halkin (Subsidia hagiographica 19), p. 41 f.

640 Das folgende vor allem nach M. Matthei/E. Contreras, «*Seniores venerare, iuniores diligere*». *Conflit et réconciliation des générations dans le monachisme ancien,* Collectanea Cisterciensia 39, 1977, 31–68; s. ferner Gnilka, *Greisenalter,* 1081 f.

641 Reg. Bened. (ed. A. de Vogüé/J. Neufville, *Sources chrétiennes* 181–182, Paris 1972) 4,70 f.

642 Reg. Bened. 7,55; 63,10 ff.; 71,4.

643 Pallad. Hist. Laus. 26 (PG 34, p. 1073 ff.).

644 Vita Pachom. (ed. A. Festugière, Paris 1965) 77.

645 Athanas. vita Anton. 1–2 (PG 26, p. 841 f.).

646 Ebd. 3 (PG 26, p. 844).

647 Zum folgenden siehe Gnilka, *Altersversorgung,* 285 ff.; Patlagean (o. Anm. 584) 181–196.

648 Vita Theod. Coenob. (in: H. Usener, *Der heilige Theodosios,* Leipzig 1890) p. 41.

649 Fruct. Bracar. reg. commun. 8 (PL 87, 1116 f.).

650 Hiltbrunner, Art. *Xenodochium,* RE XVIII A, 1967, 1487–1503.

651 Greg. Nyss. Vita Macr. (o. Anm. 621) 8,1 ff. (p. 164 ff.).

652 H. Leppin, *Die Kirchenväter und ihre Zeit. Von Athanasius bis zu Gregor dem Großen,* München 2000, 26–37.

653 Patlagean (o. Anm. 584) 181.

654 CJ 1,2,22.

655 Einzelnachweise bei Gnilka, *Altersversorgung,* 287.

656 Bester Überblick bei Gnilka, *Greisenalter,* 1057–1073.

657 Vgl. o. S. 127 ff.; zum folgenden Gnilka, *Altersklage,* 5–23.

658 Joh. Chrys. or. de Abr. 1 (PG 50, 737 f.).

659 Vgl. Leppin, *Kirchenväter* (o. Anm. 652) 74–86; P. Autin, *La vieillesse chez S. Jérôme,* REAug 17, 1971, 43–54.

660 Hier. ep. 52 (Übersetzung: Ch. Gnilka).

661 So Gnilka, *Altersklage,* 11.

662 Grundlegend zu dieser christlichen Inanspruchnahme (*chresis*) vorchristlichen Gedankenguts: Ch. Gnilka, *Chresis. Die Methode der Kirchenväter im Umgang mit der antiken Kultur,* 2 Bde., Basel 1993.

663 PL 25, 1021/23.

664 Man erinnere sich an den ciceronischen Cato, der seinerseits auf griechische Vorläufer zurückgreift: o. S. 129.

665 Aug., in. Ps. 64,8 (PL 36,780).

666 Vgl. Hier., comm. in. Ps. 89,6 (CCL 72 p. 224).

667 Zahlreiche Einzelbelege bei Gnilka, *Greisenalter,* 1059 ff. 1069–1071.

668 Dazu Gnilka, *Altersklage,* 14 ff.

669 Cic. sen. 66.

670 Pallad. dial. de vita Joh. Chrys. 20 (PG 47,77 f.); vgl. Gnilka, *Altersklage,* 15 f. (dort auch die hier zitierte Übersetzung).

671 Gnilka, *Greisenalter,* 1077 f.; ders., *Das puer senex-Ideal und die Kirchenbauten zu Nola,* Boreas 18, 1995, 175–184.

672 Sen. ad. Marc. (= dial. 6) 22,3; auch in den Grabinschriften begegnet dieses Motiv: J. H. M. Strubbe, *Epigrams and Consolation Decrees for Deceased Youths,* AC 67, 1998, 50 f.

673 Gnilka, *puer senex* (o. Anm. 671) 177.

674 Maxim. Taur. serm. 54,1 f. (CCL 23,218 f.), in der Übersetzung von Ch. Gnilka, *puer senex* (o. Anm. 671) 182.

675 Zanker, *Maske,* 284; ebenso A. Effenberger, *Die Darstellung des Alters in den Werken der spätantiken und frühbyzantinischen Kunst,* in: *Altersbildnisse,* 132.

676 Effenberger, ebd. 134 f. (danach auch die Zitate).

677 M. Sotomayor, *Petrus und Paulus in der frühchristlichen Ikonographie,* in: *Spätantike und frühes Christentum,* 199–210.

678 Effenberger, in: *Altersbildnisse,* 135.

679 Effenberger, ebd. 133.

680 Die Beschreibung nach A. di Tanna, Katalog Nr. 307: *Sarcofago di Giunio Basso,* in: *Aurea Roma,* 605 f.

681 Diese Komposition bildet, wie gesehen (o. S. 231), geradezu einen Topos. Hingewiesen sei hier noch auf die berühmte Holztür der frühchristlichen Basilika S. Sabina in Rom. Dort glorifiziert ein Bildfeld den Triumph Christi und der Kirche, unter dem ‹Kosmokrator› Christus sind die Apostel Paulus und Petrus (mit Glatze und Bart) dargestellt: *Basilica di Santa Sabina all' Aventino*, Rom, o. J., 11–13 mit Abb. auf S. 12.

682 Gnilka, *Greisenalter*, 1087.

683 *Spätantike und frühes Christentum*, 636 f. Nr. 222.

684 So H. von Heintze, in: Helbig, Bd. 2 (1966) Nr. 1491.

685 So M. Cima, Katalog Nr. 12, in: *Aurea Roma*, 432 f.

686 So Cima, ebd.; zu Symmachus vgl. oben S. 215.

687 M. Bergmann, *Chiragan, Aphrodisias, Konstantinopel. Zur mythologischen Skulptur der Spätantike* (Palilia 7), Wiesbaden 1999, 11 f. 64.

688 So K. Schade in ihrem Vortrag: «Anus Ebria und avia educatrix», Humboldt-Universität Berlin, 27. 04. 2001, unter Verweis auf ihre noch unpublizierte Dissertation über spätantike Frauenbildnisse.

689 Beschreibung nach: *Spätantike und frühes Christentum*, 429 f. Kat.-Nr. 41.

690 Ebd.

691 Beschreibung und Abbildung bei M. Bergmann, *Ritratto feminile*, Kat.-Nr. 266, in: *Aurea Roma*, 579 f.

692 M. Bergmann, *Testa di una imperatrice*, Kat.-Nr. 262, in: *Aurea Roma*, 578.

693 Ähnliches gilt für die Mosaiken des Triumphbogens von S. Maria Maggiore in Rom: «Der hochbetagten Prophetin Anna bei Jesu Darstellung im Tempel ist ihr Alter nicht anzusehen, dem greisen Simeon aber und den Priestern sehr wohl» (Gnilka, *Greisenalter*, 1088).

694 Vgl. Zanker, *Maske*, 290 f., zu einem spätantiken Philosophenmosaik aus Apamea, das Sokrates im Kreise von sechs alten Weisen zeigt.

695 Bergmann, *Chiragan* (o. Anm. 687) 55.

696 Gnilka, *Altersklage*, 21.

697 M. Fuhrmann, *Rom in der Spätantike. Porträt einer Epoche*, Zürich 1994, 149–156.

698 In der Übersetzung von E. Gegenschatz u. O. Gigon, München 1981, 3.

699 P. Pinotti, *Gli elegiaci*, in: *Senectus* II, 170 f.

700 Pinotti, ebd. 171–182; L. R. Lind, *Gabriele Zerbi, Gerontocomia: On the Care of the Aged, and Maximianus, Elegies on Old Age and Love*, Philadelphia 1988, 309–336.

701 Lind, ebd. 315.

702 Maxim. 1,1–8.

703 Vgl. oben S. 127 ff.

704 Pinotti, in: *Senectus* II, 177.

705 Maxim. 6,1.

706 Maxim. 6,12.

707 So der Titel des Essays von Siegfried Lenz in der Frankfurter Allgemeinen Zeitung vom 03. Januar 1998 (Nr. 2), Beilage *Bilder und Zeiten*. Der von Lenz gewählte Titel ist seinerseits Zitat aus dem Tagebuch von Ionesco.

708 Lenz, ebd.

Abkürzungsverzeichnis

Im folgenden werden nur die häufiger benutzten, in den Anmerkungen abgekürzt zitierten Titel aufgeführt, die nicht noch einmal in das gleich anschließende Verzeichnis der zitierten Literatur aufgenommen werden. Die Abkürzungen der Zeitschriften richten sich nach den Siglen der *Année philologique*.

Altersbildnissse	Ch. Brockhaus (Hg.), Altersbildnisse in der abendländischen Skulptur (Wilhelm Lehmbruck Museum), Duisburg 1996.
Amedick	R. Amedick, Unwürdige Greisinnen, MDAI (R) 102, 1995, 141–170.
Aurea Roma	S. Ensoli/E. La Rocca (Hgg.), Aurea Roma. Dalla città pagana alla città cristiana, Rom 2000.
Balty	J. C. Balty, Porträt und Gesellschaft in der römischen Welt, Mainz 1993.
Bergemann	J. Bergemann, Demos und Thanatos. Untersuchungen zum Wertesystem der Polis im Spiegel der attischen Grabreliefs des 5. und 4. Jahrhunderts v. Chr. und zur Funktion der gleichzeitigen Grabbauten, München 1997.
Bertman	S. Bertman (Hg.), The Conflict of Generations in Ancient Greece and Rome, Amsterdam 1976.
BGU	Griechische Urkunden (Ägyptische Urkunden aus den Staatlichen Museen zu Berlin), Berlin 1895 ff.
Bonnefond	M. Bonnefond, Le sénat républicain et les conflits de générations, MEFRA 94, 1982, 175–225.
CCL	Corpus Christianorum. Series Latina, 1954 ff.
CIL	Corpus inscriptionum Latinarum, Berlin 1862 ff.
CJ	Codex Justinianus (ed. P. Krüger), Berlin 1877/92.
CLE	Carmina Latina epigraphica, 3 Bde., (ND) Amsterdam 1964.
Corvisier	J. N. Corvisier, La vieillesse en Grèce ancienne d'Homère à l'époque hellénistique, Annales de démographie historique 1985, 53–70.
CSEL	Corpus Scriptorum ecclesiasticorum Latinorum, 1866 ff.

CTh	Codex Theodosianus (ed. P. Krüger/P. Meyer/Th. Mommsen), Berlin 1904–1926.
David	E. David, Old Age in Sparta, Amsterdam 1991.
Dig.	Digesten, in: Corpus Iuris Civilis, Bd. I (ed. P. Krüger/Th. Mommsen), Berlin 1893.
Dyroff	A. Dyroff, Der Peripatos über das Greisenalter, Paderborn 1939.
Falkner/de Luce	T. M. Falkner/J. de Luce, Old Age in Greek and Latin Literature, New York 1989.
FCG	Fragmenta Comicorum Graecorum, hg. v. A. Meineke, 5 Bde., (ND) 1970.
Fittschen	K. Fittschen (Hg.), Griechische Porträts, Darmstadt 1988.
Geschichte	Geschichte des Alters in ihren Zeugnissen von der Antike bis zur Gegenwart, hg. v. G. Biegel (Ausstellungskatalog), Braunschweig 1993.
Gesichter	H. Jucker/D. Willers (Hgg.), Gesichter. Griechische und römische Bildnisse aus Schweizer Besitz. Ausstellungskatalog Bern 1982.
Giuliani, Krüppel	L. Giuliani, Die seligen Krüppel. Zur Deutung von Mißgestalten in der hellenistischen Kleinkunst, AA 1987, 701–721.
Gnilka, Altersklage	Ch. Gnilka, Altersklage und Jenseitssehnsucht, JbAC 14, 1971, 5–23.
Gnilka, Kalogeros	Ch. Gnilka, Die Idee des ‹guten Alters› bei den Christen, JbAC 23, 1980, 5–21.
Gnilka, Greisenalter	Ch. Gnilka, Art. Greisenalter, RAC 12, 1983, 995–1094.
Gnilka, Altersversorgung	Ch. Gnilka, Art. Altersversorgung, RAC Supplement 1/2, 1985, 266–289.
Helbig	W. Helbig, Führer durch die öffentlichen Sammlungen klassischer Altertümer in Rom, 4 Bde., 4. Aufl., hg. v. H. Speier, Tübingen 1963–1972.
Himmelmann, Realistische Themen	N. Himmelmann, Realistische Themen in der griechischen Kunst der archaischen und klassischen Zeit (JDAI Erg.heft 28), Berlin 1994.
Himmelmann, Grabreliefs	N. Himmelmann, Attische Grabreliefs (Vorträge der Nordrhein.-Westfäl. Akademie der Wiss. G 357), Opladen 1999.
ICUR	Inscriptiones christianae urbis Romae, 4 Bde., Rom 1857–1964.
ILCV	Inscriptiones Latinae christianae veteres, hgg. v. E. Diehl u. J. Moreau, 3 Bde., Berlin 1961.

ILS	Inscriptiones Latinae selectae, hg. v. H. Dessau, 3 Bde., (ND) Berlin 1962.
Kaiser Augustus	Kaiser Augustus und die verlorene Republik. Ausstellungskatalog, Berlin 1988.
Kockel	V. Kockel, Porträtreliefs stadtrömischer Grabbauten, Mainz 1993.
Krause I–IV	J.-U. Krause, Witwen und Waisen im Römischen Reich, 4 Bde. (HABES 16–19), Stuttgart 1994/95.
Latacz	J. Latacz, Die griechische Literatur in Text und Darstellung, Bd. 1: Archaische Periode, Stuttgart 1991.
Laubscher	H. P. Laubscher, Fischer und Landleute. Studien zur hellenistischen Genreplastik, Mainz 1982.
Meier	Ch. Meier, Die politische Kunst der griechischen Tragödie, München 1988.
Meyer	M. Meyer, Alte Männer auf attischen Grabstelen, MDAI (A) 104, 1989, 49–82.
Minois	G. Minois, History of Old Age. From Antiquity to the Renaissance, Chicago 1989.
Parkin	T. G. Parkin, Ageing in Antiquity. Status and participation, in: P. Johnson/P. Thane (Hgg.), Old Age from Antiquity to Post-Modernity, London 1998, 19–42.
Pfisterer-Haas	S. Pfisterer-Haas, Darstellungen alter Frauen in der griechischen Kunst, Frankfurt a. M. 1989.
Pflug	H. Pflug, Römische Porträtstelen in Oberitalien. Untersuchungen zur Chronologie, Typologie und Ikonographie, Mainz 1989.
PG	Patrologiae cursus completus, series Graeca, 1857 ff.
PL	Patrologiae cursus completus, series Latina, 1844 ff.
P. Mich.	Michigan Papyri, Ann Arbor 1931 ff.
P. Oxy	The Oxyrhynchos Papyri, London 1898 ff.
Preißhofen	F. Preißhofen, Untersuchungen zur Darstellung des Greisenalters in der frühgriechischen Dichtung (Hermes ES 34), Göttingen 1977.
RAC	Reallexikon für Antike und Christentum.
RE	Realenzyklopädie der klassischen Altertumswissenschaft (1893–1978).
Richardson	B. E. Richardson, Old Age among the Ancient Greeks, Baltimore 1933.
Schefold	K. Schefold, Bildnisse der antiken Dichter, Redner und Denker, Basel 1997.
Schulze	H. Schulze, Ammen und Pädagogen. Sklavinnen und

	Sklaven als Erzieher in der antiken Kunst und Gesellschaft, Mainz 1998.
Schweitzer	B. Schweitzer, Die Bildniskunst der römischen Republik, Leipzig 1948.
Senectus	U. Mattioli (Hg.), Senectus. La vecchiaia nel mondo classico. I. Grecia, II. Roma, Bologna 1995.
Spätantike und frühes Christentum	H. Beck/P. C. Bol (Hgg.), Spätantike und frühes Christentum. Katalog zur Ausstellung im Liebieghaus – Museum alter Plastik, Frankfurt a. M. 1983.
Syll.	Sylloge Inscriptionum Graecarum., 3. Aufl., Leipzig 1915–1924.
Zanker, Grabreliefs	P. Zanker, Grabreliefs römischer Freigelassener, JDAI 90, 1975, 267–315.
Zanker, Hellenismus	P. Zanker (Hg.), Hellenismus in Mittelitalien, 2. Teil, Göttingen 1976.
Zanker, Die trunkene Alte	P. Zanker, Die Trunkene Alte. Das Lachen der Verhöhnten, Frankfurt a. M. 1989.
Zanker, Maske	P. Zanker, Die Maske des Sokrates. Das Bild des Intellektuellen in der antiken Kunst, München 1995.

Verzeichnis der zitierten Literatur

Amedick, R., Die Sarkophage mit Darstellungen aus dem Menschenleben. 4. Teil: Vita Privata (= Die antiken Sarkophage I 4), Bonn 1991.

Andreae, B., Römische Kunst, Freiburg 1976.

Andreae, B., Schönheit des Realismus. Auftraggeber, Schöpfer, Betrachter hellenistischer Plastik, Mainz 1998.

Angel, J. L., The Length of Life in Ancient Greece, Journal of Gerontology 2, 1947, 18–24.

Assmann, J., Das kulturelle Gedächtnis. Schrift, Erinnerung und politische Identität in frühen Hochkulturen, München 1992.

Autin, P., La vieillesse chez S. Jérôme, REAug 17, 1971, 43–54.

Bagnall, R. S./Frier, B. W., The Demography of Roman Egypt, Cambridge 1994.

Bagnall, R. S./Frier, B. W./Rutherford, C., The Census Register P. Oxy 984: The Reverse of Pindar's Paeans (Papyr. Bruxell. 29), Brüssel 1997.

Beauvoir, S. de, Das Alter, Reinbek bei Hamburg 1972.

Bergmann, M., Chriragan, Aphrodisias, Konstantinopel. Zur mythologischen Skulptur der Spätantike (Palilia 7), Wiesbaden 1999.

Bettini, M., Familie und Verwandtschaft im antiken Rom, Frankfurt a. M. 1992.

Bieber, M., The History of the Greek and Roman Theatre, 2. Aufl., Princeton 1961.

Bieber, M., The Sculpture of the Hellenistic Age, 2. Aufl., New York 1961.

Bielefeld, E., Zusammenstellung von Greisentypen unter dem Aspekt der Alters-, Charakter- und Barbarentypik, AA 1962, 80–104.

Bleicken, J., Die Verfassung der römischen Republik, 2. Aufl., Paderborn 1978.

Bleicken, J., Geschichte der römischen Republik, 4. Aufl., München 1992.

Bleicken, J., Die athenische Demokratie, 2. Aufl., Paderborn 1994.

Blume, H.-D., Menander, Darmstadt 1998.

Borda, M., I ritratti repubblicani di Aquileia, MDAI (R), 80, 1973, 35–57.

Borscheid, P., Geschichte des Alters. Vom Spätmittelalter zum 18. Jahrhundert, München 1989.

Brandt, H., Gesellschaft und Wirtschaft Pamphyliens und Pisidiens im Altertum, Bonn 1992.

Brandt, H., Kommentar zur Vita Maximi et Balbini der Historia Augusta, Bonn 1996.

Brandt, H., Geschichte der römischen Kaiserzeit. Von Diokletian und Konstantin bis zum Ende der konstantinischen Dynastie (284–363), Berlin 1998.

Brandt, H., Das Ende der Antike. Geschichte des spätrömischen Reiches, München 2001.

Breckenridge, J. D., Origins of Roman Republican Portraiture: Relations with the Hellenistic World, ANRW I 4, 1973, 826–845.

Bremmer, J. N., The Old Women of Ancient Greece, in: J. Blok/P. Mason (Hgg.), Sexual Asymmetry, Amsterdam 1987, 191–215.

Brommer, F., Herakles und Geras, AA 1952, 60–73.

Burck, E., Der Korykische Greis in Vergils Georgica (IV 116–148), in: Navicula Chiloniensis. Festschrift F. Jacoby, Leiden 1956, 156–172.

Byl, S., Platon et Aristote ont-ils professé des vues contradictoires sur la vieillesse?, LEC 42, 1974, 113–126.

Byl, S., Lamentations sur la vieillesse chez Homère et les poètes lyriques des VII et VI siècles, LEC 44, 1976, 234–244.

Byl, S., Le vieillard dans les comédies d'Aristophane, AC 46, 1977, 52–75.

Chansa Sáez, A., Veteranos en el Africa Romana, Barcelona 1997.

Chantraine, H., Außerdienststellung und Altersversorgung kirchlicher Sklaven und Freigelassener, Chiron 3, 1973, 307–330.

Charbonneaux, J./Martin, R./Villard, F. (Hgg.), Die griechische Kunst I–IV, München 1977.

Christ, K., Geschichte der römischen Kaiserzeit von Augustus bis zu Konstantin, München 1988.

Clauss, M., Probleme der Lebensalterstatistiken aufgrund römischer Grabinschriften, Chiron 3, 1973, 395–417.

Cordy, J. M., The ‹senex amator› in Plautus' ‹Casina›, Hermes 104, 1976, 456–476.

Davis, E. N., Youth and Age in the Thera Frescoes, AJA 90, 1986, 399–406.

Degrassi, A., L'indicazione dell' età nelle iscrizioni sepolcrali latine, in: A. D., Scritti vari di antichità, Bd. 3, Padua 1967, 211–241.

Deubner, O. R., Homerbildnisse, AA 1998, 489–498.

Dierichs, A., Erotik in der Kunst Griechenlands, Mainz 1993.

Dihle, A., Die griechische und lateinische Literatur der Kaiserzeit. Von Augustus bis Justinian, München 1989.

Drerup, H., Totenmaske und Ahnenbild bei den Römern, MDAI (R) 87, 1980, 81–129.

Eck, W., Altersangaben in senatorischen Grabinschriften: Standeserwartungen und ihre Kompensation, ZPE 43, 1981, 127–134.

Ehrenberg, V., Aristophanes und das Volk von Athen. Eine Soziologie der altattischen Komödie, Zürich 1968.

Ehrhardt, N., Tod, Trost und Trauer. Zur Funktion griechischer Trostbeschlüsse und Ehrenedikte post mortem, Laverna 5, 1994, 38–55.

Eyben, E., Youth and Politics during the Roman Republic, RBPh 50, 1972, 44–69.

Eyben, E., Die Einteilung des menschlichen Lebens im römischen Altertum, RhM 116, 1973, 150–190.

Falkner, R. M., Slouching towards Boeotia. Age and Age Grading in the Hesiodic Myth of the Five Races, CIAnt 8, 1989, 42–60.

Fercia, R., Prestigio e crisi del ruolo dell'anziano nelle poesia greca da Omero al V secolo (lettura di Hes. frgm. 321 M.-W.), LEXIS 14, 1996, 41–59.

Finley, M. I., The elderly in classical antiquity, in: Falkner/de Luce, 1–20.

Flower, H., Ancestor Masks and Aristocratic Power in Roman Culture, Oxford 1996.

Förtsch, R., Die Nichtdarstellung des Spektakulären: Griechische Bildkunst und griechisches Drama im 5. und 4. Jahrhundert v. Chr., Hephaistos 15, 1997, 47–68.

Frenz, H. G., Untersuchungen zu den frühen römischen Grabreliefs, Diss. Frankfurt a. M. 1977.

Frier, B. W., Roman Life Expectancy: Ulpian's Evidence, HSPh 86, 1982, 213–251.

Fuà, O., La dignità dell'anziano negli scittori greci fino al IV secolo a. C., AIV 138, 1979/80, 397–414.

Fuhrmann, M., Cato – die altrömische Tradition, in: J. Schmidt (Hg.), Aufklärung und Gegenaufklärung in der europäischen Literatur, Philosophie und Politik von der Antike bis zur Gegenwart, Darmstadt 1989, 72–92.

Fuhrmann, M., Cicero und die römische Republik, 2. Aufl., München 1994.

Garland, R., The Greek Way of Life. From Conception to Old Age, Ithaca, 1990.

Gauer, W., Die griechischen Bildnisse der Klassischen Zeit als politische und persönliche Denkmäler, JDAI 83, 1968, 118–179.

Gehrke, H.-J., Geschichte des Hellenismus, München 1990.

Gehrke, H.-J., Römischer ‹mos› und griechische Ethik, HZ 258, 1994, 593–622.

Geiger, K. A., Der Selbstmord im klassischen Altertum, Augsburg 1888.

Giuliani, L., Bildnis und Botschaft. Hermeneutische Untersuchungen zur Bildniskunst der römischen Republik, Frankfurt a. M. 1986.

Gnilka, C., Das puer senex-Ideal und die Kirchenbauten zu Nola, Boreas 18, 1995, 175–184.

Gosling, A., A rather unusual old man. Hegio in Plautus' Captivi, AClass 26, 1983, 53–59.

Graepler, D., Tonfiguren im Grab. Fundkontexte hellenistischer Terrakotten in der Nekropole von Tarent, München 1997.

Gross, W. A., Zum sogenannten Brutus, in: Zanker, Hellenismus, 1976, 564–578.

Habicht, C., Athen. Die Geschichte der Stadt in hellenistischer Zeit, München 1995.

Hahn, J., Der Philosoph und die Gesellschaft. Selbstverständnis, öffentliches Auftreten und populäre Erwartungen in der hohen Kaiserzeit (HABES 7), Stuttgart 1989.

Hanslik, R., Die Achtung vor dem greisen Menschen bei den Römern, in: Beiträge zur historischen Sozialkunde 5, Wien 1975, 2−3.

Harbsmeier, D. G., Die alten Menschen bei Euripides, Göttingen 1968.

Haynes, M. S., The supposedly Golden Age for the Aged in Ancient Greece, Gerontologist 2, 1962, 93−98.

Haynes, M. S., The supposedly Golden Age for the Aged in Ancient Rome, Gerontologist 3, 1963, 26−35.

Henderson, J., Older Women in Attic Old Comedy, TAPhA 117, 1998, 105−129.

Herter, H., Demokrit über das Alter, WJA 1, 1975, 83−92.

Herzig, H. E., Der alte Mensch in der griechisch-römischen Antike, in: K. Buraselis (Hg.), Unity and units of antiquity. Papers from a Colloquium at Delphi, Athen 1994, 169−179.

Hiesinger, U. W., Portraiture in the Roman Republic, ANRW I 4, 1973, 805−825.

Himmelmann, N., «Aufruf zum Totengedächtnis». Zur religiösen Motivation attischer Grabreliefs, AW 30, 1999, 21−30.

Himmelmann, N., Die private Bildnisweihung bei den Griechen. Zu den Ursprüngen des abendländischen Porträts, Wiesbaden 2001.

Hölkeskamp, K.-J., Exempla und mos maiorum. Überlegungen zum kollektiven Gedächtnis der Nobilität, in: H.-J. Gehrke/A. Möller (Hgg.), Vergangenheit und Lebenswelt, Tübingen 1996, 301−338.

Hölscher, T., Formen der Kunst und Formen des Lebens, in: Positionen zur Gegenwartskunst Bd. 1., Ostfildern-Ruit 1995, 11−45.

Hoff, R. von den, Philosophenporträts des Früh- und Hochhellenismus, München 1994.

Hohnen, P., Die Altersklage im «Herakles» des Euripides und die Wertschätzung des Greisenalters bei den Griechen, Diss. Bonn 1952.

Hohnen, P., Zeugnisse der Altersreflexion bei Horaz, Gymnasium 95, 1988, 154−172.

Hooff, A. J. L. van, From Autothanasia to Suicide. Self-Killing in Classical Antiquity, London 1990.

Hübener, E., Ciceros «De Senectute» in gerontologischer Schau, Altertum 3, 1957, 46−52.

Jehne, M., (Hg.), Demokratie in Rom? Die Rolle des Volkes in der Politik der römischen Republik (Historia ES 96), Stuttgart 1995.

Kassel, R., Untersuchungen zur griechischen und römischen Konsolationsliteratur, München 1958.

Keil, G., Altern und Alter in der Antike, Aktuelle Gerontologie 13, 1983, 50−54.

Kierdorf, W., Laudatio funebris, Interpretationen und Untersuchungen zur Entwicklung der römischen Leichenrede, Meisenheim 1980.

Kolb, F., Die Stadt im Altertum, München 1984.

Kossatz-Deißmann, A., Figurenvase in Gestalt einer trunkenen Alten, AA 1995, 527–536.

Kunze, C., Verkannte Götterfreunde. Zur Deutung und Funktion hellenistischer Genreskulpturen, MDAI (R) 106, 1999, 43–82.

Lahusen, G., Zur Funktion und Rezeption des römischen Ahnenbildes, MDAI (R) 92, 1985, 261–289.

Lahusen, G., Die Bildnismünzen der Römischen Republik, München 1989.

Latacz, J., Homer. Der erste Dichter des Abendlands, 2. Aufl., München/Zürich 1989.

Lesky, A., Geschichte der griechischen Literatur, Bern 1957/58.

Lesky, A., Der alte Mensch in antiker Sicht, in: J. Dobernan (Hg.), Scriptum Geriatricum, Wien 1968, 287–296.

Liebs, D., Römisches Recht, 2. Aufl., Göttingen 1982.

Linke, B., Von der Verwandtschaft zum Staat. Die Entstehung politischer Organisationsformen in der frührömischen Geschichte, Stuttgart 1995.

Lüth, P., Geschichte der Geriatrie. Dreitausend Jahre Physiologie, Pathologie und Therapie der alten Menschen, Stuttgart 1965.

MacCary, W. T., Menander's Old Men, TAPhA 102, 1971, 303–325.

Maier, J., Die Wertung der Alten in der jüdischen Überlieferung der Spätantike und des frühen Mittelalters, Saeculum 30, 1979, 355–364.

Martino, F. de, Wirtschaftsgeschichte des alten Rom, 2. Aufl., München 1991.

Matthei, M./Contreras, E., «Seniores venerare, iuniores diligere». Conflit et réconciliation des générations dans le monachisme ancien, Collectanea Cisterciensia 39, 1977, 31–68.

Mielsch, H., Die römische Villa, München 1987.

Münzer, F., Römische Adelsparteien und Adelsfamilien, Stuttgart 1920.

Oeri, H. G., Der Typ der Komischen Alten in der griechischen Komödie, Diss. Basel, 1948.

Oliver, J. H., The Sacred Gerusia, Princeton 1941.

Opelt, J., Die lateinischen Schimpfwörter und verwandte sprachliche Erscheinungen. Eine Typologie, Heidelberg 1965.

Orth, H., ‹Diaita Geronton›. Die Geriatrie der griechischen Antike, Centaurus 8, 1963, 19–47.

Parkin, T., Out of sight, out of mind. Elderly Members of the Roman Family, in: B. Rawson/P. Weaver (Hgg.), The Roman Family in Italy. Status, Sentiment, Space, Oxford 1997, 123–148.

Patzek, B., Quellen zur Geschichte der Frauen. Band 1: Antike, Stuttgart 2000.

Patlagean, E., Pauvreté économique e pauvreté sociale à Byzance 4e–7e siècle, Paris 1977.

Pfisterer-Hans, S., Ältere Frauen auf attischen Grabdenkmälern, MDAI (R) 105, 1990, 179–196.

Pfuhl, E./Möbius, H., Die ostgriechischen Grabreliefs (2 Text- und 2 Tafel-Bde.), Mainz 1977/79.

Ridgway, B. S., Hellenistic Sculpture II. The Styles of ca. 200–100 B. C., Wisconsin 2000.

Roussel, P., Essai sur le principe d'ancienneté dans le monde hellénique du V s. av. J.-C. à l'époque romaine, MemAcInscr, 43/2, 1951, 123–228.

Rupprecht, H.-A., Die Sorge für den Älteren nach den Papyri, in: The Care of the Elderly in Ancient Near East, Leiden 1998, 225–239.

Ryder, M. C., The ‹senex amator› in Plautus, G. u. R. 31, 1984, 181–189.

Schadewaldt, W., Lebenszeit und Greisenalter im frühen Griechentum, Die Antike 9, 1933, 282–302.

Scharbert, J., Das Alter und die Alten in der Bibel, Saeculum 30, 1979, 338–354.

Scheibler, J., Griechische Malerei der Antike, München 1994.

Scheidel, W., Measuring Sex, Age and Death in the Roman Empire. Explorations in Ancient Demography (JRA Suppl. 21), Ann Arbor 1996.

Schmaltz, B., Griechische Grabreliefs, Darmstadt 1983.

Schmaltz, B., Zur Weiter- und Wiederverwendung klassischer Grabstelen Attikas, MDAI (R) 113, 1998, 165–190.

Schmidt, B., Der Selbstmord der Greise von Keos, Neues Jahrbuch f. das Klass. Altertum 11, 1903, 617–628.

Schneider, C., Kulturgeschichte des Hellenismus, 2 Bde., München 1967–69.

Schneider, W.-J., Metamorphose einer ‹anus ebria›, Philologus 143, 1999, 87–100.

Schnurr-Redford, C., Frauen im klassischen Athen. Sozialer Raum und Bewegungsfreiheit, Berlin 1996.

Schütze, O. (Hg.), Metzlers Lexikon antiker Autoren, Stuttgart 1997.

Schumacher, L., Sklaverei in der Antike. Alltag und Schicksal der Unfreien, München 2001.

Schwarz, F. F., Der Mensch gehört wesentlich sich selbst. Seneca und Jean Amery über ‹Freiheit und Tod›, in: Gymnasium Beiheft 9, 1988, 244–260.

Sehlmeyer, M., Stadtrömische Ehrenstatuen der republikanischen Zeit, Stuttgart 1999.

Stein, A., Platons Charakteristik der menschlichen Altersstufen, Diss. Bonn 1966.

Stein-Hölkeskamp, E., Adelskultur und Polisgesellschaft. Studien zum griechischen Adel in archaischer und klassischer Zeit, Stuttgart 1989.

Stibbe, C. F., Das andere Sparta, Mainz 1996.

Strubbe, J. H. M., Epigrams and Consolation Decrees for Deceased Youths, AC 67, 1998, 45–75.

Suder, W., Geras–Old Age in Greco-Roman Antiquity. A Classified Bibliography, Wroclaw 1991.

Talbot, A. M. M., Old Age in Byzantium, ByzZ 77, 1984, 267–278.

Thomas, R., Griechische Bronzestatuetten, Darmstadt 1992.

Thomas, R. F., The Old Man Revisited: Memory, Reference and Genre in Virg., Georg. 4, 116–148, MD 29, 1992, 35–70.

Ulf, Ch., Die homerische Gesellschaft. Materialien zur analytischen Beschreibung und historischen Lokalisierung (Vestigia 43), München 1990.

Vogt, E. (Hg.), Griechische Literatur (Neues Handbuch der Literaturwissenschaft), Wiesbaden 1982.

Wacke, A., Der Selbstmord im römischen Recht, ZRG 97, 1980, 26–77.

Webster, T. B. L:, Monuments illustrating Old and Middle Comedy, 3. Aufl., London 1978.

Webster, T. B. L., Monuments illustrating New Comedy, 3. Aufl., London 1995.

Welwei, K.-W., Die griechische Polis, Stuttgart 1993.

Wiedemann, T., Servi senes: the Role of the Old Slaves at Rome, POLIS 8, 1996, 275–293.

Wörrle, M., Stadt und Fest im kaiserzeitlichen Kleinasien. Studien zu einer agonistischen Stiftung aus Oinoanda (Vestigia 39), München 1988.

Wolff, H. J., Hellenistisches Privatrecht, ZRG 80, 1973, 65 ff.

Wrede, H., Matronen im Kult des Dionysos, MDAI (R) 98, 1991, 163 ff.

Zanker, P., Bürgerliche Selbstdarstellung am Grab im Römischen Kaiserreich, in: H. J. Schalles/H. v. Hesberg/P. Zanker (Hgg.), Die römische Stadt im 2. Jahrhundert v. Chr., Köln 1992, 339–358.

Abbildungsnachweis

Abb. 1: nach E. Boehringer, Homer. Bildnisse und Nachweise, Bd. I, Breslau 1939, Taf. 6.

Abb. 2: nach: A. Furtwängler/K. Reichhold, Griechische Vasenmalerei I–III, 1904 ff. Taf. 84.

Abb. 3: nach: Furtwängler/Reichhold (s. zu Abb. 2) Taf. 14.

Abb. 4: Chiusi, Museo Archeologico Nazionale (Photo: privat).

Abb. 5a–b: DAI Rom, Inst.-Neg. 85 514 und 85 516.

Abb. 6: nach: E. Pfuhl, Malerei und Zeichnung der Griechen III, München 1923, Abb. 493.

Abb. 7: nach: Furtwängler/Reichhold (s. zu Abb. 2) Taf. 163,1.

Abb. 8: nach: F. Poulsen, From the Collections of the Ny Carlsberg Glyptotek I, 1931, 37 Abb. 30.

Abb. 9: nach: Furtwängler/Reichhold (s. zu Abb. 2) Taf. 163,1.

Abb. 10: nach: J. Charbonneaux u. a., Das archaische Griechenland, München (Beck) 1969, Abb. 178/179.

Abb. 11: nach: E. Buschor/R. Hamann, Die Skulpturen des Zeus-Tempels zu Olympia, Marburg 1924, Taf. 24 b.

Abb. 12: nach: G. M. A. Richter, The Portraits of the Greeks II, 1965, Abb. 915.

Abb. 13: DAI Rom, Inst.-Neg. 41 1033.

Abb. 14: DAI Rom, Inst.-Neg. 60 618.

Abb. 15: DAI Athen, Neg.-Nr. 2001/662.

Abb. 16: nach: Furtwängler/Reichhold (s. zu Abb. 2) Taf. 150,2.

Abb. 17: Staatliche Museen zu Berlin. Preußischer Kulturbesitz – Antikensammlung. Inv.-Nr. TC 6824, Neg.-Nr. Ant. 6071.

Abb. 18: Staatliche Museen zu Berlin. Preußischer Kulturbesitz – Antikensammlung. Inv.-Nr. 1983.1 (Photo: Ingrid Geske-Heiden).

Abb. 19: Staatliche Museen zu Berlin. Preußischer Kulturbesitz – Antikensammlung. Inv.-Nr. 1984,41–4. Neg.-Nr. N 004 (Photo: Johannes Laurentius).

Abb. 20: DAI Rom. Inst.-Neg. 84 5830.

Abb. 21: DAI Rom. Inst.-Neg. 1936 994.

Abb. 22: DAI Rom. Inst.-Neg. 60 642.

Abb. 23: DAI Rom. Inst.-Neg. 54. 1038.

Abb. 24: DAI Rom. Inst.-Neg. 63 822.

Abb. 25: Staatliche Museen zu Berlin. Preußischer Kulturbesitz – Antikensammlung. Inv.-Nr. TC 7428, Neg.-Nr. Ant. 4390.

Abb. 26: Staatliche Kunstsammlungen Dresden, Skulpturensammlung, Inv.-Nr. ZV 1633 (Photo: Hans-Peter Klut).

Abb. 27: DAI Athen. Neg.-Nr. Athen NM 1178.

Abb. 28: nach: ADelt 24, 1969, Taf. 26.

Abb. 29: DAI Athen. Neg.-Nr. NM 4673

Abb. 30: DAI Athen. Neg.-Nr. Ker 4620.

Abb. 31: DAI Athen. Neg.-Nr. 75/649

Abb. 32: Staatliche Museen zu Berlin. Preußischer Kulturbesitz – Antikensammlung. Inv.-Nr. 30894, Neg.-Nr. Ant. 3976.

Abb. 33: Staatliche Museen zu Berlin. Preußischer Kulturbesitz – Antikensammlung. Inv.-Nr. TC 8761, Neg.-Nr. Ant. 8719.

Abb. 34: DAI Rom. Inst.-Neg. 41446.

Abb. 35: Staatliche Kunstsammlungen Dresden, Skulpturensammlung, Inv.-Nr. ZV 1055 (Photo: Hans-Peter Klut).

Abb. 36: Photo: Archäologisches Institut der Universität Göttingen (S. Eckardt).

Abb. 37: München, Museum für Abgüsse klassischer Bildwerke (Photo: H. Glöckler).

Abb. 38: DAI Rom. Inst.-Neg. 801604.

Abb. 39: nach: Brunn-Bruckmanns Denkmäler griechischer und römischer Sculptur, München 1932, Taf. 730.

Abb. 40: München, Staatliche Antikensammlungen und Glyptothek, Inv.-Nr. GL 437 (Photo: Koppermann).

Abb. 41: Staatliche Museen zu Berlin. Preußischer Kulturbesitz – Antikensammlung. Inv.-Nr. TC 7632, Neg.-Nr. Ant. 8712.

Abb. 42: nach: A. de Ridder, Les bronzes antiques du Louvre III, Paris 1915, 129 Nr. 2936 Taf. 103.

Abb. 43: München, Staatliche Antikensammlungen und Glyptothek, Inv.-Nr. TC 5580.

Abb. 44: DAI Rom. Inst.-Neg. 62859.

Abb. 45: nach: P. Arndt/G. Lippold (Hgg.), Griechische und römische Porträts, 1891–1912, Taf. 75.

Abb. 46: DAI Rom. Inst.-Neg. 1937378.

Abb. 47: nach: Arndt/Lippold (s. zu Abb. 45) Taf. 427.

Abb. 48: DAI Rom. Inst.-Neg. 67.5

Abb. 49: DAI Rom. Inst.-Neg. 33.58.

Abb. 50: DAI Rom. Inst.-Neg. 67845.

Abb. 51: DAI Rom. Inst.-Neg. 88. Vat. 138.

Abb. 52: nach: A. N. Zadoks-Josephus Jitta, Ancestral Portraiture in Rome and the Art of the Last Century of the Republic, 1932, Taf. 15 b.

Abb. 53: nach: Zadoks-Josephus Jitta (s. zu Abb. 52) Taf. 9b.

Abb. 54: DAI Rom. Inst.-Neg. 218 VW 83.

Abb. 55: DAI Rom. Inst.-Neg. 723125.

Abb. 56: aus: Aemilia. La cultura romana in Emilia Romagna dal III secolo a. C. all'età costantiniana, Bologna 2000, 314.

Abb. 57: DAI Rom. Inst.-Neg. 73 1610.

Abb. 58: nach: Zadoks-Josephus Jitta (s. zu Abb. 52) Taf. 18 a.

Abb. 59: nach: G. M. A. Richter, The Metropolitan Museum of Art. Roman Portraits, 1948, Nr. 7.

Abb. 60: DAI Rom. Inst.-Neg. 77 348.

Abb. 61: DAI Rom. Inst.-Neg. 70.5.

Abb. 62: nach: P. Graindor, Les cosmètes du Musée d'Athènes, BCH 39, 1915, Nr. 28 Abb. 29.

Abb. 63: DAI Rom. Inst.-Neg. 65 2228.

Abb. 64: Photo: Institut für Klassische Archäologie der Universität Bern.

Abb. 65: Photo: Institut für Klassische Archäologie der Universität Bern.

Abb. 66: Photo: Institut für Klassische Archäologie der Universität Bern.

Abb. 67: Photo: Institut für Klassische Archäologie der Universität Bern.

Abb. 68: Staatliche Museen zu Berlin. Preußischer Kulturbesitz – Antikensammlung. Inv.-Nr. Sk 447, Neg.-Nr. Sk 5568.

Abb. 69: Staatliche Museen zu Berlin. Preußischer Kulturbesitz – Antikensammlung. Inv.-Nr. Sk 880, Neg.-Nr. Sk 7381.

Abb. 70: nach: R. P. Hinks, Greek and Roman Portrait Sculpture, 1935, 20 f. mit Abb. 22.

Abb. 71: Staatliche Museen zu Berlin. Preußischer Kulturbesitz – Antikensammlung. Inv.-Nr. Sk 840, Neg.-Nr. Sk 5492.

Abb. 72: DAI Rom. Inst.-Neg. 62 2142.

Abb. 73: Mailand, Porta Nuova (Photo: privat).

Abb. 74: DAI Rom. Inst.-Neg. 74 2947.

Abb. 75: DAI Rom. Inst.-Neg. 82 3776.

Abb. 76: München, Staatliche Antikensammlungen und Glyptothek, Inv.-Nr. TC 9459 (Photo: Koppermann).

Abb. 77: Staatliche Museen zu Berlin. Preußischer Kulturbesitz – Museum für Spätantike und Byzantinische Kunst. Inv.-Nr. 563, Neg.-Nr. 563 i.

Abb. 78: Staatliche Museen zu Berlin. Preußischer Kulturbesitz – Museum für Spätantike und Byzantinische Kunst. Inv.-Nr. 564, Neg.Nr. 564 a.

Abb. 79: DAI Rom. Inst.-Neg. 54 257.

Abb. 80: Staatliche Museen zu Berlin. Preußischer Kulturbesitz – Museum für Spätantike und Byzantinische Kunst. Inv.-Nr. 6114, Neg.-Nr. 6114 c.

Abb. 81: Staatliche Museen zu Berlin. Preußischer Kulturbesitz – Museum für Spätantike und Byzantinische Kunst. Inv.-Nr. 6686, Neg.-Nr. 6686 b.

Abb. 82: DAI Rom. Inst.-Neg. 69 2919.

Abb. 83: nach: R. Delbrück, Die Consulardiptychen und verwandte Denkmäler, 1929, S. 223 Nr. N 58 Abb. 1.

Abb. 84: DAI Rom. Inst.-Neg. 38 1322.

Abb. 85: nach: R. Calza, MemPontAcc 8, 1955, 127 Abb. 18.
Abb. 86: DAI Rom. Inst.-Neg. 601347.
Abb. 87: DAI Rom. Inst.-Neg. 571744.
Abb. 88: DAI Rom. Inst.-Neg, 57. 1760.
Abb. 89: Photo: C. Kleinwächter (Göttingen).

Register

Das folgende Namen-, Orts- und Sachregister beschränkt sich auf eine Auswahl der wichtigsten Stichwörter. Römische Namen sind im allgemeinen unter dem Gentilnamen verzeichnet, ausgenommen sind bekannte Personen wie etwa (C.) Iulius Caesar, die unter der gängigen Namensform zu finden sind.

Die Antike bei C. H. Beck – Eine Auswahl

Kai Brodersen (Hrsg.)
Große Gestalten der griechischen Antike
58 historische Portraits von Homer bis Kleopatra
1999. 507 Seiten mit 1 Karte und Zeittafel. Leinen

Leonhard Burckhardt und
Jürgen von Ungern-Sternberg (Hrsg.)
Große Prozesse im antiken Athen
2000. 301 Seiten mit 9 Abbildungen im Text. Leinen

Hans-Joachim Gehrke
Kleine Geschichte der Antike
1999. 243 Seiten mit 124 Abbildungen, davon 61 in Farbe sowie
3 Plänen und 2 farbigen Karten als Vor- und Nachsatz. Gebunden

Volkert Haas
Babylonischer Liebesgarten
Erotik und Sexualität im Alten Orient
1999. 208 Seiten mit 10 Abbildungen und 1 Karte. Gebunden

Christian Habicht
Athen
Die Geschichte der Stadt in hellenistischer Zeit
1995. 406 Seiten mit 9 Stammtafeln hellenistischer
Herrscherhäuser. Leinen

Karl-Joachim Hölkeskamp · Elke Stein-Hölkeskamp (Hrsg.)
Von Romulus zu Augustus
Große Gestalten der römischen Republik
2000. 394 Seiten mit 4 Karten. Leinen

Verlag C.H. Beck München

Die Antike bei C. H. Beck – Eine Auswahl

Werner Huß
Ägypten in hellenistischer Zeit
2001. 885 Seiten, 1 Stammtafel und 2 Karten. Leinen

Bernhard Maier
Die Religion der Kelten
Götter – Mythen - Weltbild
2001. 252 Seiten mit 10 Abbildungen und 3 Karten. Leinen

René van Royen/Sunnyva van der Vegt
Asterix - Die ganze Wahrheit
Aus dem Niederländischen von Nicole Albrecht
Übersetzung französischer Bildtexte ins Deutsche
von Gudrun Penndorf.
85. Tausend. 1998. 191 Seiten mit 160 Abbildungen. Broschiert

René van Royen/Sunnyva van der Vegt
Asterix auf großer Fahrt
Aus dem Niederländischen von Annette Löffelholz unter
Mitarbeit von Nicole Albrecht
Mit deutschen Bildtexten von Gudrun Penndorf
2001. 176 Seiten mit 192 Abbildungen. Broschiert

Jörg Rüpke
Die Religion der Römer
Eine Einführung
2001. 264 Seiten mit 23 Abbildungen. Broschiert

Leonhard Schumacher
Sklaverei in der Antike
Alltag und Schicksal der Unfreien
2001. 368 Seiten mit 146 Abbildungen. Leinen
Beck's Archäologische Bibliothek

Verlag C.H. Beck München